U0585687

我　知　故　我　在

iknow!
知道分子图书工作室

新周刊
NEW WEEKLY
《新周刊》杂志社/编著

中华物典

献给物质文明的赞美诗

SPM
南方出版传媒
广东人民出版社
·广州·

图书在版编目（CIP）数据

中华物典：献给物质文明的赞美诗 /《新周刊》杂志社编著．— 广州：广东人民出版社，2018.3

ISBN 978-7-218-12355-4

Ⅰ．①中… Ⅱ．①新… Ⅲ．①物质文明—文化史—中国 Ⅳ．①K203

中国版本图书馆 CIP 数据核字（2017）第 298198 号

Zhonghua Wudian：Xian Gei Wuzhi Wenming De Zanmeishi

中华物典：献给物质文明的赞美诗

《新周刊》杂志社 编著

出 版 人：肖风华

责任编辑：严耀峰 马妮璐
责任技编：周 杰 易志华
装帧设计：万德福 黄 东

出版发行：广东人民出版社
地 址：广州市大沙头四马路 10 号（邮政编码：510102）
电 话：（020）83798714（总编室）
传 真：（020）83780199
网 址：http://www.gdpph.com
印 刷：深圳当纳利印刷有限公司
开 本：787mm×1092mm 1/16
印 张：21.5 字 数：254 千
版 次：2018 年 3 月第 1 版 2018 年 3 月第 1 次印刷
定 价：88.00 元

如发现印装质量问题，影响阅读，请与出版社（020－83795749）联系调换。
售书热线：（020）83795240

目录

序 I

前言 001

中华好物，在生活里 002

“永恒的东西，不局限于这个时代” 009

壹 · 文化礼制

做人，需要一点仪式感 020

中国礼的演变史 028

礼的当代复兴 034

20重器 038

韦力：藏书楼里藏文脉 063

马未都：经典是一种精神力量 070

郝明义：经典就像高墙，越过去便豁然开朗 073

袁硕：以自然科学的视角破解文化谜团 076

范晓榆：如何让一本古书宛若新生？ 080

贰 · 艺术人文

中国人的艺术修为进化了还是退化了？ 089

20重器 094

宋元山水趣味之变 119

范景中：回到传统，回到山水 123

杨小彦：不看几幅原作，你都不好意思和人聊艺术 129

张子康：未来的经典须是今日的创新 134

邱振中：先破除旧的神秘，再书写新的神秘 137

雅昌高仿真复制研究室：下真迹一等 142

叁 · 空间营造

153 中国空间精神进化史

158 20重器

183 冯原：中国人走出大院，住进小区

186 “梁陈方案”和中国营造学社：为建筑把脉，让空间发声

190 马岩松：最经典的东西是我们的传统

195 孙勇：过去玩榫卯，今天玩折扇

201 傅中望：我要把榫卯变成一种精神符号

肆 · 日常生活

212 哪个朝代的人最会生活？

218 20重器

243 伊永文：中国人的市民生活始于宋代

250 唐代人教给我们的好生活

255 唐代人的海淘生活

260 张颐武：生活方式研究是对人类科学文明的整合

263 于丹：中国人的当代生活方式病

267 欧阳应霁：我是永远站在鸡蛋那一头的

270 方力钧：去景德镇烧一堆让人心疼的陶瓷

伍 · 潮流风尚

281 中国人的审美变迁

286 20重器

311 孟晖：中国人要香起来

315 止庵：和时间里不灭的东西击掌相笑

324 彭敏：诗歌会改变你对命运的看法

328 梁珠：晒莨是门古老的手艺

序

习近平总书记提出文化是一个国家、一个民族的灵魂，中国特色社会主义文化源自于中华民族五千多年文明历史所孕育的中华优秀传统文化。党的十九大强调要引导人们梳理正确的历史观、民族观、国家观、文化观，强调发展中国特色社会主义文化，就是坚守中华文化立场，立足当代中国现实，结合当今时代条件来发展面向现代化、面向世界、面向未来的，民族的科学的大众的社会主义文化。

中华文化积淀着中华民族最深沉的精神追求，包含着中华民族最根本的精神基因，代表着中华民族独特的精神标识，是中华民族生生不息、发展壮大的丰厚滋养。如何深入挖掘中华优秀传统文化蕴含的思想观念、人文精神、道德规范，结合时代要求继承创新，让中华文化永远展现出其独特的魅力，焕发出符合时代的风采，这不仅是宣传管理部门的职责之一，更是每一个文化工作者肩膀上承担的责任。

中国古代的物质文化是这个东方大国五千年辉煌历史中重要的组成部分。2017年国庆节，《新周刊》杂志以第500期专题——《中华物典》为祖国庆生，专题分日常生活、文化礼制、艺术人文、空间营造、潮流风尚五大类别，甄选出100个深刻影响和塑造中国人生活方式的中华物质文明领袖，以创新视角，用古老的中华物质文明与新时代新生活多方面相结合来展示中华历史和文化。专题内容做到“让文物说话、让历史说话、让文化说话”，实现了社会效益和经济效益相统一。

《中华物典》杂志专题现在经过重新整理、增添新的图文成书，它的出版与传播是当今加强文物保护和利用，加强历史研究和传承的社会倡导，也是繁荣发展社会主义文化，推动文化创新的重要尝试。希望广大读者能从中受益，对中华传统文化有更深入的了解与认识。

是为序。

中共广东省委宣传部巡视员、省文明办主任　**顾作义**

毛公鼎拓片。毛公鼎现藏于台北故宫博物院，是西周宣王年间所铸造的青铜鼎，腹内刻有四百九十九个金文铭文，字数为出土青铜器中最多。鼎在商周时代是数量最多、地位最重要的礼器。

前言

几千年的人类文明史，创造了辉煌的物质文明和精神文明。

但我们往往把礼赞与颂歌，更多地给予了精神文明，而同样，甚至是更多地改变了我们生活的物质文明的价值，却没有被充分认知。

如果说但丁的《神曲》、米开朗基罗的《大卫》、梵·高的《向日葵》等等，是人类文明宝库中的经典作品，那么，中华物典中的长城、故宫、毛公鼎、青花瓷、明式家具等等，同样也是人类文明的经典代表。精神文明和物质文明分别是“文明金字塔”的不同侧面，它们在两条轨迹上，分别推动着人类生活向美好的境界前进。

《新周刊》第500期，我们决定写一首献给中华物质文明的赞美诗，尝试甄选出100个深刻影响和塑造中国人生活方式的中华物质文明领袖。盘点中华物质文明的主要成果，意在彰显中国辉煌的历史文化以及中国人的勤劳智慧和非凡的创造力。在人类历史进程中，表面上科技物质、生活方式变化非常快，而经典——人类文明的杰作永存。

向经典以及创造经典的人们，致敬！

竹管毛笔，战国，1954年湖南长沙左家公山出土，是现存最早的毛笔。现藏于中国国家博物馆。

《捣练图》是唐代名画，作者是张萱。现藏于波士顿美术馆的《捣练图》是宋徽宗赵佶的摹本。它一共刻画了12个人物形象，按劳动工序分成捣练、织线、熨烫三组场面。它是盛唐时期一幅重要的风俗画。

中华好物，在生活里

文丨山鸡哥

一丝一绣，一茶一瓷，一碗一箸，一爵一鼎，一雕一饰，一冠一袍，一阁一瓦，一檐一榫，一卷一碑，一笔一画，带着文明基因，至今活在中国人的生活里。

中华文物，在中国各地，在全球47个国家200多座博物馆里。

中华好物，献给中华物质文明的赞美诗，在生活里。

窥一斑，已深似海。

没有人洞悉中华物质文明的全部内涵，没有人见证过中华物质文明的全部实物，没有人能历数中华物质文明的全部成果——写历代事、天下物、千年人杰的司马迁不能，中国历史上的400多位帝王不能，联合国教科文组织世界遗产委员会也不能；编《四库全书》的纪昀们不能，故宫博物院和中国国家博物馆的文物专家们不能，1986位国家级非物质文化遗产代表性传承人也不能；精于生活艺术的李渔和沈复不能，淘宝、天猫、京东、广交会的负责人不能，海关和国家统计局也不能。

墓葬遗址还在不断被发现和开掘，考古学者还在“一带一路”上寻踪，流失的文物还在普查编目，公共展览络绎有来，古代的中华物质文明居然处于迭代更新的状态。

中国成为全球制造业第一大国、全球卖卖卖（贸易）第一大国和全球买买买（社会消费品零售总额）第二大国，当代的中华物质文明正在超越民族性，与世界合体。

今天的中国人已经有自信走进西方文明的现场，鉴赏学习交流；今天的中国人也有了合适的时刻面对过往，读取中华物质文明的内存。

作为历史，它主要是中国人自己的造物史，承载了中国人的生活秩序、审美情趣、礼仪制度和人文思想。作为遗产，它丰盛但支离破碎，被时光掩埋，被烧被毁被抢被盗，被人类之手所伤，至今未复合归整。作为营养，它能为今天的中国人提供情感归属和身份认同，开启记忆和灵感，并在全球化时代不迷失于"我是谁"。

一丝一绣，一茶一瓷，一碗一箸，一爵一鼎，一雕一饰，一冠一袍，一阁一瓦，一檐一榫，一卷一碑，一笔一画，带着文明基因，至今活在中国人的生活里。

中华文物，在中国各地，在全球47个国家200多座博物馆里；中华好物，献给中华物质文明的赞美诗，在生活里。

什么是物质？什么是物质文明？

什么是物质？就是一只不足半米高的瓷瓶，传到家里第六代，除了插花没别的用处。打算30元卖给文物商店，店员还价16元，结果18元成交。

什么是物质文明？就是两年后，这只瓷瓶被国家文物鉴定委员会认定为元代霁蓝釉白龙纹梅瓶，是用来祭天的皇家礼器，且全球仅存三件，这件最大最完美。身世与艺术价值揭晓之后，有藏家愿出3.4亿元欲购而不得——现在此瓶摆在扬州博物馆，以国宝之姿供世人围观。

物质有用，物质文明中的物质还有无用之用。李泽厚《美的历程》开篇即言：

"那人面含鱼的彩陶盆，那古色斑斓的青铜器，那琳琅满目的汉代工艺品，那秀骨清像的北朝雕塑，那笔走龙蛇的晋唐书法，那道不尽说不完的宋元山水画，还有那些著名的诗人作家们屈原、陶潜、李白、杜甫、曹雪芹……的想象画像，它们展示的不正是可以使你直接感触到的这个文明古国的心灵历史么？时代精神的火花在这里凝练、积淀下来，传留和感染着人们的思想、情感、观念、意绪，经常使人一唱三叹，流连不已。”

书的命运

中华文明从未中断，离不开什么？书。国有史，方有志，家有谱。“惟殷先人，有册有典。”汉字刻在甲骨、青铜器、碑石上，写在竹简、绢帛、纸张上，物质和精神表里如一。

有个焚书的皇帝——梁元帝萧绎。他热爱文艺，搜罗了古今图书十四万卷和无数法书名画。与西魏交战期间，他开坛讲《老子》。国灭成定局时，他亲手点火烧书，理由是“读书万卷，犹有今日，故焚之”。输不起反而怪书。烧万卷书，溃万里路，那是公元555年。

有个逃难的女子——宋朝词人李清照。她与丈夫赵明诚亲手整理的两千多卷碑刻金石拓本摹本、积攒的两万多件古籍图书和众多古董，一遇国难夫死，就命运多舛了。此前丈夫嘱咐“必不得已，先弃辎重，次衣被，次书册卷轴，次古器，独所谓宗器者，可自负抱，与身俱存亡，勿忘之”。她携万卷书，逃万里路，最终书还是“十去其七八”。那是公元1129年。

有件几代人都没做完的事——摸清中文古籍的家底和下落。对总量估计超300万册存藏海外的中文古籍，逐国逐家图书馆普查，编纂《海外中文古籍总目》，仿真影印，以资利用。行万里路，寻万卷书，这是“中华古籍保护计划”2017年仍在做的事。

国家不幸，书亦不幸。能守护好文献典籍的时代，物质文明必有厚度。

当代中国物质文明的厚度

当代中国物质文明之丰富，多得令人信息疲劳的世界第一，可资旁证：

全球制造业第一大国，全球贸易第一大国，全球黄金产量第一大国，全球纺织品出口第一大国，全球家具出口第一大国，全球粮食、肉类、煤、钢铁和铜消费第一大国，全球能源生产和消费第一大国，全球出境旅游客源和旅游花费第一大国，全球移动支付第一大国，全球高速公路通车里程第一大国，全球高铁运营里程第一大国，全球城市轨道交通第一大国，全球桥梁建设第一大国，全球152米以上摩天大楼数量第一大国，全球专利第一大国，全球科技人力资源第一大国，全球大学生和大学教授数量第一大国，全球图书出版品种和总印数第一大国，全球艺术品拍卖总成交额第一大国，全球富豪财富增速第一大国，全球独角兽企业数量第一大国，全国科技企业孵化器和众创空间数量第一大国……

有人点评：大而不强，有量无质，弱国心态。的确，在此之前，中国当了一百多年的弱国，中国人一边承受“积贫积弱”的耻辱，一边前赴后继地救亡图存、变法图强，以实业兴邦、富国富民。放在十年前，以及更早的一百多年里，这些“全球第一大国”一项都轮不到中国。

弱国心态可以知耻而后勇，大而不强可以继续做强，有量无质可以提高质量，后两者正是这一代人和下一代人的使命。2016年《政府工作报告》里“培育精益求精的工匠精神，增品种、提品质、创品牌”的提法，便是一种自知之明。

对本国已往历史之温情与敬意

你对中国历史了解多少？钱穆提出的要求是：应该略有所知。

但他对知者附加了一个条件：尤必附随一处对本国已往历史之温情与敬意。什么是温情和敬意？他解释：至少不会对本国已往历史抱一种偏激的虚无主义（即视本国历史为无一点有价值，亦无一处足以使彼满意），亦至少不会感到现在我们是站在已往历史最高之顶点（此乃一种浅薄狂妄的进化观），而将我们当身种种罪恶与弱点，一切诿卸于古人（此乃一种以似是而非之文化自谴）。

以上出自《国史大纲》，出版于1940年，彼时中国人正在为誓死不做亡国奴而抗战，需要警惕“偏激的虚无主义”和“一切诿卸于古人”。今天，中国国力上升，物质极大丰盛，需要警惕“感到现在我们是站在已往历史最高之顶点”。

整理古籍和甲骨文、申报世界遗产、重拍古典文学名著、保护老建筑、开发文创产品、举办文物展、教习传统工艺、收藏古玩，都附随了对本国已往历史之温情与敬意，是献给中华物质文明的赞美诗。而当代商品形象广告、当代大工程的纪录片，虽与历史无关，也是献给当代物质文明的赞美诗。

击鼓说唱俑，东汉，1957年四川成都天回山出土。现藏于中国国家博物馆。俑坐于圆型台座上，左臂环抱扁鼓，右手举槌欲击，右足随势上扬，张口嘻笑，神态细致传神，富于浓厚的民间气息和地方风貌。

大卫王的诗，交与伶长

《旧约》中，很多赞美诗是“大卫王的诗，交与伶长”指挥吟唱。献给中华物质文明的赞美诗背后，谁是大卫王？谁是伶长？

联合国教科文组织世界遗产委员会和国家文物鉴定委员会是大卫王。前者以保护人类共有的文明遗迹为己任，决定着世界文化与自然遗产、世界非物质文化遗产、世界记忆遗产的评选，其实是决定着各国文明构成物的世界知名度。后者是中国最权威的文物鉴定咨询机构，为国鉴宝。

考古学家和人类学家是大卫王。前者为物质文明找到新的物证，后者为物质文明的认知建立逻辑链条。

500强榜单上的企业和富豪榜上的企业家是大卫王。“千金之家比一都之君，巨万者乃与王者同乐。”（《史记·货殖列传》）各企业推出的热销产品，成为现代人生活的标配和当代物质文明的主流。

大卫王很少，而伶长很多：消费产品厂商、博物馆长和讲解员、传媒人、公关人、广告人、广告代言人、销售人、论坛主持人、生活家、收藏家……他们引领着公众，一起赞美物质文明，接近美好事物，享受品质生活。

林语堂在《吾国与吾民》中总结：“如果有谁说过中国文明是一种精神上的文明，那么这个人就是一个谎言制造者……在中国，精神的价值非但从未与物质的价值相分离，反而帮助人们尽情地享受自己命里注定的生活。”

敦煌莫高窟第158窟睡佛，表现的是佛祖释迦牟尼涅槃时的样子。

“永恒的东西，不局限于这个时代”

文丨晓白

精神文明和物质文明分别是“文明金字塔”的不同侧面，它们发展的级别越高，则越接近统一。当它们发展到极致，成为经典之后，则可以达到一种完美统一。

“陛下，在没有显赫战争行动时，没有什么比建筑更能体现国王的伟大了。”有一天，路易十四的财政大臣柯尔伯对他建议。

被巴尔扎克称为“他不只是国王，而且是一个时代”的路易十四，自然不会放过这个名垂青史的机会。他选取了自己最热爱的古罗马的经典建筑进行复制，以期把巴黎建成自古罗马以来最伟大帝国的首都。于是，街道、码头、商场、喷泉……一切都按罗马帝国的样子建造。

新的巴黎，迅速成为欧洲的中心和各个国家的楷模。奥地利、普鲁士等都决心以此为榜样重塑首都。而最著名的仿效者当属俄国沙皇彼得大帝，他为了彻底学习并超越巴黎，干脆兴建了一个新首都，这就是今天俄罗斯总统普京的诞生地——圣彼得堡。

让我们来梳理一下经典传承的脉络。艺术品位极高的路易十四选取的经典建筑风格被称为“古罗马风格”，它源自于更加古老的古希腊，人们习惯把它命名为“古典风格”：有一个殿堂的前部，有装饰性的廊柱，有不断重复的比例以及对称的立面……正是这种经典的元素，在经过1000年的断层之后，在文艺复兴时期被意大利重新发现了，并由亚平宁半岛向北、向西传播，以各种新材料呈现出来，从赫尔辛基到布达佩斯，从萨凡纳一直到圣彼得堡……

这就是经典可以跨越数千年的无穷生命力。而当经典与不同时代、不同地域、不同文化结合后，更会产生众多的、独一无二的“再经典”。诚如后人评论路易十四对古罗马的经典模仿时说：“法国并不如某些人所怨尤的，带有罗马风格，反之，罗马的艺术附属于路易十四。”虽有吹捧太阳王之嫌，但也说明了“再经典”的伟大。

物质文明的颂歌，由谁唱起？

生活是最伟大的。纵观人类的历史，无论是何种制度、何种思想，以及人类最高端和最朴素的所有美好的梦想，其终极的目标，都指向幸福的生活。人类的物质文明并不是和精神文明同步进行的。贞德其实一辈子没洗过几次澡，蒙娜丽莎其实是手抓着食物吃饭，朱丽叶其实喝汤与别人共用同一个盘子……这是不是破坏了很多人心中美好的想象？但，这就是事实。无论这些经典的艺术形象塑造得如何美好，当时的生活状况就是这样。

1270年，法国巴黎的一项法令规定：“任何人均不得自楼台窗倾倒粪便，白天黑夜均不可，否则将处以罚金。”但巴黎市民显然不喜欢这一法令。因此在一个世纪后又有一项新的法令：“如果愿意大叫三声‘注意尿’，则可以倾倒。”到了16世纪，也没好到哪里去，人们仍然在壁炉、门后、墙上和阳台上随地大小便。直到18世纪晚期，一个名叫亚历山大·卡明斯的英格兰人发明了抽水马桶，人们才逐渐进入到了“文明如厕”的新时期。当你得知写出美妙诗句的歌德也是在院子里大小便的时候，你会理解为什么英国《焦点》杂志评选“世界上最伟大的发明”，位居榜首的竟是抽水马桶了——如果我是歌德，我就愿意把票投给它——几千年的人类文明史，“如厕”进入“文明”仅仅才235年！

我们把礼赞与颂歌，更多地给予了精神文明，而同样，甚至是更多改变我们生活的物质文明的价值，却落在了后面而没有被充分承认。

如果说但丁的《神曲》、米开朗基罗的《大卫》、梵·高的《向日葵》等等，是人类文明宝库中的经典作品，那么，格罗皮乌斯的包豪斯校舍、乔治·派克的钢笔、路易斯·法兰梭·卡地亚的珠宝、蒂埃利·爱马仕的皮具、梅赛德斯－奔驰的汽车等等，同样也是人类文明的经典代表。它们在两条轨迹上，分别推动着人类生活向美好的境界前进。

精神文明和物质文明分别是"文明金字塔"的不同侧面，它们发展的级别越高，则越接近统一。也就是说，当精神文明和物质文明处在发展底层时或许相距甚远，比如一曲流传的民谣和一件实用的普通农具，似乎没有什么"一致性"，但当它们发展到极致，成为经典之后，则可以在音乐厅和博物馆里达到一种完美结合的"美"与"艺术"的统一。

如果还有人不确信物质文明的巨大力量，不妨听听先哲巴尔扎克在《风雅生活论》中，对生活的最高境界"风雅生活"的定义吧："风雅生活是外在的、物质的生活的完善。"——老先生比我们还极端一些啊！

经典的诞生，由谁掌控？

人类从狩猎、农业、工业进化到今天的信息社会，尽管从外在的形式上看，我们的生活形态已然发生了极大的变化。但从人类对自身的生活满足以及实现形式上，其实变化并没有那么多——人的生活，并不是数量上的满足，而是质量上的提升。所以，数千年来的人类文明，在生活领域的努力，最终结晶在无数改变我们生活的经典之上。

经典的产生，并非可以用理性来分析。比如某个经典诞生的外部环境、内在动力、灵感源泉、时机时间等等，可以事后进行总结，但事先无法进行预测。比如，我们其实不知道当奥斯卡·巴纳克在德国威兹勒小镇尝试制作35毫米照相机的那一刻，具备了什么条件，让莱卡相机由此诞生并开始了一个经典的传奇：据说，只有用手榴弹绑在相机上才能将之炸毁，这是制造业的神话。还说，用它来拍摄的照片，能体会到"被拍摄者"的真实的灵魂，而这样的评价，以往是给予那些伟大画家的……

经典是如何被创造出来的？或许借用《纽约时报》的首席艺术评论家迈克尔·基默尔曼的一本书能够说明一二，书名叫作《碰巧的杰作》。

让我们看看100多年来的那些经典：1889年耸立在塞纳河边的埃菲尔铁塔、1910年被装进提包的管状口红、1920年爱迪生在进行发报机试验时偶然发明的留声机、1926年引发女人身体革命的CHANEL小黑

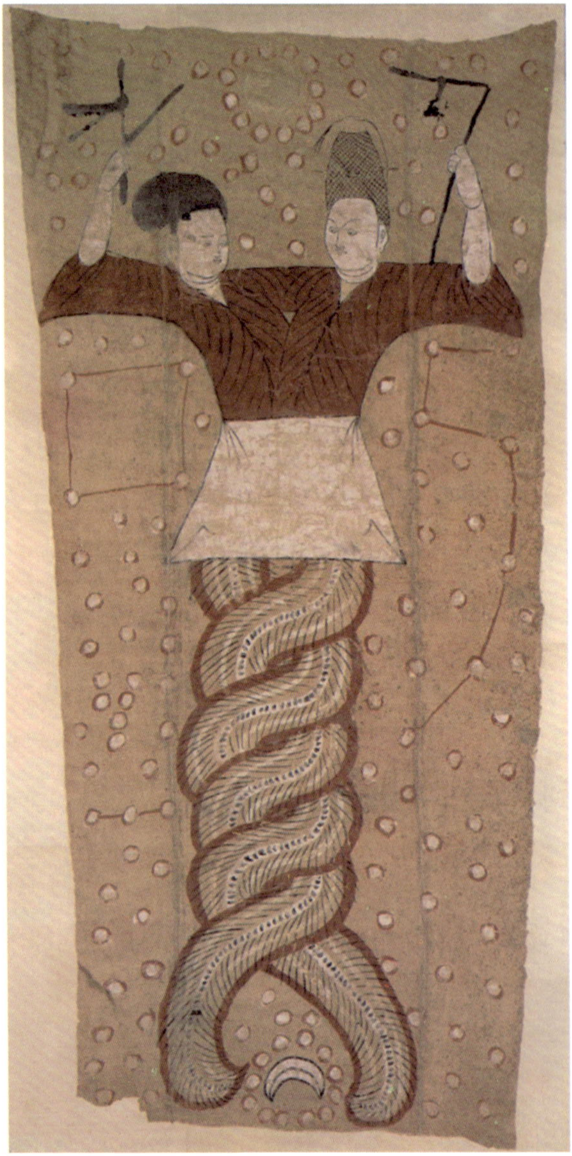

唐代《伏羲女娲像页》，绢本设色，1963年4月出土于新疆吐鲁番阿斯塔那古墓。现藏于北京故宫博物院。

裙、1931年劳力士的恒动腕表、1950年英国银石赛道上开启的F1、1973年由托尼·惠勒和妻子莫林写出的Lonely Planet、1996年竖立好莱坞新标准的VW婚纱……

英国天才作家鲁思·伦德尔认为，经典必须是完全自出机杼的作品，“永恒的东西，不局限于这个时代”。

我们发现，经典，即便是被创造出来的新经典，也并不完全属于诞生它的那个时代。20世纪风靡世界的“女神造型”，灵感就来源于古希腊雕像。总的来说，不变的东西（内在的魂灵）多于变化了的东西（外在的形式），即便是变了的那一部分，也不都是一变从新，甚至过往的经典也会在几十年、几百年甚至几千年之后重现辉煌。

经典以它固有的规律顽强而旺盛地生长着，它所蕴含的经典因子可能在全球的任何地方发轫，如光似影，你无法预测或捕获到它的轨迹；经典也可能在任何时候发生，如同洪流，不知不觉中就影响了又一个时代的生活；经典也可能以任何的形式出现，或是建筑，或是科技，或是制造，或是衣着，或是饰品，或是运动……

为什么经典具有如此巨大的魔力，为什么经典的生命力如此旺盛——伴随着人类社会的发展，从来都没有停止过？因为我们是如此的热爱生活，无论在任何时期，甚至在每一时刻，每个人都在自己的内心有这样一块天地：在这块田地上生长着的“对品质的追求”“对生活的向往”和“对人生的思考”，从来都没有停止过——在以往任何时期，即便是战争和瘟疫这些人类的灾难时刻，也都没有停止过。

“一战”时期的BURBERRY风雨衣、大萧条时期建造的流水别墅、“二战”时期的Ray-Ban太阳眼镜，今天这些经典仍在不断创造出新的“再经典”。英雄何在？而那些曾经的枭雄和过往的岁月，都已经被时间这无情的流水冲洗而去了。

经典的“标准的约束力”，由谁确定？

让我们看看被称为帝王哲学家的古罗马皇帝马可·奥勒留，是如何用神祈般的语言来评价经典的：“尊重那宇宙中最好的东西，这就是利用和指引所有事物的东西。”

经典，就是给其他事物竖立的一个标准！就如同中国文化中对经典的解释：常念为经，常数为典。经典的价值就是在于不断的重复之中，也只有经典，才经得起无数次的“折腾”。

人类的历史，就是创造经典的历史。在他们刚刚褪去尾巴光着屁股的时候，就已经开始选择“经典”的洞穴进行居住。而这些经典洞穴的高度、纵深、温度以及方圆都成了经典的因子，被后世不断复制着——谁说我们今天的某个建筑，不是曾经洞穴经典的重现呢？

天才的福特用经典的T型汽车生产线，树立了现代工业生产的标准；现代制表之父Abraham-Louis Breguet先生，以陀飞轮等经典发明，为整个高级制表业树立了标准；奔驰E级车在安全性、舒适性及操纵性等方面的创新，对高级轿车进行了重新定义；Chanel用No.5，对香水的时代进行了划分；而可口可乐，有人为它写过一本书，《上帝，国家，可口可乐》……

亚里士多德说，这叫从多样到统一，然后从统一再到多样。无论如何，经典所具有的神圣性和标准性，以及典范性和权威性，使其具有了一种独特的话语权、一种使一切“非经典”力求超越自身而向上跃升的动力。

我们不得不说，经典就是推动事物向前不断发展的“发动机”。我们也大致可以用一个三段论来解释为什么经典如此经得起“折腾”：一是经典达到了空间的高度，由此获得了凌驾一般事物之上的地位；二是经典有绝后的效果，在时间上可以涵盖后来的数个时代；三是具有指导意义，无论是哪个领域，都有可能从中汲取营养。

但是，对待古典主义的经典，只会顶礼膜拜、盲目遵从、简单模仿的人，忽略了文明的进程可以创造出更多的“再经典”，则会走入另一个虚妄。

古希腊诗人就已经把人类的原始时代分为四个时期，就是现在大家耳熟能详的黄金时代、白银时代、青铜时代与黑铁时代，以为人类经过纯朴、和平的黄金时代之后，迅速地堕落到了不义、苦难的黑铁时代，永不复返。持相同悲观认知的人们，就把所有的古典奉为经典，那个时候的人甚至都长得更为高大、德行更加善良，人类所有的智慧都在那个时期得到了答案，现在的我们无法超越。

而实际上呢？即便是17世纪著名的政治家坦普尔骑士，一个曾经极力贬低所有近代文明，认为近代在建筑艺术方面没有什么能够比得上希腊、罗马的庙宇的人，也不得不老老实实地承认圣彼得大教堂较之罗马时代的卡皮托勒庙更美得无法比拟！

可笑的是，只盲目迷信古典经典的人，又往往是创造新的“垃圾”的人。譬如，1989年建成的法国卢浮宫博物馆的玻璃金字塔入口，这个为了改善拥挤的入口而具有实际作用，同时采用600多块菱形玻璃拼接而成的金字塔，方案一出台，就遭到“那些人”的强烈质疑，其中最大的一条理由就是“破坏卢浮宫的古典氛围”。

后来的结果大家都知道了，玻璃金字塔成了卢浮宫中与《蒙娜丽莎》画像和断臂维纳斯雕塑相提并论的观赏热点，并成了法国乃至世界的标志性经典建筑。请注意，当初反对的“那些人”又出现了，他们对新的已经被公认的经典开始膜拜了，并在世界各地的古典建筑前面和里面纷纷建筑各种玻璃的和金属的现代建筑，产生了无数的“真正破坏经典”的“垃圾”。“那些人”并不是相同的一群人，而是任何时代都会出现的“一类人”。为什

唐三彩骆驼，郑振铎先生捐赠，现藏于北京故宫博物院。

么会这样？无他，不学无术，没有任何判断力，就只能盲人摸象，摸到哪儿算哪了。

1945年12月5日，64岁的毕加索画了一组11张关于牛的画，这11张画从一张写实主义开始，逐渐地，皮毛、血肉全没有了，消去细节和形态，留下神质，发展成抽象线条，只剩一副具有牛的神韵的骨架。为此，很多人都不理解，据说想购买此画的贵妇为此质问："牛在哪里呢？"或许，当她来到史前人类居住的山洞里，可以惊奇地发现，原来毕加索找到了一种和原始人类共同审视世界的方法！

我们所处的这个时代，很多人就如同那个贵妇，追求事物的"皮与肉"，而也有很多人，如同毕加索，追求的是"骨与魂"。我们不得不说，事物的"骨与魂"，就存在于古典时代的传统经典之中。

被时间证明了的经典的价值，"再经典"重新发掘，历久弥新，成为人类文明新的杰作；而能够将经典发扬光大，创造出"再经典"的人们，则是人类文明持续发展的"火炬手"，值得我们向他们表达无比的敬意。

明代粤绣博古图屏风（一套十二扇）。以文人庭院为背景，将盆景、香炉、花瓶、鱼盆、镇纸、水盂、鸟笼、鹦鹉、山水画、古琴、如意、笔架、漆盒、铜鼎等各种日常器物绣在屏风上，栩栩如生。

文化礼制

明代铜象耳宣德炉

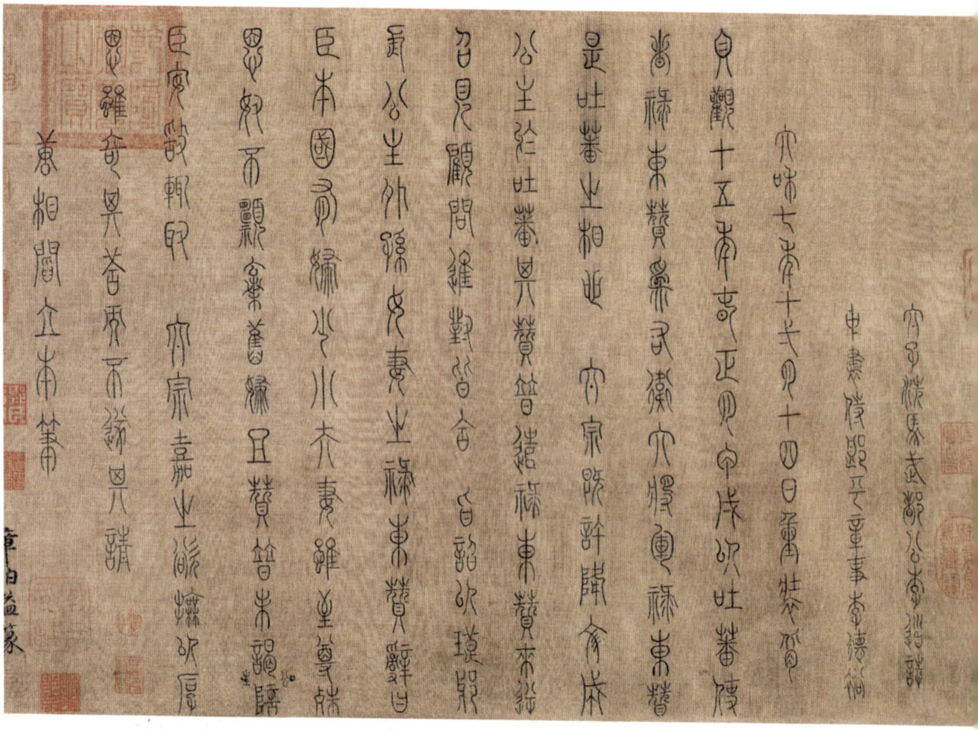

做人，需要一点仪式感

文丨罗屿

古时，上至天子祭天，下至百姓婚丧嫁娶，都要遵从相关礼仪，甚至人与人交往，如何迎送、如何宴请，都有礼的规定。行礼如仪，体现在古人生活的方方面面。

《步辇图》，唐代画家阎立本的名作之一，现藏于北京故宫博物院。

“入公门，鞠躬如也，如不容。立不中门，行不履阈。过位，色勃如也，足躩如也，其言似不足者。摄齐升堂，鞠躬如也，屏气似不息者。出，降一等，逞颜色，怡怡如也。没阶，趋进，翼如也。复其位，踧踖如也。”这是出自《论语·乡党》的一段文字，讲述了孔子趋朝时的礼容。

公门，是国君治朝之门，相当高大，孔子却曲身而入。进门时，他走门的右侧，不走门中，因为门中是国君出入的地方。他也不踩门槛，因为那是不恭敬的表现。经过国君之位，他庄重恭敬快步而行。将要升堂时，他两手提起衣襟使下摆离地一尺左右，唯恐踩到衣襟跌倒失容。接近国君时，孔子再次曲身，面容严肃，如同屏住呼吸一般。退下时，他一步步走下台阶，面色逐渐舒展。下完台阶，他快步走到上堂前站立的位置，仍是恭敬和顺的样子。

孔子十分看中礼仪、礼容，《论语·乡党》如同他对弟子们的“情境教学”。其实在孔子之前，礼就已深入到中国社会的每个层面。相传三千多年前的殷周之际，周公制礼作乐，就提出礼制纲领。其后，经孔子和孔门七十二贤，以及孟子、荀子等人的提倡和完善，礼乐文明成为儒家文化的核心。西汉以后，《周礼》《仪礼》《礼记》不仅逐渐成为古代文人必读经典，而且成为历代王朝制礼的基础。

钱穆曾说："中国的核心思想就是'礼'。"古时，上至天子祭天，下至百姓婚丧嫁娶，都要遵从相关礼仪，甚至人与人交往，如何迎送、如何宴请，都有礼的规定。

礼，是古人一切社会活动的准则。行礼如仪，体现在古人生活的方方面面。

进食、行走，都有礼仪规范

比如在《礼记·曲礼》就制定了详尽的"餐桌礼仪"："毋抟饭，毋放饭，毋流歠，毋咤食，毋啮骨，毋反鱼肉，毋投与狗骨，毋固获，毋扬饭。饭黍毋以箸，毋嚃羹，毋絮羹，毋刺齿，毋歠醢。"对今人而言，不要把手中余饭放回食器、喝汤时不要倾流不止、不要把骨头啃出声响，类似这样的规定或许还能做到。至于不要用手扬去饭的热气、不要重调主人调好的羹、吃羹时不要连羹中的菜都不嚼就吞下去，等等，如此要求，一些人恐怕闻所未闻。

不仅有饮食之礼，古时人们坐定、行走，都有相应礼仪要求。

古人坐时两膝跪在席或床上，臀部坐在脚后跟上，坐着要起身时，应先把腰挺直，这叫长跪。长跪可以表示敬意，如《战国策·魏策》说秦王"长跪而谢"。箕踞在古代被认为是一种不恭敬的坐式。所谓箕踞，是说坐时臀部着地，两足向前伸展，膝微曲，其状如箕。《战国策·燕策》说荆轲刺秦王不中，"自知事不就，倚柱而笑，箕踞以骂"，正表现了荆轲蔑视敌人的气概。

至于行走，同样有礼仪规范。如西周时人们佩戴的组玉佩，就是用来约束人行走时的仪态。人们将组玉佩挂在身上，行走时不能发出玉相撞的声响。级别越高的人，身上的组玉佩越长，行走时的步子就越缓和雍容。组玉佩从另一个角度说明，人当如美玉，不是发不出声音，而是绝对不可轻易发声。古人认为，一天到晚"叮当作响"之人，是不值得尊重的。

除坐与行，古人执持物品同样也有讲究。《礼记·曲礼》中说："凡奉者当心，提者当带。执天子之器则上衡，国君则平衡，大夫则绥之，士则提之。”凡捧持物品，双手的高度要与心齐平；如果是提拎物品，则手的高度要与腰带齐平。如果是捧持天子的器物，手的高度则要高于胸口；如果是国君的器物，双手与胸口齐平；如果是士大夫的器物，则双手低于胸口……

在《礼记·曲礼》中，还有很多对古人言行具体、细致的要求。如子女外出，要做到“出必告，反必面”，也就是行前要把去向告诉父母，回家后一定要面见父母。在孝顺父母这点上，古人有很多颇具仪式感的要求。如《礼记·内则》中就规定：为人子女，每天天刚亮就要起床，打扫室内和庭院卫生，之后洗漱、穿戴整齐，到父母房门前，和声细气地询问父母晚上睡得可好。如果父母睡得不好，子女应找出原因及时解决。如果父母身上有痛痒之处，要帮助他们抓挠，让他们感觉舒服。

冠礼、婚礼、丧礼，为古代三大人生礼仪

除了生活起居上的种种要求，最能体现古人对仪式感重视的，莫过于冠礼、婚礼、丧礼三大人生礼仪。

冠礼，即成人礼。贵族男子二十岁时由父亲在宗庙里主持冠礼。行礼前，该男子也就是冠者，其家族要事先选定加冠日期及加冠来宾，即筮日、筮宾。行礼时，由来宾为冠者加冠三次：先加缁布冠，表示冠者从此有治人的特权；次加皮弁，表示冠者从此要服兵役；最后加爵弁，表示冠者从此有权参加祭祀。加冠之后，来宾敬酒，结束后冠者去拜见自己的母亲，然后去见兄弟姑姊，最后戴礼帽穿礼服带礼品拜见国君、卿大夫以及乡先生。乡先生，指退休还乡的卿大夫。之后冠者一家向来宾敬酒赠礼品，礼成。

刘向在《说苑》中说，冠礼的意义在于“内心修德，外被礼文”，是“既以修德，又以正容”，换作今人的说法，就是冠礼的重要内容之一，是进行容貌体态、社交辞令的教育。比如在加冠之前，要由赞者为冠者梳头，再用帛将冠者头发包好。为表示洁净，正宾都要先到宗庙西阶下洗手，然后上堂到冠者的席前坐下，亲手将冠者头上包发的帛扶正。

加冠后，贵族在一些场合必须戴冠，否则会被认为不合礼节。就像《国

2017年9月9日，南京，百名适龄儿童走进南京大报恩寺遗址，在主持人的带领下接受“尚礼”传统文化教育。（图/视觉中国）

语·晋语》说："人之有冠，犹宫室之有墙屋也。"正因如此，《晏子春秋》载："（齐）景公正昼被发，乘六马，御妇人出正闺，刖跪击其马而反之，曰：'尔非吾君也。'公惭而不朝。"可见皇帝若不戴冠就出门，会因此被看门人冒死阻挡，且令其本人也惭愧不已。

贵族男子结发加冠后可以娶妻，从《仪礼·士昏礼》可见，古代婚姻要经过六道手续，也称六礼。第一是纳采，男家向女家送一点小礼物（多为一只雁），表示求亲；第二是问名，男家问清楚女子的姓氏，以便回家占卜吉凶；第三是纳吉，男家在祖庙卜得吉兆后，到女家报喜（在问名、纳吉时也要送礼）；第四是纳征，等于宣告订婚，所以要送比较重的聘礼；第五是请期，男家择定完婚吉日，向女家征求同意；第六是亲迎，也就是迎亲。

六礼之中，纳征和亲迎最为重要。《礼记·昏义》谈到亲迎后新郎新娘"共牢而食，合卺而酳"。一瓠分为两瓢谓之卺，新郎新娘各执一瓢而酳（用酒漱口），称为合卺。后世夫妻的交杯对饮，正是从合卺演变而来。

婚礼的六礼据说一直延续到唐代。到了宋代，六礼被简化为纳采、纳币（相当于古礼中的纳吉）、亲迎三种仪式，一直延续到清代。也有一种说法，古代婚礼上的六礼，其实只是为贵族士大夫规定的，一般庶民对这六礼往往精简合并。

在中国的古代礼仪中，有"礼莫重于丧"之说。因为一般的礼仪一天或几个时辰就可结束，唯有丧礼，甚至可以前后长达3年，且仪式极为复杂。仅是判断人是否断气，就有特别的仪式，如《礼记·丧大记》中所写："属纩以俟绝气。"纩是一种极其轻薄的丝絮，将其放在临终人的鼻前，只要人一息尚存，纩就会飘动。若纩纹丝不动，表示人已气绝。

古代丧礼虽仪式繁多，但所有步骤可分为两类：一是对死者精神的处理，如古人初死，生人要上屋面向北方为死者招魂，以期死者灵魂回复到身体；一是对死者遗体的处理，如沐浴、梳洗或给尸体裹上衣衾，给死人口里放饭食等。

值得一提的是，古代贵族死者口中放的并非饭食，而是美玉，称作琀。据说汉代玉琀一般都是玉蝉，也就是玉知了。因为蝉靠喝露水生活，又能脱壳，在当时被视为一种高洁且能再生的生物。玉蝉在死者口中代表他的舌头，生者希望以此赋予死者在幽冥世界中永不丧失的言辩能力。后人在汉光武帝刘秀的儿子刘焉的墓中曾发现一块用新疆顶级羊脂白玉料制成的玉蝉，据说它是中国所有出土汉代玉蝉中最精美的。

仪式感不是故弄玄虚，而是唤醒我们内心对自己、对生活的尊重

古人讲“礼藏于器”，也就是说，礼须借助器物才能进行。礼器的范围很广，主要有食器、乐器、玉器等。根据文献记载及考古发现，今人了解，礼器中的食器通常有鼎、簋、尊、爵、罍等；乐器主要有钟、鼓、瑟、笙等；玉器则有璧、圭、璋、琥、璜等。

在时代演进中，很多礼器也被赋予了新的含义。比如鼎，最初古人只是在祭祀时用其烹煮肉和盛贮肉。自从有了“禹铸九鼎”的传说，夏、商、周三代都把鼎视作立国重器，定都或建立王朝也就有了“定鼎”之说。另外，周代国君、王公大臣在重大庆典或接受赏赐时都要铸鼎，以记载盛况。

还有一些礼器，虽不像鼎，最终也成了立国重器。它们在世事流转中，也焕发出新的美感与生命，比如杯。朱骏声《说文通训定声》中说：“杯，古盛羹若注酒之器，通名为杯。”由此可见，杯是古代盛羹及注酒之器。而王羲之《兰亭序》中所描绘的“曲水流觞”画面，则讲述了杯的另一种“妙用”。所谓“曲水流觞”，是选择一个风雅静僻所在，文人墨客按秩序安坐于小溪旁，一人置盛满酒的杯子于上流，使其顺流而下，酒杯止于某人面前，此人即取而饮之，再乘微醉吟出诗来。“曲水流觞”不仅丰富了杯的用途，也让饮酒这件事，多了几分雅趣与仪式感。

或许对中国古人而言，行礼如仪早就融入他们的血肉。比如古代的士相见，不是简单地拍拍肩膀客套几句。《仪礼》中《士相见礼》一篇，就记述了某位士初次去见职位相近的士的礼节。比如，求见一方不可贸然前往，要通过“将命者”事先转达求见之意。“将命”是“传命”的意思，指中间沟通双方意愿的人。求见一方得到主人一方同意后，方可带着“挚”（见面的礼物）前往拜访，到达主人大门时不能与主人直接见面，而要通过“摈者”（协助主人行礼的人）与主人对话。至于主人一方，若不经推辞就“受挚”，也就是接受礼物，则是自大的表现，所以要“辞挚”。两位士若想见面，接下来还需经过请返、再请返、辞挚、受挚等多个步骤。两人真正会面后，主人还需在次日回访，并把前日收到的“挚”奉还对方。一送一还，颇有君子之交淡如水的感觉。

日升月落，春去秋来，时代的车轮轰轰向前驶去，包括“士相见礼”在内的很多古代仪式被今人舍弃，甚至有人认为，它们沾满尘土，是一种腐朽。古时的礼仪仪式，对沉浸在现代生活中的我们，究竟有没有意义？或许，我们无需做到和古人完全一致，但至少应当让生活多一些仪式感。仪式感不是浮于表面的故弄玄虚，而是唤醒我们内心对自己、对他人、对生活的尊重。在《微读节气》一书中，朱伟谈及一代又一代文人雅士的诗词歌赋时说：“（它们）使本来平常的一个个日子都变得有滋有味，无论朝代更替，即使兵荒马乱也不被影响，一代代人复归为泥土，又一代代诞生，它们就支持着一个伟大的民族，有滋有味地生生不息。”或许仪式感同样如此。如朱伟所说：“无论何时何地，我们不能没有除夕的年饭、新年的爆竹、清明的扫墓、中秋的赏月，没有了它们，就没有了我们的日子。”

鹰形陶鼎，新石器时代·仰韶文化，1959年陕西华县太平庄出土。现藏于中国国家博物馆。

中国礼的演变史

文 | 张丁歌

“礼”之于中国，从一部《礼记》、一个礼部，到一个由礼构成的城邦社会，恰如棋盘上的格局，是规矩，亦是气象。

有人曾观中国人下棋，视景象为奇。先走的须说：“鄙王小卒先走两步。”然后，对手要说，“鄙王小卒也走两步。”对手再说：“鄙王的士要吃尊王的卒，走到九宫中鄙王卑贱的象位。”一局棋下来，过招二人客套话一箩筐，却与棋的输赢毫无关系。观棋者认为，对中国人来说，客套就如棋局本身，不懂这些客套就等于不会下棋，这是礼仪。

观棋的是美国学者、牧师明恩溥。他曾侨居中国半世纪，于1894年写出一本《中国人的气质》（后译《中国人的文明与陋习》），名噪一时，几乎成为最早探讨中国国民性的外来视角。“观棋”，便是书中《东方人的礼貌》中的一帧镜头。

中国典籍上“礼仪三百，威仪三千”，即礼仪准则有300条，行为准则有3000条，明恩溥慨叹：一个民族背负着如此多的礼节，很难想象怎样延续下去。但是，中国人做到了，他们设法把恪守礼节熔铸成了一种内在的本能。

孔子当年修订《礼记》，一生倡议“克己复礼”时，怕未曾想到，两千年后，有位美国人会这样剖析解读中国之“礼”。而“礼”之于中国，从一部《礼记》、一个礼部，到一个由礼构成的城邦社会，恰就像棋盘上的格局。

礼是什么？《礼记》第一句话是毋不敬，俨若思。南怀瑾在《论语别裁》

明代，朱邦，《紫禁城前的文官》，藏于大英博物馆。

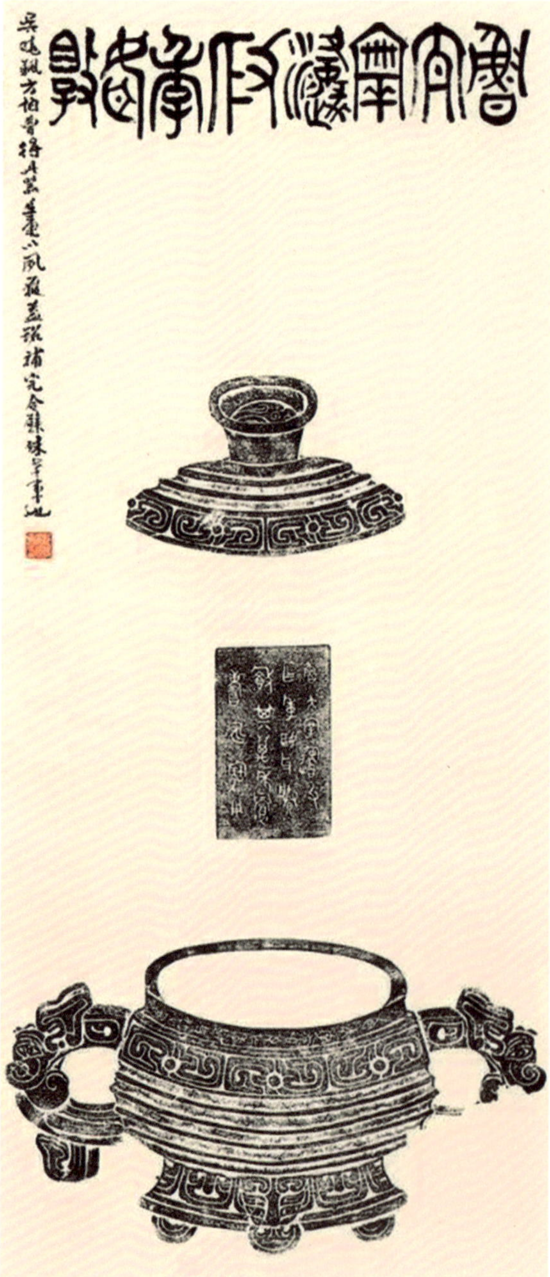

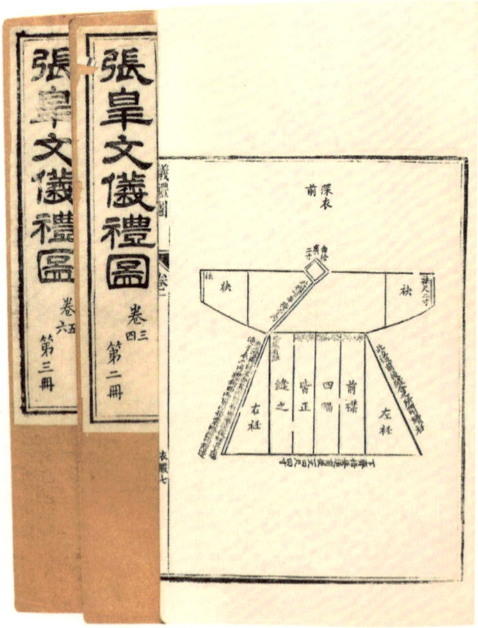

左图：清代著名金石家吴廷康手拓并跋礼器四种之一。礼器是中国古代在祭祀、宴飨、丧葬以及征伐等礼仪活动中使用的器具，其使用的规格有严格的等级限制，用以表明使用者的地位、身份、权力。
右图：清代同治时期，《张皋文礼仪图》六卷，此书为同治官书局精写刻本，内有大量插图。

中解读孔子所倡之礼："我们要随时随地很庄严，很诚敬。这个'敬'，并不是敬礼的敬，而是内心上对自己的慎重，保持克己的自我诚敬，表面上看起来，好像是老僧入定的样子，专心注意内心的修养。所谓礼，就是指这个境界而言。从这里发展下来，所讲对人对事处处有礼，那是礼仪了。《礼记》的这一句话，是讲天人合一的人生最高境界。"孔子的理想是要恢复尧、舜、文王、武王时的礼仪等级。他把《礼记》之"礼"，看成修身、治国、安邦、平定天下的基础。

"不学礼，无以立""质胜文则野，文胜质则史。文质彬彬，然后君子""非礼勿视，非礼勿听，非礼勿言，非礼勿动"——《礼记》49篇，从古代风俗，服饰、饮食居住，到婚丧嫁娶、家庭礼仪、师生关系，几乎构架为一套上古礼仪宝典。

南怀瑾解读，"克己"的克，就是剋，剋伏下去，有心理争斗之意。庄子叫作"心兵"，心里在用兵，所谓天理与人欲之争，以现代语汇来说，是感情与理性的争斗。克己以后，就恢复了"礼"的境界。

复的哪部礼？孔子是要恢复周公之礼（《周礼》）。"吾不复梦见周公矣。"他曾以此言，叹息周代礼仪文化的失落。孔子希望可以根据周公的原则，建构一个有礼有节的生活模式与人伦关系。

周公制礼，是要人们在礼崩乐坏的时代，拾起敬畏。他重制礼乐，将人们的行为举止、心理情操都纳入尊卑有序的模式之中，亦是一套国家制度体系。那时，即便乡野之人，都以上层人之礼要求自己，彼此守礼，以礼义相标榜。《周礼》，其实是中国流传至今的第一部礼仪专著。

春秋时，晋厉公会盟天下，周王室代表刘康公说："国之大事，在祀与戎。"国家最大的事无非祭祀与战争，祭祀尤在战争之上。礼部便是隋唐以降负责祭祀，以及由此延伸开去的所有国家礼仪的政府职能部门。

礼部，南北朝北周始设。隋唐以后，为六部之首。它主要负责管理国家的典章制度、祭祀、学校、科举和接待四方宾客等事之政令，即主管考吉、嘉、军、宾、凶五礼。相当于今天的文化部、教育部、外交部和国家新闻出版广电总局，甚至还有科技部部分功能。

礼部既撑起一个国家的面子，也关乎一个社会的里子。掌管礼部的大臣，为尚书，相当于现在的部长。礼部下面设四司，明清时分别为：仪制清吏司，掌管嘉礼、军礼，以及学务、科举考试，即礼部试；祠祭清吏司，掌管吉礼、凶礼事务；主客清吏司，执掌宾礼及接待外宾事务；精膳清吏司，相当于隋唐时的膳部，专门掌管筵飨廪饩牲牢等事务，就是吃吃喝喝，大宴酒膳所用。

在清代，设有铸印局，负责铸造皇帝宝印和官员印信。另有会同四译馆，负责接待各藩属、外国贡使及翻译等事。

礼部至清末废部，改设典礼院，成为专管朝廷坛庙、陵寝之礼乐及制造典守事宜，并掌修明礼乐、更定章制的机关。

明恩溥一方面欣赏东方人的礼节，另一方面也表达了不适，“客观地说，中国人对外国人所表现出来的礼貌（与他们之间表现的相同），首先考虑的不是客人的感觉，更多的是为了显示自己懂得礼数，会接人待物”。并做了个比喻：礼貌就像气垫一样，里面虽然什么东西都没有，但却能有效地减缓颠簸。

所谓礼仪之邦，不至于像《镜花缘》所述君子国那般，“圣圣相传，礼乐教化，八荒景仰”。但两千年的“礼”之路，已然让这个社会建构于隐形的礼文化下。礼于当下，如同一个人隔代的基因，一片土地深层的血脉，一个动作或念头深处的下意识，一声失传已久却仍能听辨甚至脱口跟随的乡音。

中国是礼社会，亦是人情社会。史学家孙隆基有言，“人情”是中国人的主要精神形态，在传统的天道观中，中国人甚至连天地都加以人情化：“我们就不难看到中国式的人情与西方追求自我或者说个人的权利的巨大差异。”

人情不仅指人之常情，也指礼之常理。你说它假意虚情，它也叫讲礼讲范。只是，礼仅停留在“范儿”，便真如气垫，气一漏就什么都没了。

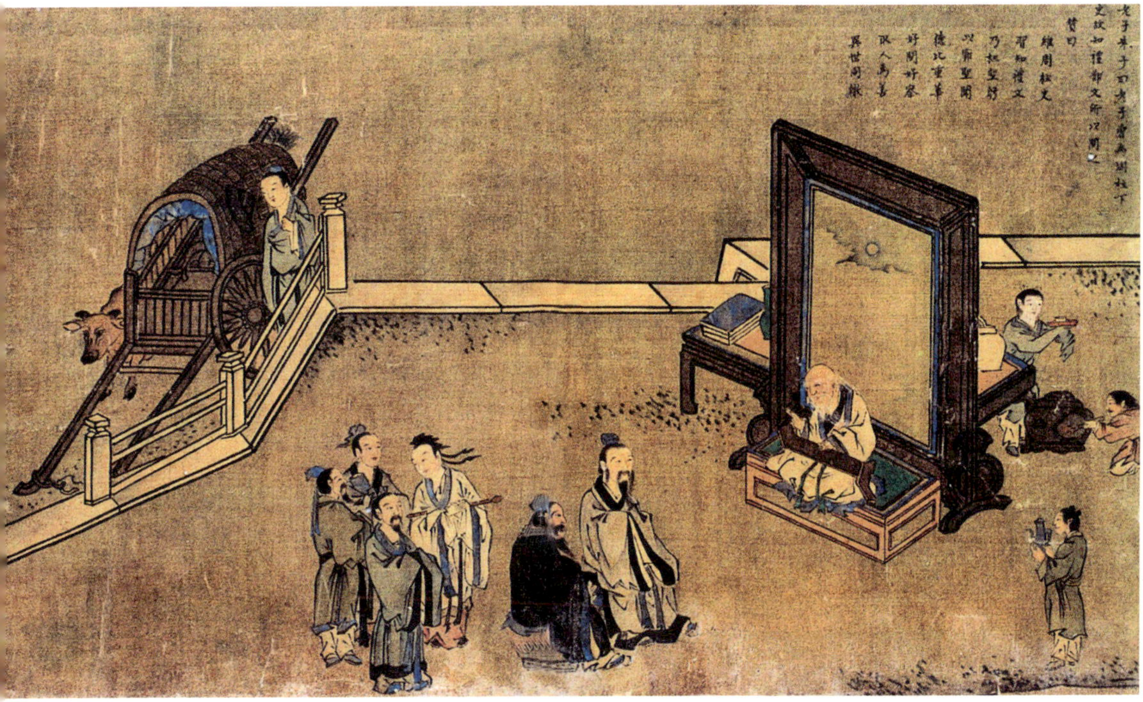

《孔子圣迹图》明彩绘绢本，共36幅，纸裱成册，此图为《孔子圣迹图》之一《问礼老聃》。图中所绘内容为鲁昭公二十四年（公元前518年），孔子带弟子南宫敬叔由曲阜到洛邑，不远千里向周朝柱下史老聃学习周礼。

“仓廪实而知礼节”
礼的当代复兴

文 | 唐元鹏

“克己”是克制自身的欲望，是以身作则；“复礼”是恢复礼的精神，也许有许多礼仪、礼制已经无法复制了，但其内涵核心仍然急需复兴。

礼在中国是一个古老的字，又是一个新字。它的古老在于几千年的沉淀，它的新在于礼要复兴。

在一个有《礼记》、有孔子、讲究礼尚往来的“礼仪之邦”谈礼的复兴，是一件荒诞的事，但现在我们不得不面对这样的情况。

曾经，我们只谈同志情，谈阶级斗争，没法谈礼；改革开放后，我们谈发展经济，谈挣钱，顾不上讲礼。就这样，礼在这个国家缺席了50年，直到今时今日，当物质大大丰富之后，我们猛然醒来，礼去哪了呢？

当我们重新将视野转移到礼的时候，却发现礼仪、礼节、礼义已经淡化，只剩下礼品、礼物、送礼。礼被物化了，被商品化了，被市场化了。幸而我们有“仓廪实而知礼节，衣食足而知荣辱”的古训，是时候在物质的快车道上稍作停留、扪心自问了，我们是否该重拾那曾经让中国人引以为豪、作为整个民族核心价值观的礼？

礼的物化

祭天敬神为礼，孝悌忠义为礼，尊卑有序为礼，待人接物有礼，婚丧嫁娶有礼，风俗习惯有礼。礼是仪式、是秩序、是关系、是和谐，它曾经是渗透在中

20世纪50年代，吴清源与弟子林海峰下棋。

国人生命中的一部分，是那样地根深蒂固。

自从辛亥革命一声枪响，两千年的专制皇朝时代终结，礼开始了它的现代化进程，平等、自由、民主等来自西方的价值观渗入了传统的礼之中，女权运动、移风易俗在实际生活中，礼也随着现代化的进程发生变化。

1949年之后，中国也进入了新的时期，来自苏联的革命气氛充满了整个国家，人与人之间的关系，也进入革命时期。旧的礼被认为是封建的、陈腐的，在破“四旧”“批林批孔”等运动的大旗下已成昨日云烟。在新形势下，也建立了以同志情、革命情为核心的新型的礼，这种在组织、集体的框架下模糊了个人、家庭，具有很明显的红色时代特征。

改革开放以来，在社会转型中，礼是什么，反而被忽略了，有时候可能是“五讲四美”“五爱三讲”。但在历史局限之下，礼被时代物化了。

礼从仪式、秩序、关系，变成了礼品、送礼。前者是“没有钱是万万不能”价值观的异化，“礼轻情意重”被扔到了故纸堆中，价值直接由金钱衡量，礼物的贵贱高低，成为调节关系的重点，互相攀比，厚此薄彼，心不够钱来凑。同时由于利益的需要，商家也推波助澜，各种礼品、礼物的规格、档次与金钱的合谋，演变出一个极其庞大的礼品市场。

后者的送礼，则变成了人际关系的核心，人与人不再追求交情，而是只讲人情。求人办事，关系人情，都要送礼，甚至被一些官员衍生成了权钱交易，滋生了腐化的土壤。

在物化之后，礼变成了嘴上有心中无，无法融入实际生活中的精神。本来礼的核心价值——尊重，逐渐消失。

代之以表面的平等，表面的个人独立，事只分对错，人只比高低。即使接受了一些西方思维，也只停留在表面，更可怕的是，没有接受好新的，还扔掉了祖宗留下的优良传统。

礼的复兴

管子说：“仓廪实而知礼节，衣食足而知荣辱。”这是礼存在的条件。社会发展到今天，当中国人终于可以说自己仓廪实、衣食足的时候，礼的复兴是必然的。

在物化的社会风气下，克己复礼是礼的复兴的方法论。“克己”是克制自身的欲望，是以身作则；“复礼”是恢复礼的精神，也许有许多礼仪、礼制已经无法复制了，但其内涵核心仍然急需复兴。

毫无疑问，这是一个张扬个性的时代，每个人都成为社会的中心，谈论着我的需求、我的欲望。礼本该是调节人际关系的中介，一旦个人欲望超越了边界，自然会侵蚀礼的势力范围。

今天的社会，我们一方面渴望得到别人的尊重，另一方面却无视他人，出言不逊；我们一方面期待别人理解，另一方面却无法宽恕别人。

其实只需回归最基本的概念，比如人皆有之的恻隐之心。对于弱势群体、社会底层，能否保持一种恻隐之心，纵然这个社会盛行着“可怜之人必有可恨之处”的说辞，但推己及人，当自身处于困境之中的时候，希望得到善意的帮助还是落井下石？

“己所不欲，勿施于人。”礼的一个很重要的内涵是这种推己及人的思维方式，当你不希望别人轻视，当你渴望别人的尊重之时，有没有想过首先需要做的，恰是尊重别人？

比如恪守本分，中国传统礼的核心是秩序和等级，虽然在讲究平等的今天，等级让人生厌。但在任何社会中等级的存在都是无法避免的，家庭中有尊卑，社会上有长幼，单位里有上下级关系。中国人有看不见的规矩，没有规矩决成不了方圆。

比如为人表率，让每个人都呈现出最好的自我。上位者为下之表率，长辈是晚辈的表率，前辈是后辈的表率。即使在社会中地位再卑微，也至少是自己孩子的表率，想想那双永远盯在你身上的孩子眼睛，至少，你的行为不该让他羞愧。

20重器

红山文化三星他拉玉龙

新石器时代 现藏于中国国家博物馆

差点被当废铁卖掉的“中华第一龙”

辑丨邝新华

六千年后，被后人称作“中华第一龙”的三星他拉玉龙，等来了它的有缘人。1971年8月的一天，内蒙古自治区翁牛特旗三星他拉村村民张凤祥像往常一样到村子不远处挖鱼鳞坑。这一铁锹下去，突然碰到了石头，张凤祥俯身一摸，发现一个人工砌成的石洞。在好奇心驱动下，他把石块拣干净，在石洞底部，摸出了一个大钩子。“质地坚硬，拿在手里沉甸甸的。”张凤祥以为自己挖到的是一块废铁，他想也许能到废品收购站卖上几个钱，于是在收工的时候，就顺便把它拿回了家里。这块“废铁”就是后来的“中华第一龙”，张凤祥发现它时，这条玉龙埋葬处距地表仅50厘米。由于其出土于内蒙古自治区翁牛特旗三星他拉村，又名红山文化三星他拉玉龙（下称“三星他拉玉龙”）。所谓红山文化，是指起始于五六千年前，活动于燕山以北，西辽河、大凌河流域和渤海湾北岸的一支部族集团所创造的农业文化。

三星他拉玉龙为墨绿色，高26厘米，是已知红山玉龙中最大的一件，身体呈“C”形，龙头刻画得栩栩如生，龙背钻有一个圆孔，龙的首尾正好处在同一水平面上。考虑到玉龙形体硕大、造型特殊，它不只是一般饰物，很可能是同我国原始宗教崇拜密切相关的礼制用具。2014年5月20日，一件公开拍卖的红山文化青玉猪龙，成交价是228.8万元人民币。然而，价值连城的三星他拉玉龙在刚发现的20世纪70年代，却不被人们当作宝。在张凤祥挖出后，它被翁牛特旗文化馆征集。然而，文化馆几次搬家，它却没有像瓷器一样被人轻拿轻放，总是被随手扔到不起眼的地方，幸好没坏。据传三星他拉玉龙当年还差点被村民做成烟袋嘴。玉石烟袋嘴在当时是种时尚，在一些人眼里，三星他拉玉龙够大，是个好坯子。幸亏它不白又有绺裂，出不了上品烟袋嘴，才最终逃过了一劫。

1985年，沈从文提出要看三星他拉玉龙，送宝的蒙景欣等人看到，坐在轮椅上的沈从文拿玉龙的手不停颤抖，蒙景欣生怕玉龙掉地摔碎，忙跪下身子，上前托住沈从文的手，她说：“可吓死我了。”

1987年11月，中国社会科学院考古研究所研究员刘观民在对三星他拉玉龙的质地、制作、形态进行判断，并与以往发现的新石器时代的玉龙进行比对后表示，“三星他拉玉龙实为国内罕见的科学标本，宜做国家一级文物收藏”。

1989年9月，三星他拉玉龙被调往北京参加展出，随后入藏中国历史博物馆。2003年，中国历史博物馆与中国革命博物馆合并重组为中国国家博物馆。三星他拉玉龙成为中华物质文明的见证。

●红山文化三星他拉玉龙●殷王武丁贞问妇娕患疾刻辞卜甲●小臣艅犀尊●文津阁本《四库全书》●秦始皇陵兵马俑●青铜大立人像●毛公鼎●散氏盘●马王堆一号汉墓T型帛画●《皇帝礼佛图》●曾侯乙编钟●刘胜金缕玉衣●卢舍那大佛●马踏飞燕●彩塑供养菩萨像●四羊方尊●昭陵六骏●《天文图》碑●亚方尊●《赵城金藏》

20 重器

殷王武丁贞问妇娕患疾刻辞卜甲

商·现藏于北京故宫博物院

中国最早的龟甲“图书馆”

辑丨邝新华

商朝人信奉鬼神，上至国家大事，下至私人生活，都要占卜。他们把所问之事刻于乌龟的腹甲、背甲或牛的肩胛骨，占卜时把要问的事情向鬼神祷告，然后炙烤甲骨，根据出现的裂纹的长短、粗细、曲直等特征来判断吉凶，最后还把占卜出来的结果刻在卜兆的近处。这便成为后世看到的甲骨文。

清朝中期，河南省安阳市小屯村的农民们耕地时翻出这些骨头，他们只是将其随意堆在旁边。剃头匠李成的一身脓疮改变了这些“破骨头”的命运：没钱买药的李成把路边的甲骨碾成粉，敷于脓疮处，未曾想，甲骨却有奇效。从此，农民们收集甲骨卖给药铺，而甲骨也有了一个新名字——龙骨。

此后四五十年，无数甲骨被清人当药吞食。1899年，国子监祭酒王懿荣身染疟疾，在入药的“龙骨”上发现了整齐的字符，形如古文，却“非籀（大篆）非篆（小篆）”。王懿荣发现甲骨文后，达官贵人竞相收购甲骨，甲骨身价甚至以字计算，每字“价银二两五钱”。

绝大部分甲骨文发现于中国河南省安阳市殷墟。殷墟是著名的殷商时代遗址，殷墟甲骨窖穴主要分布于殷墟宫殿宗庙遗址，自19世纪末发现甲骨文，这里共出土甲骨约15万片。最著名的YH127甲骨窖穴发现于1936年，中央研究院历史语言研究所在殷墟的第十三次发掘中，共发现刻辞甲骨17096片，完整的有300多片，皆为商王武丁时代的卜辞，字体细小、工整、秀丽，主要涉及祭祀、田猎等内容。这些商代刻辞甲骨也被称为中国最早的“图书馆”和“档案库”。

《礼记·表记》载：“殷人尊神，率民以事神，先鬼而后礼。”甲骨帮助商朝人沟通鬼神，不论祭祀、战争、渔猎、出入、风雨、年成、疾病、生育，都要卜问神明。

甲骨文打开了观察3000年前黄河流域人们生活的窗户，也给现代人展示了最早成体系的汉字，是中华文明的见证。台北商业大学副教授廖文豪说：“如果每个甲骨文汉字都是一个事件的记录，那么它们就有巨大的文化历史价值。”

●红山文化三星他拉玉龙●殷王武丁贞问妇妹患疾刻辞卜甲●小臣艅犀尊●文津阁本《四库全书》●秦始皇陵兵马俑
●青铜大立人像●毛公鼎●散氏盘●马王堆一号汉墓T型帛画●《皇帝礼佛图》●曾侯乙编钟●刘胜金缕玉衣
●卢舍那大佛●马踏飞燕●彩塑供养菩萨像●四羊方尊●昭陵六骏●《天文图》碑●龇亚方尊●《赵城金藏》

20重器

小臣艅犀尊

商·现藏于旧金山亚洲艺术博物馆

世上唯一的商代犀牛尊

辑丨邝新华

商代晚期青铜器小臣艅犀尊，整体为犀牛形，牛背开口，犀首前探，犀角翘起，身体丰腴，四足粗壮。小臣艅犀尊显得敦朴，富有气韵，打破了人们以往对犀牛威严的印象。

据传小臣艅犀尊是现在存世的唯一一件以犀牛为造型的商代青铜器。中国国家博物馆也藏有一件以犀牛为造型的青铜器，不过铸造年代为西汉时期，与小臣艅犀尊相差近1000年。

小臣艅犀尊底部有27字铭文。这个铭文讲到，那一年商王征伐人方（地名），在征伐后返程途中，停留在夔（地名），赏赐小臣"艅"夔贝（钱币）。"艅"在得到商王赏赐后铸造铜器，也就是小臣艅犀尊，纪念此事。

小臣艅犀尊于清代道光年间出土于山东省梁山县，当时出土的青铜器共七件，被称为"梁山七器"，还包括太保簋、太保鼎等。"梁山七器"的出土，是清末民初金石学界的大事。可惜七件宝物出土不久，其中四件就流失海外。

作为美国旧金山亚洲艺术博物馆中知名度最高的中国藏品，小臣艅犀尊却曾被海外买家当作过赝品。20世纪20年代的一天，一位顾客拿着小臣艅犀尊愤怒地冲进一家古董店，要求退货："你卖给我的这件中国商代青铜器是假的！中国商代根本没有犀牛，怎么会有犀牛尊呢？"这时，艾弗里·布伦戴奇——后来的国际奥委会主席走进古董店，用2万多美元，也就是当时5辆凯迪拉克的价格买下了这件青铜犀牛。但布伦戴奇也有疑惑，中国商代有犀牛吗？布伦戴奇委托中国朋友查找中文资料，但都没有犀牛的记载，正失望之际，这位朋友终于查明，商代犀牛称为"兕"，甲骨文中曾有记载，奴隶们一次猎获的兕，就有71头之多。值得一提的是，小臣艅犀尊最初的主人"艅"就是商王的奴隶总管。

小臣艅犀尊质朴的造型风格在中国青铜器史上开辟了写实主义的先河，甚至有专家认为，这件青铜器是中国雕刻史的开篇之作。

据旧金山亚洲艺术博物馆馆长许杰介绍，他们曾向全球征集小臣艅犀尊的小名，最终投票最多的名字为Reina，在西班牙语中是公主的意思。另外，因为小臣艅犀尊来自中国，它还有个中文昵称"宝贝"。

●红山文化三星他拉玉龙●殷王武丁贞问妇妹患疾刻辞卜甲●小臣艅犀尊●文津阁本《四库全书》●秦始皇陵兵马俑
●青铜大立人像●毛公鼎●散氏盘●马王堆一号汉墓T型帛画●《皇帝礼佛图》●曾侯乙编钟●刘胜金缕玉衣
●卢舍那大佛●马踏飞燕●彩塑供养菩萨像●四羊方尊●昭陵六骏●《天文图》碑●醧亚方尊●《赵城金藏》

20 重器

文津阁本《四库全书》

清·现藏于中国国家图书馆

史上最大的一套书

辑 | 邝新华

乾隆三十七年正月初四，乾隆皇帝下诏搜求图书，编纂《四库全书》。乾隆皇帝对所求图书的标准是这样的：第一等，阐明性学治法，关系世道人心，这类要首先求购；第二等，发挥传注，考核典章，旁及九流百家之言，有益于实用；第三等，历代名人文集，内容为名家们对经史文艺的研究。至于来自民间的族谱、寿言、唱酬诗文以及举子的科举时文等，就不在搜求之列了。

随着编纂工作的开始，四库全书馆在翰林院内成立，自乾隆三十七年（1772），至乾隆四十六年（1781），多年间正式列名参与《四库全书》编纂的文人学者360多人，抄写人员不下3800人。全国所搜求的图书以及《永乐大典》辑出的珍本善本，汇成经、史、子、集4部，按学科分44类编排，收录图书3500多种，79000多卷，36000多册，近230万页，约8亿字，囊括了先秦到清乾隆所有重要典籍，是中国乃至世界历史上规模最大的一套图书集成。

《四库全书》修完后共抄成7部，在其后的两百余年中，历经八国联军及太平天国洗劫，仅存三部半：文渊阁本1949年被运往台湾，藏于台北故宫博物院；文溯阁本1966年运往兰州；文津阁本于1915年从承德运往北京，藏于古物保存所，后拨交新成立的京师图书馆（中国国家图书馆的前身）保存，成为镇馆之宝。

中国国家图书馆曾花3000万元人民币“原大、原色、原样”复制了一套“手工宣纸制作，能保持一千年以上”的《四库全书》送给故宫博物院。此套《四库全书》出版工作委员会执行主任卢仁龙表示：“《四库全书》异常珍贵，在中国国家图书馆拍摄时，都有武警看着。翻看时要小心翼翼，手汗、口水都不能沾上去。”工作人员还制作了特别的玻璃柜，“戴上手套，用玻璃把书压平，再用4个冷光源照射，在隔离的状态下翻拍。”

2016年5月出版的文津阁本《四库全书》定价为9.98万元，而在孔夫子旧书网上，标价为60万元。

●红山文化三星他拉玉龙●殷王武丁贞问妇妹患疾刻辞卜甲●小臣艅犀尊●文津阁本《四库全书》●秦始皇陵兵马俑
●青铜大立人像●毛公鼎●散氏盘●马王堆一号汉墓T型帛画●《皇帝礼佛图》●曾侯乙编钟●刘胜金缕玉衣
●卢舍那大佛●马踏飞燕●彩塑供养菩萨像●四羊方尊●昭陵六骏●《天文图》碑●酗亚方尊●《赵城金藏》

20 重器

秦始皇陵兵马俑

秦·现藏于西安秦始皇兵马俑博物馆

秦始皇的地下军团

辑 | 邝新华

“秦朝的马为什么都不高？”“这个部位怎么没装兵器？”2004年10月16日，俄罗斯总统普京来到秦始皇兵马俑博物馆参观，像小学生一样问了很多问题。1987年12月，秦始皇陵及兵马俑坑被联合国教科文组织列入《世界遗产名录》，并被誉为“世界第八大奇迹”。至今，有200多位外国元首和政府首脑参观了秦始皇陵兵马俑。

这“世界第八大奇迹”之所以能被发现，有赖于一场严重旱情。1974年3月，陕西省临潼县（现为西安市临潼区）西杨村生产队决定在村里挖一口大井寻找地下水，拯救枯萎的庄稼。3月29日黄昏，几个村民挖到五六米深时，挖出一个真人大小的陶土人头。挖井挖到人头很不吉利，于是，他们悄悄把人头埋好，换个地方继续挖，这次他们挖出了陶制的身体和手。村民马上报告了有关部门。

考古队进驻西杨村，随后，铜箭头、铜镞、弩机、秦砖等，一个庞大的地下军团被发现。在5米多深的坑内，站满了身披铠甲、手持兵器的武士俑和拖拉马车的陶马俑。

今天的秦始皇兵马俑博物馆共有三个兵马俑坑。一号坑是战车和步兵相间的主力军阵，总面积14260平方米，约有6000个真人大小的陶俑。二号坑面积6000平方米，有四个方阵，由战车、骑兵、弩兵混合编组。三号坑面积约520平方米，似为统率三军的指挥部，出土68个陶俑和4匹马、1架车。《孙膑兵法》说，“在骑与战者，分为三，一在于右，一在于左，易则多其车，险则多其骑，反则广其弩”，三者有机结合，才能百战不殆。二号坑的布阵诠释了这位古代军事家的理论。

多年前，时任法国总统的希拉克参观了兵马俑后在留言本上写道：“不看金字塔不算真正到过埃及，不看秦俑不算真正到过中国。”2008年8月，美国前国务卿基辛格看完兵马俑后感慨道：“每次我来兵马俑参观，都看到了中国的古老文明，也看到了中国的未来。”

20 重器

青铜大立人像

商周·现藏于三星堆博物馆

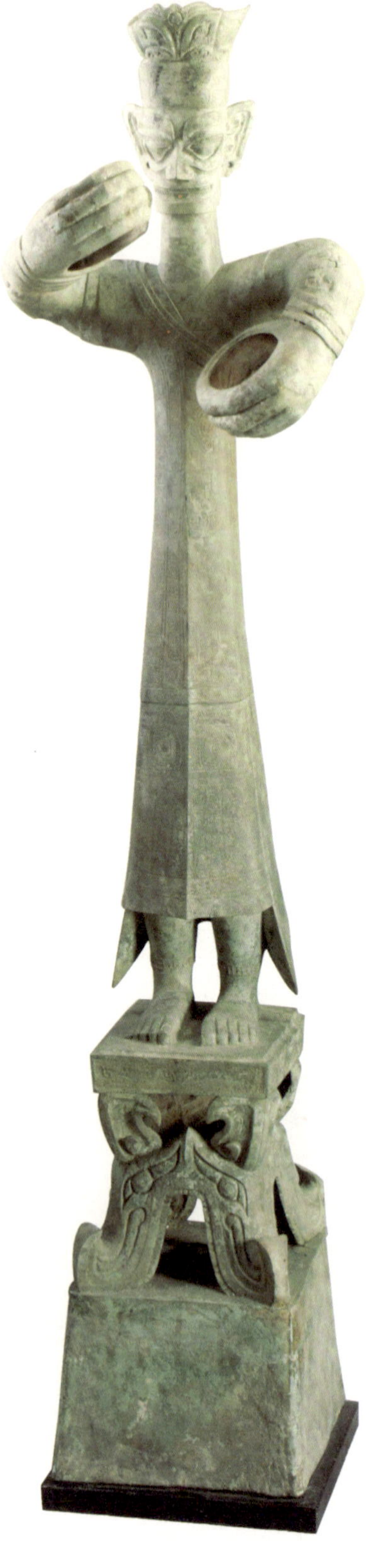

青铜大立人像，是现存最高、最完整的青铜立人像，被誉为“世界铜像之王”。

20 重器

毛公鼎

西周 · 现藏于台北故宫博物院

毛公鼎内壁铸有铭文，32行，近500字，堪称西周青铜器中铭文之最。其内容叙事完整，是研究西周晚年政治史的重要史料。

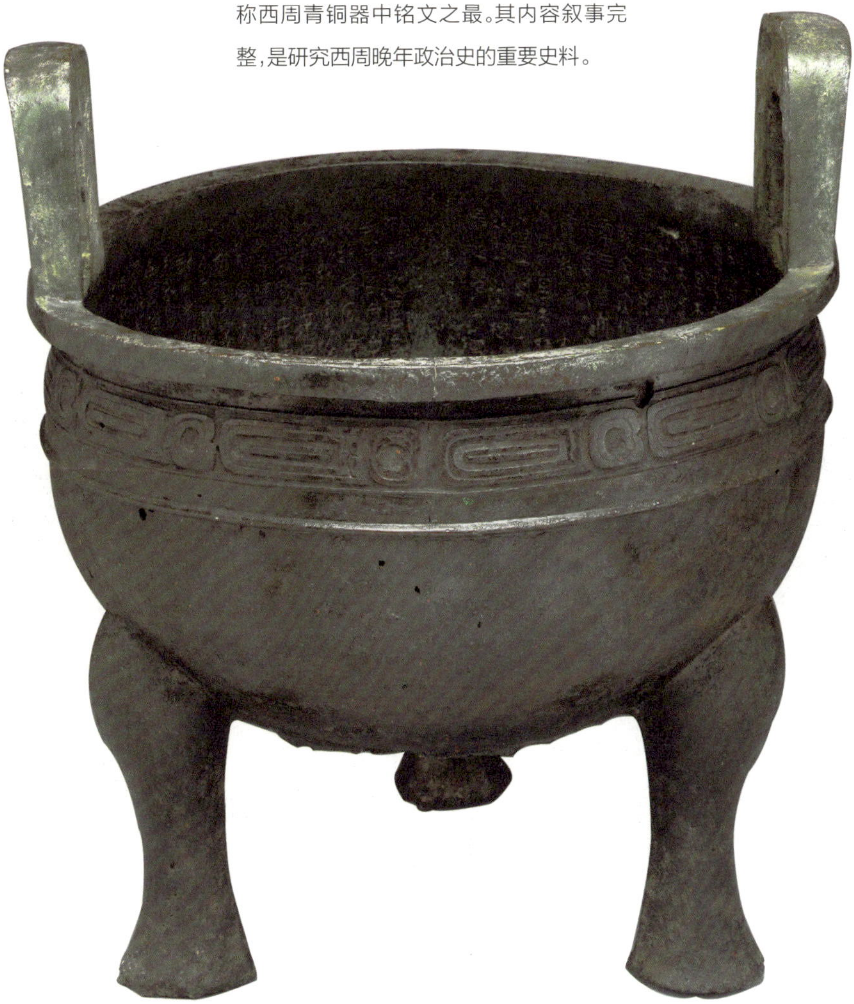

20 重器

散氏盘

西周 · 现藏于台北故宫博物院

散氏盘因铭文中有“散氏”字样而得名。散氏盘内底铸有铭文19行，357字，内容为土地转让，是研究西周土地制度的重要史料。

20 重器

马王堆一号汉墓T型帛画

西汉 · 现藏于湖南省博物馆

马王堆一号汉墓T型帛画具有极其重要的研究价值。它的出现，为人们认识和了解楚文化提供了一个崭新的视角。

20重器 《皇帝礼佛图》

北魏 · 现藏于纽约大都会博物馆

北魏《皇帝礼佛图》生动再现了北魏社会宗教生活。无论从艺术史、宗教史角度考察，还是从历史、文化价值估量，北魏《皇帝礼佛图》都是当之无愧的国宝。

20 重器

曾侯乙编钟

战国 · 现藏于湖北省博物馆

曾侯乙编钟是由六十五件青铜编钟组成的庞大乐器，其音域跨五个半八度，十二个半音齐备。它的出土曾使世界考古学界为之震惊。

●红山文化三星他拉玉龙●殷王武丁贞问妇姝患疾刻辞卜甲●小臣艅犀尊●文津阁本《四库全书》●秦始皇陵兵马俑
●青铜大立人像●毛公鼎●散氏盘●马王堆一号汉墓T型帛画●《皇帝礼佛图》●曾侯乙编钟●**刘胜金缕玉衣**
●**卢舍那大佛**●马踏飞燕●彩塑供养菩萨像●四羊方尊●昭陵六骏●《天文图》碑●醜亚方尊●《赵城金藏》

20 重器

刘胜金缕玉衣

西汉 · 现藏于河北博物院

刘胜金缕玉衣长188厘米，玉片有绿色、灰白色、淡黄色。该玉衣出土后，经郭沫若等专家分析，被认定为迄今为止发现的保存最完整的金缕玉衣。

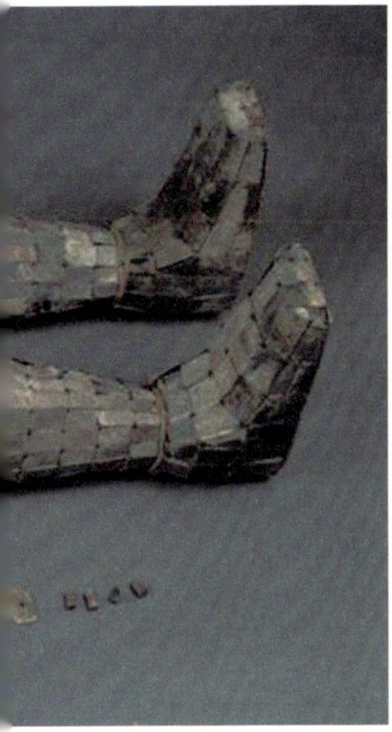

20 重器 卢舍那大佛

唐·现藏于龙门石窟

卢舍那大佛，按照武则天形象塑造，通高17.14米，是龙门石窟中艺术水平最高、整体设计最严密、规模最大的一处。

●红山文化三星他拉玉龙●殷王武丁贞问妇妹患疾刻辞卜甲●小臣艅犀尊●文津阁本《四库全书》●秦始皇陵兵马俑
●青铜大立人像●毛公鼎●散氏盘●马王堆一号汉墓T型帛画●《皇帝礼佛图》●曾侯乙编钟●刘胜金缕玉衣
●卢舍那大佛●**马踏飞燕**●**彩塑供养菩萨像**●四羊方尊●昭陵六骏●《天文图》碑●豳亚方尊●《赵城金藏》

20重器

马踏飞燕

东汉·现藏于甘肃省博物馆

马踏飞燕是东汉艺术家的经典之作，在中国雕塑史上代表了东汉时期的最高艺术成就。马踏飞燕自出土以来一直被视为中国古代高超铸造技艺的象征。

20 重器

彩塑供养菩萨像

唐·现藏于美国哈佛大学赛克勒博物馆

20世纪20年代，兰登·华尔纳从敦煌藏经洞发现者王道士处购得彩塑供养菩萨像。半跪的供养菩萨神情虔恭文静，充分表现了菩萨对佛发自内心的崇拜和敬仰。

●红山文化三星他拉玉龙●殷王武丁贞问妇妹患疾刻辞卜甲●小臣艅犀尊●文津阁本《四库全书》●秦始皇陵兵马俑
●青铜大立人像●毛公鼎●散氏盘●马王堆一号汉墓T型帛画●《皇帝礼佛图》●曾侯乙编钟●刘胜金缕玉衣
●卢舍那大佛●马踏飞燕●彩塑供养菩萨像●**四羊方尊**●**昭陵六骏**●《天文图》碑●醜亚方尊●《赵城金藏》

20 重器

四羊方尊

商·现藏于中国国家博物馆

四羊方尊是中国现存商代青铜方尊中最大的一件，整个器物用块范法浇铸，一气呵成，被史学界称为“臻于极致的青铜典范”。

20 重器

昭陵六骏

唐 · 现藏于西安碑林博物馆、美国宾夕法尼亚大学博物馆

昭陵六骏，指陕西礼泉唐太宗李世民陵墓昭陵北面祭坛东西两侧的六块骏马青石浮雕石刻。昭陵六骏刀工精细、圆润，是珍贵的古代石刻艺术珍品。

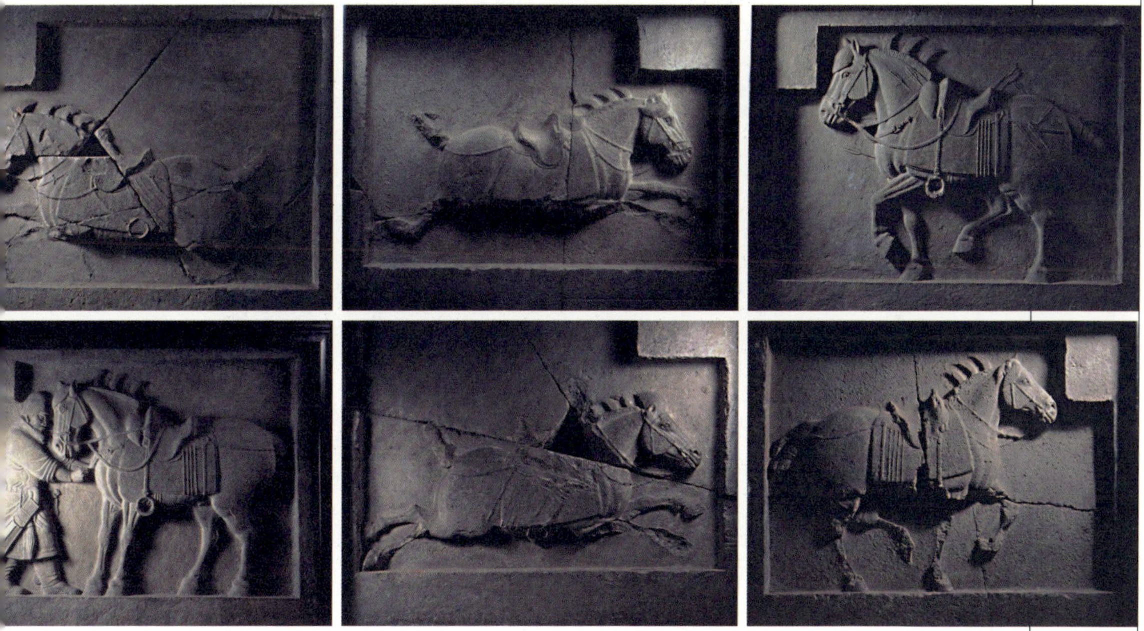

20 重器 《天文图》碑

南宋 · 现藏于苏州碑刻博物馆

《天文图》碑为南宋时期石刻，分星图与图说两部分，星图根据元丰年间的星象观测结果绘制，该天文图所达到的成就为国际天文学界所公认。

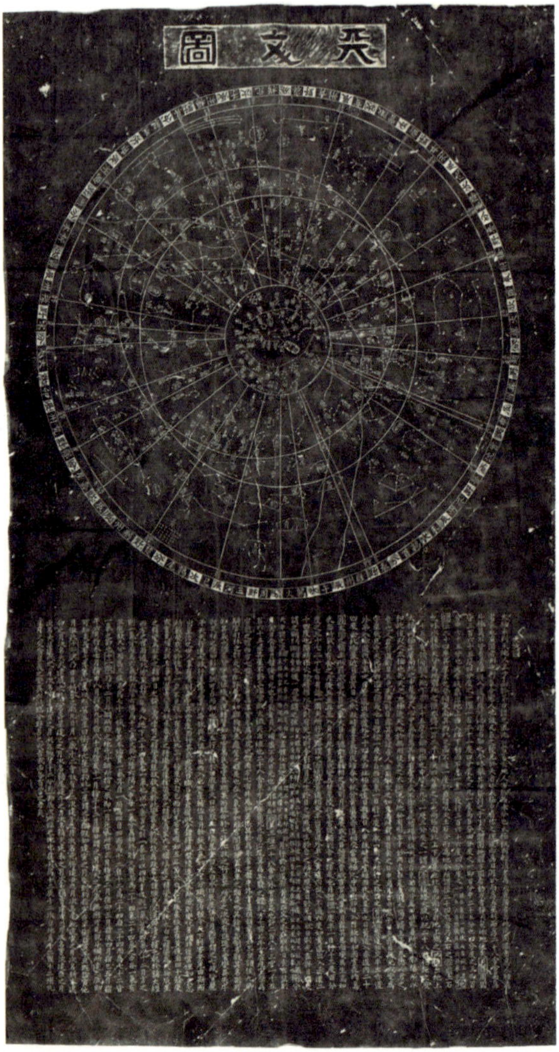

20 重器

酗亚方尊

商 · 现藏于北京故宫博物院、台北故宫博物院

方尊传世较少。酗亚方尊为清宫旧物，现存有相同一对。一藏于北京故宫博物院，较完好；一藏于台北故宫博物院，其足部有残损。

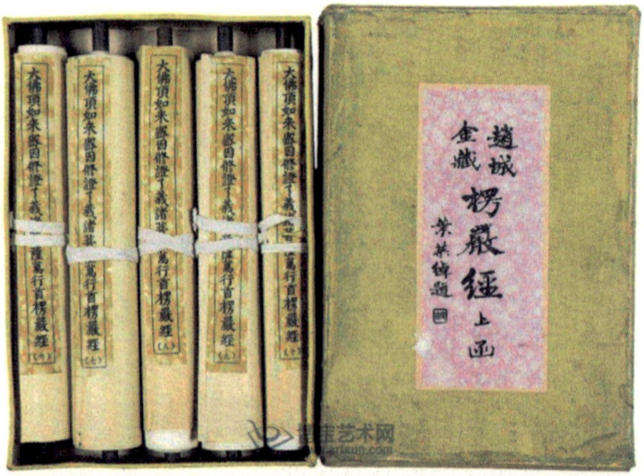

20重器 《赵城金藏》

金 · 现藏于中国国家图书馆

《赵城金藏》共有6980卷，6000多万字，今存4000余卷，全世界只此一部，与《永乐大典》《四库全书》《敦煌遗书》并称中国国家图书馆四大镇馆之宝。

藏书家韦力
藏书楼里藏文脉

文 | 罗屿

书的形式如同肉身，哪怕形式毁掉了，其承载的思想、内容、记录也是强壮的。而古书之所以能够传承，则有赖于历代藏书家的薪火相传，正是他们的尽心尽力，才使得斯文不绝。

站在前门大栅栏西街114号院门前，韦力看不出这个院落有任何特别之处。它的房顶上立着“北京一低装备厂”的招牌，隔壁则是“货真价实”的“王麻子”剪刀店。步入院内，里面的道路已被两边住户挤成不足半米的小径，单人向前而行都要侧身而过，即便如此，小径上还摆着各式各样的生活杂物。

此情此景，让韦力不免唏嘘。今人或许没有几个知道，这个不起眼的小院，百年前曾是清代著名学者朱筠的藏书楼椒花吟舫。“当年那么多鸿儒出入于这个院子，他们绝对想象不到，那个伟大院落会变成今天这样的乱象。”

椒花吟舫只是韦力寻访的藏书楼之一，作为古籍收藏家的他，数十年来走遍大江南北，访问百余位先贤藏书家的书楼、故居，寻找他们的故事与传说，先后辑成《古书收藏》《书楼寻踪》《书楼觅踪》等作品。我们今天所谈的悠久历史、灿烂文化怎么体现？在韦力看来，靠的正是古代典籍。而古书之所以能够传承，则有赖于历代藏书家的薪火相传，正是他们的尽心尽力，才使得斯文不绝。

议修《四库全书》，失传古籍得以流传；发现甲骨，古老文字免于湮没

椒花吟舫的主人朱筠，在古籍传承上就颇有建树，他不仅藏书，还刻书。

津逮楼是甘家建造的一座藏书楼，收藏书籍十万余卷，后毁于兵火中，近年来得以重建，再现当年风貌。

韦力就藏有椒花吟舫刻本《说文解字》。然而让朱筠的名声远超一般藏书家的，是他曾建议乾隆皇帝从《永乐大典》中辑佚古书，纂修《四库全书》。正是他的建议，使得几百部在当时已经失传的古籍得以重新流传。

《四库全书》的编纂还与一位明朝藏书家有关，他就是发现田黄石的曹学佺。乾隆当年要编《四库全书》，据说是受清代学者周永年《儒藏说》启发。而周永年承认，《儒藏说》的发明权属曹学佺。曹学佺在世时，确实曾用十年时间编写一部《儒藏》，希望它能和佛经《大藏经》、道教《道藏》并列成为经典。遗憾的是，明朝的灭亡让他这个伟大事业半途而废。

和曹学佺相比，一些藏书家的开创性工作则进行得顺利得多。作为中国古老文字的甲骨文，一般人认为，其发现者为王懿荣。光绪二十五年（1899），时任国子监祭酒的王懿荣得了疟疾，有位老中医给他开了药方，其中一味药叫作"龙骨"。药抓回来后，王懿荣发现所谓"龙骨"原来是一些大小不一的甲骨片，上面有许多划痕，像某些不为人知的古文字。王懿荣差人将药店中的"龙骨"全部买下。此后一年左右时间，王懿荣收甲骨一千五百余片。作为金石学家的他在考证后发现，这些甲骨"始知为商代卜骨，至其文字，则确在篆籀之前"。

遗憾的是，甲骨文发现不到一年，八国联军入侵北京，一介书生王懿荣被任命为京师团练大臣保卫京城，最终自尽殉国，他收藏的甲骨也流散各地，据传有1000余片被《老残游记》作者刘鹗买下。此后，刘鹗用几年时间共收5000余片甲骨。1903年，刘鹗出版《铁云藏龟》，书中影印他所收藏的甲骨拓片1058片，该书也是历史上第一部关于甲骨文的著作。

《铁云藏龟》能够完成，还与另一个人有关，那就是罗振玉。当年，正是他劝刘鹗将甲骨制成拓片，并助其出版。1908年，罗振玉得知甲骨出土地点为河南安阳小屯，于是派妻弟范恒昌、胞弟罗振常前去收购，后又亲自前往安阳，三人前后共收甲骨约三万片。罗振玉从中精选出三千片，和范恒昌、罗振常将其制成拓片，编成《殷虚书契前编》，后又出版《殷虚书契后编》及《殷虚书契续编》等，它们共同构成系统完整的甲骨学研究著作。

在韦力看来，因罗振玉与伪满洲国的关系，后人对罗振玉的评价褒贬不一，且以贬居多，就连伪满洲国皇帝溥仪也未给过他正面评价。比如溥仪在回忆录里称“他（罗振玉）的墨缘堂出售的宋版书，据说有一些就是用故宫的殿版《古今图书集成》里的扉页纸伪造的。殿版纸是成化纸或罗纹纸，极像宋版书用纸”。韦力觉得溥仪的说法极为外行。“殿版《古今图书集成》，从未见有用成化纸或罗纹纸印刷者。所以溥仪说罗振玉将殿版《古今图书集成》中这两种纸的扉页全弄下来伪造宋版书，是根本不可能的一件事。”

罗振玉生前藏书楼名“大云书库”，位于大连市旅顺口洞庭街十二号。韦力在寻访中发现，大云书库和其所藏书籍也是命运多舛。1940年罗振玉去世，大云书库所藏由其后人共同嗣守。1945年日本宣布投降，苏联红军接管旅大地区，强行征用罗家住宅，大云书库亦在其中。因事出突然，书楼所藏来不及搬走，大量古籍、字画被苏联红军成捆从窗口扔出，甲骨和青铜器被当作垃圾丢弃。据说当时许多百姓前来，将珍贵旧籍扛走用来生炉子，一些字画被用作糊墙，甲骨用作劈柴，甚至街头小贩用以包瓜子的纸片都是罗家字画。这些传说如今已被历史掩埋至深土，只有大云书库静静矗立于街巷。

有人私藏敦煌古卷遭非议，有人废纸堆中发现全本《金石录》

除甲骨文研究，很多人提到罗振玉，还会想到“八千麻袋”事件。1921年春，北洋政府教育部以经费困难为由，将大部分清代大内档案分装八千麻袋，共重15万斤，以大洋4000元卖给北京同懋增纸店作造纸之用。翌年年初，有档案散出至书肆被罗振玉发现，经寻访，他找到同懋增纸店，花大洋1.2万元将尚未损毁的档案买回。1924年，因财力不支，罗振玉将档案以大洋1.6万元转卖给前清驻日公使李盛铎，1928年李盛铎又将这部分档案以大洋1.8万元转卖给中央研究院历史语言研究所。典籍始得归公。

李盛铎也是一位大藏书家，他最著名的收藏，莫过于敦煌经卷。在韦力看来，且不论公共图书馆，仅说私人收藏，没有一个人的敦煌经卷质量能够超过李盛铎的。《书楼觅踪》一书中，韦力详述自己为何有此推断：1900年6月22日，道士王圆箓在清理被流沙掩埋的莫高窟时无意间发现了藏经洞，上报政府，但未引起重视。后伯希和、斯坦因等一些外国人从中间挑走了许多精品，等到皇上下令将藏经洞剩余的经卷全部运到北京，已是发现藏经洞后的第十年。负责藏经洞运经事务的官员是何彦升，他与李盛铎为儿女亲家，这些敦煌经卷运到北京之后，先是送到何彦升之子何震彝家中，李盛铎等人用三天时间把敦煌经卷挑选了一遍。此事为秘密进行，因此很难确定李盛铎究竟挑出多少经卷。但韦力认为，以李的学识，以及对目录版本学的眼光，挑出的必是精品中的精品。当然，李盛铎私藏敦煌经卷在很多人看来，并非光彩之事。有人表示，他是利用职务之便，将古卷中的精品"取走"。

不能否认的是，李盛铎对敦煌经卷是真心痴迷。其实，每个藏书家都对古书怀有敬畏与热爱。一个关于《金石录》的故事，就能看出古书如何被藏书家们视若珍宝。

《金石录》，共三十卷，是宋代赵明诚代表作。该书流传到明代时，全本皆以抄本形式流传，在市面上能够见到的刻本仅余全本的三分之一。清初藏书家冯研祥得到了这残余的十卷刻本《金石录》，将其与抄本比对，发现抄本中有很多错误，这十卷刻本的价值因此不言而喻。冯研祥刻了一方"金石录十卷人家"的藏书印钤盖在这部书上，潜台词是：虽只残存十卷，但足以傲视天下。

之后，残本《金石录》又经过了很多藏书家的递传，每到一家，新主人都会盖一方章印在书上，以示郑重。咸丰九年（1859），潘祖荫从韩泰华手中买到了这部十卷本《金石录》。他同样刻了一方"金石录十卷人家"的印章，同时还请人画了一幅《拜书图》，请朋友前来赏书、题词。这部宋刻本十卷《金石录》现藏于上海图书馆。

其实，新中国成立后，在津逮楼又发现了全本宋刻《金石录》。但在韦力看来，这丝毫不影响上海图书馆所藏的那十卷残本的价值，因为它所附加的人文信息远远超过全本。津逮楼发现《金石录》的过程也颇为戏剧：津逮楼为南京甘氏一家的书楼，从乾隆年间开始藏书。1951年，甘氏后人将该院落卖给南京某部队院校，为腾房子，甘家将藏书以一两毛钱当作废纸处理，听到消息匆匆赶来的藏书家赵世暹在此意外发现全本《金石录》，经张元济鉴定，其正是千百年来淹没于尘埃的宋刻本。

值得一提的是，上文提到的潘祖荫，除喜欢藏书，还喜欢收藏青铜器，被今人称作国宝的大盂鼎、大克鼎皆为其藏品。潘祖荫在世时收藏各种钟鼎彝器500件，据说宫中太监们若得到一个古玩，都要请潘祖荫辨别真伪，甚至慈禧太后都说："潘祖荫鉴定者固无甚大谬也。"

有人"以楼换书",有人"以书换楼","两汉书"的故事如藏书界神话

在藏书界,和《金石录》的流转往事同被称作传奇的,还有"两汉书"的故事。故事的起点,在以诗学称道的明代文学家、藏书家王世贞。

当年,有书商拿着一部极为珍贵的宋刻"两汉书"找到王世贞,此书原为元代收藏大家赵孟頫的旧藏,扉页上还绘有赵孟頫的小像。王世贞欣喜异常,但一时间又没有足够银两买书,求书心切的他提出用自家一座庄园换取这部书。这便是王世贞"以楼换书"。

但故事没有结束。这部"两汉书"后传至王世贞儿子手中,但他却将其拿去典当,几经流转,这部书被藏书家钱谦益买下。钱谦益购书花费多少,坊间说法不一,在《牧斋有学集》中,钱谦益表示,他花一千二百金购得此书,后又以一千金将其卖给谢象三。

钱谦益为何肯赔二百金将如此珍贵之书出手?原因是,钱谦益当时爱上天下名妓柳如是,他急于给后者建一座楼,但手中没钱,只好把"两汉书"贬值卖给自己的"情敌"、同为藏书家的谢象三。这便是钱谦益"以书换楼"。只是这座绛云楼盖起后不久便遭遇大火,灾祸面前,钱谦益却大呼万幸。原因是,他其他藏书虽尽毁,但"两汉书"已提前卖出。难怪多年后,专门研究柳如是的陈寅恪表示,钱谦益平生最爱两物:一是"两汉书",一是柳如是。

但那部"两汉书"最终也没能逃脱火光之灾。几经周折,它归了乾隆皇帝,乾隆对其极为珍视,然而某日乾清宫失火,殃及昭仁殿,神话一般的"两汉书"跟其他"天禄琳琅"旧藏一起化为灰烬。

当年那场大火,使得藏书界对"绛云楼"这个名字颇为忌讳,然而三百年后,藏书家冒广生又将自己的书楼命名为"绛云楼"。只是无所顾忌的他不会想到,1920年,他的绛云楼同样遭遇大火,自己一生所藏几乎全被烧光。

冒广生有个名气很大的先祖冒辟疆,其与董小宛的故事几乎被后人说烂。冒广生当年则与名妓赛金花有些交情,据说某日,两人还约好在陶然亭见面,只是赛金花失约,事后她还调笑冒广生,把陶然亭戏称"放鹤亭"。此

人形青铜灯，战国，1957年山东诸城出土。现藏于中国国家博物馆。

后不久，因虐婢致死案，赛金花被判流放三千里。冒广生听说后不计前嫌帮她走通关系，使她最后流放到上海。这样看来，赛金花后来在上海租界名声大噪，多少也与冒广生有些关系。

韦力曾到上海寻访冒广生旧居，一栋三层小楼干净整洁。与之相比，很多藏书楼以及藏书家的旧居，在今日看来颇为衰败。但韦力记得，在曹学佺故居外，有一棵老榕树，树的根部被石块围砌起来，但有一条树根却从石块中穿出，隔空又长入地下，生命力之顽强让人赞叹。

或许文字与书籍同样具有这种生命力。作家庆山在与韦力对谈并共同探访书楼后，在《古书之美》中写道："书的形式如同肉身，哪怕形式毁掉了，其承载的思想、内容、记录也是强壮的。我由此确信了这种不死的存在。"

收藏家马未都
经典是一种精神力量

采访 | 文莉莎

“经典”的东西，支撑它们的一定不仅仅是高超的制作工艺，更多的是其中凝聚、反映了一种文化。经典对于当代的意义，更多的是一种精神力量，而不是实用价值。

经典的本意是具有权威性的教义和规范。但凡称得上“经典”的东西一定是经过了时间的考验和筛选的，所以，是不是“经典”，当代说了不算，自己说了也不算。当然，经典与当代之间，并不是绝对对立的关系。今天的部分艺术作品在日后也会被纳入经典艺术的行列，只不过究竟是哪一些，我们暂时无法分辨。

即便是古董，也不都是经典

2008年金融危机刚刚开始的时候，很多人认为这是一个收藏的机遇，古董的价钱可能会下降。事实上，在英国的一场拍卖会上，我本来想买五件东西，最后一件也没买着，都比金融危机前贵。因为，很多人的投资方向转了，原来炒石油的，在金融危机下不敢炒了，便将大量的钱都投在了古董上。

这说明了一个道理，金融危机对古董是没有负面影响的，古董的价值在人们眼中是相对稳定的。古董之所以成为古董，它已经经过了不止一代人的选择，是在历史中被淘换而幸存下来的，是不可多得、不可复制的东西。因此，它势必比当代艺术品，比其他物质产品更有生命力。

然而，即便是古董也不能都称为“经典”。大部分古董的特别之处，在于

"古"；而"经典"除此之外，还要求"精"。青花瓷从唐代出现、元代成熟、明清成为主流并发展到顶峰。按说，已经经过了足够长时间的甄别，但是，今天我们能够看到的古青花瓷，也只有极少数在拍卖中创下了惊人的价格。那些物件，不止在今天，在历史上也是"经典"，也是只有少数人才可能拥有的珍品，是各方面都完美的东西。

目前，在中国，大多数收藏者还是出于投资的目的。对于他们而言，买一件艺术品和买一只股票没有太大差别。他们的目标是，在未来所买的艺术品都能够成为古董，都能够升值，并不在乎自己是否真的喜欢这件作品，是否真的明白这件作品的精妙之处。

这样的结果便是，艺术品市场的某些小门类频频被人短时间拉高，收藏界出现泡沫。人为的操作在短期内或许可以获得经济上的利益，但是，不可能使艺术品本身的价值一夜之间从无到有，因此就成为经典，因此就流芳百世。

经典的背后是文化

事实证明，凡是我们认为"经典"的东西，支撑他们的一定不仅仅是高超的制作工艺，更多的一定是其中凝聚了、反映了一种文化。所以，经典对于当代的意义，更多的是一种精神力量，而不是实用价值。

今天的中国，极少有真正的中式风格的建筑，充斥着大小城市的要么是照搬国外的样子，要么是外国设计师的实验，同质化严重。身处其中的中国人很容易迷失，很难找到属于民族的文化符号。

其实，在建筑领域，我们拥有最大的经典——故宫。它不单是北京一景，更是中国传统文化，尤其是中国的皇家文化和典型的明清文化的代表。无论从格局上，还是各处的装饰，故宫都体现出绝对的对称关系。将挖护城河的土，堆成一座山形，在北方形成一个屏障，起伏和高度都恰到好处。这些都反映出中国式的建筑智慧、哲学思想和美学思想。为收藏界所青睐的明清家具，大多数都已经不能搬回家用了，而它恰恰最能够说明中国儒家文化的礼教色彩。明清家具的设计原则可以概括为"以人文精神为本"，即精神是第一位的，舒适是第二位的，在精神的基础上追求舒适，当尊严与舒适发生碰撞时，舒适一定要让位于尊严。比如，皇帝的宝座，设计得非常夸张，非常宽大，只能端坐，不能靠着、歪着、扶着，并不舒服，因为尊严是第一位的。这与西方人的设计原则完全不同，西方人先强调舒适，在舒适的基础上才强调精神和尊严，所以，沙发是西方人发明的。

“圈椅”和沙发在今天都可以算得上经典，因为它们背后蕴含了某种特定的文化，而这种文化对历史的发展、民族的性格、社会的形态都有着至关重要的意义，是一种前进的力量。

经典将日益稀缺

自汉代起，唐、宋、元、明、清，中国曾经数次成为世界最强国，为世界文明进程做出了巨大的贡献。可是19世纪以来，仅百年的时间，中国开始衰落，积贫积弱、一败再败。

我们曾经错误地认为，近代中国被动挨打的局面是由于传统文化的落后。我们曾经下大力气希望彻底消灭传统文化，用西方的科技将其完全代替，以至于各个领域大量的经典被漠视、被否定、被遗失。

先进的科技或许在一定程度上帮助我们实现了迅速腾飞，然而，却始终无法让我们找到内心的富足、舒服和安逸。随着国力增强，中国人的自信逐步恢复，也开始重新审视自己的文化。于是，国学越来越热，中国古代的艺术品越来越热，甚至包含了传统文化元素的流行作品，像周杰伦的《青花瓷》也越来越热。2008年北京奥运会更是在全世界面前展示了中国传统文化的魅力。

不过很可惜，中式经典已经出现了断层。今天，我们回过头还能够找到的经典依旧是近代以前的那些，近百年来几乎没有。大工业化的背景下，一切都趋于标准化、规模化、连锁化，民族的东西被日益削弱，也不追求时间的考验，只要求短暂的满足，经典的产生势必越来越难。

除了“四书五经”这类文化经典，要触碰其他领域的经典——或表现为能力要求，或表现为经济要求——确实都有一定的门槛，在各朝各代也不可能荫蔽到所有的人。而人们对经典的需求是一种发自内心的、解决了基本的物质需求之后的本能的精神需求，从这个层面上说，经典可谓有“危”也有“机”。

台湾文化学者、出版人郝明义

经典就像高墙，越过去便豁然开朗

采访 | 文莉莎

经典并不是小众和精英的专属品。如果今天的读者，因为太多其他看来方便又有趣的选择，而错过碰触这些经典的机会，是我们的损失。

卡尔维诺在《为什么读经典》里，给“经典”下了十四个定义。其中，最令我感动的是最后两个：经典，是将当代的噪音贬谪为嗡嗡作响的背景之作品，不过经典也需要这些噪音才能存在。经典，是以背景噪音的形式而持续存在的作品，尽管与它格格不入的当代居主导位置。

经典会一直存在

所有的知识都可以分为两大类。一类是当代的人互相沟通的东西，另一类是前后代之间的人相互沟通的东西。

即便是阿基米德这类的先贤也无法知道网络技术中最浅显的原理，因此，我们并不能说当代的知识不重要。正是当代的知识，让我们有了共同的话题和共同关切的问题，它们是通往当代的生活、工作所必需的工具和桥梁。可是，这些知识中的大多数很容易随着时间而流逝。在30 多年前学电脑的时候，我们必须要学各种操作语言，当时那是很先进的技术，而现在看起来则是不再有用，也不再有人愿意学的东西。

当然也有些东西，随着时间的过去，被自然地或者人为地保存了下来，无论怎样，都是因为后来的人认为它是有价值的。这样的东西沉淀久了，就成了所谓的经典。所以,经典是不会随着时间或者空间的改变而失去自身的价值、光芒的。

拿书来说,很多在大陆很受欢迎的题材、主题、作家和作品,到了西方就没有人注意,到了台湾也可能不那么受欢迎。同样的,有些东西在台湾炒得热了半边天,一到大陆大家就觉得没有意思,谈的主题是这边的人不关心的。而经典则不会受这些时空的约束,当它翻译成别的语言文字的时候,当它被其他地区、其他文化的人欣赏的时候,照样会让人觉得,这些东西是真正美好的东西,是自己真正应该读的东西。

从这个层面上来说,我不觉得经典本身会有什么危机。经典之所以成为经典,它就一定会一直存在。

错过经典是我们的损失

马克·吐温老早就讲过一句话:"什么叫经典?经典就是每个人都听过,但是每个人都不会去读的书。"这个情况也适用于今天,所以这句话也很经典。一下子就把在任何地方都发生的情况,不管是在大陆、台湾,还是在美国,不管是在多少年前,还是多少年后,大家都有的这个困扰讲了出来。

在某次去香港的飞机上,我的邻座是一位衣着时髦的小姐,她一路都在聚精会神地看一本书,边看边做笔记,后来,我发现她看的是一本畅销书,谈如何成功。一次国庆长假,上海的地铁里拥挤得几乎无立足之地,我的一位朋友的邻座也是一位打扮入时的小姐,也在埋头读书,结果,她读的是一本公务员考试的辅助读物。这两次经历让我很失望。

大多数现代人在接触或者阅读经典时往往会存在障碍。其实,最大的障碍就是打开第一页的障碍,就是一下子看到"经典"两个字就被吓倒的障碍。他们会觉得,这个东西太巨大了,就像走到一个大院前,墙高,门大,外面看起来极其辉煌,想进去又担心门开不了,也担心自己的衣着,是不是适合进去,是不是一定要什么身份的人才能进去。

经典并不是小众和精英的专属品。如果今天的读者,因为太多其他看来方便又有趣的选择,而错过碰触这些经典的机会的话,是我们的损失。我们一个人、两个人,多看那部作品或者少看那部作品,对那部作品和它的价值,都不会产生影响，经典的价值已经在那里了，受影响的只是我们自己，是我们自己错过了那么多精彩，那么多美妙的风光而已。

网络是跑车，经典才是风景

我常常把阅读当作是旅行。作者就是向导。阅读就是带你去一个你从未去过的地方。在没有数字化手段之前，就算你知道美国国会图书馆里藏着一本你特别想读的书，你也不知道自己哪天才能到达。有了网络之后，身体力行的跋涉并不是必需的了，一按键你就能找到曾经耳闻、心仪已久的书和资料。

对于旅行者而言，网络就是一辆跑车，这种便利是没有人可以抗拒，也没必要抗拒的。然而，我最关心的是，网络的诱惑实在太大。本来借助跑车，节省了时间和精力，我们有了更多的机会可以在目的地步行、漫游、寻觅，这才是阅读的乐趣。可是，有些人开跑车只是为了拍两张照片就走，更可怕的是有些人开跑车只是为了去"拉斯维加斯"这种地方，并从此沉迷于那里。

网络上的阅读，和书籍阅读一样，可以分为四类饮食：第一是主食，满足新信息的需求。第二是美食，满足思想结晶的需求。第三是蔬果，满足工具的需求。第四是甜食，满足休闲及娱乐需求。经典就是美食，可以帮我们打开一扇门，可以让我们通过那扇门之后便对未来有不同的理解、不同的期待、不同的规划。

我1989年第一次读《金刚经》，已经读了20多年了。这20多年里它带给我的变化太大了，并且每个阶段都不同。最奇妙的是2008年12月7日，我忽然间发现最近12年漏读了4个字，但是在开头的8年没有漏读，发现之后就意识到，人生很多迷惑、很多混沌不清的因素就在这4个字里。重新找回来之后，人生又有了新的不一样的东西。

每个时代都不断有出版商想重新解释经典，让经典跟当代的读者见面。我在做的经典3.0，主要就是将网络这个时代的氛围纳入其中，让学者、作家从读者的角度谈读经典的感受和收获，并放在网络上供大家补充、添加，让读者熟悉的、触手可及的网络成为进入经典的一扇门。

国博讲解员袁硕
以自然科学的视角破解文化谜团

文 | 于靖园 图 | 李伟

袁硕说，自己不是人肉背词机，而是一个有思想的载体。作为国博讲解员，他喜欢挖掘每个展品背后的故事与细节，喜欢从自然科学的角度理解中国传统文化。

2017年初秋，暑假的热潮已经散去，在北京天安门广场东侧、东长安街南侧的中国国家博物馆（下称“国博”）门前依旧排着长长的队伍，游客、学生、记者、教师……众多身份的人聚集在这里，想走进这个历史与艺术并重，集收藏、展览、研究、公共教育、文化交流于一体的综合性博物馆一探究竟。

毫无疑问，国博是一个展示中国传统文化的巨大平台。然而，对普通参观游客而言，很难一下子就把众多展品背后的文史知识消化吸收。身处一线的国博讲解员们，则起到了很好的文化传播者作用。

2011年从首都师范大学软件工程专业毕业的北京男孩袁硕就是讲解员大军中的一员，但与其他成员不太一样的是，他现在不仅是国博讲解员，还是知识型网红，用他自己的话说，他已经不只是袁硕，还是河森堡。河森堡是29岁的袁硕给自己起的网名，为了向偶像——德国物理学家海森堡致敬。

2017年，因为一段37分钟的人类学演讲视频《进击的智人》，袁硕“一夜之间，成了‘10万+’知识型网红”。

袁硕不太接受“知识型网红”这个称谓，他认为自己还没有那么红，但他对“文化传播者”这个定义还是表示认同的。他热爱传统文化，也认为传播文化是自己的职责所在。

袁硕的办公桌一角。唯有丰富的阅读才能打通文化的关节。

国博讲解员第一项要训练的基本功就是背诵讲解词。展览“古代中国陈列”的展览词总计8万字，为了方便记忆，袁硕常带着讲词本到展厅里，边看文物边背。“古代中国陈列”的展馆面积达1.7万平方米，陈列了包括人面鱼纹彩陶盆、四羊方尊、击鼓说唱陶俑等在内的2500多件展品。“光是走一趟下来，就累得腰酸腿疼了。”

在不断摸索中，袁硕逐渐形成了自己的讲解风格。在他看来，“能打动人的永远是故事和细节”。

袁硕所谓的故事和细节，就是信息含量。采访时，他随手拿起自己面前的杯子说：“假如这是个青铜器的杯子，我说它造型优美、线条流畅、气质端庄，展现了我国劳动人民的伟大智慧，这是标准的解说词，你没法说它错。但它没有太多信息含量，说了等于没说。当我们只是按照标准模板背下来讲，那就是人肉背词机。”

袁硕说，自己不是机器，是一个有思想的载体。他举起“青铜器”说：“青铜是铜、锡、铅三种金属的合金，殷商时的贵族会用它来喝米酒。但米酒和含铅的青铜器接触后，会产生一种甜味的醋酸铅，这可能导致中毒。而在殷商的甲骨文中，也确实记载了不少贵族出现过头疼、体弱、视力下降、无法生育等问题。所以有专家据此推测，殷商贵族可能和罗马贵族一样也出现过严重的铅中毒问题。”

袁硕把讲解员比作博物学者。博物学者可以带领参观者打开人类与大自然之间的大门，对动物、植物、矿物、生态系统等做细致的观察和描述。“这样就可以挖掘出知识的有趣性与丰富性，从而留住参观者。”

这种理念说来简单，对讲解员来说，则意味着巨大的阅读量，尤其是要阅读国际期刊、学术论文等十分晦涩难懂的材料。“我觉得，这就是一种挑战。”

在不断的知识获取中，袁硕变成了河森堡。

河森堡还常常从自然科学角度看待与他工作、生活息息相关的中国传统文化。

“我比较喜欢从自然科学的角度看中国传统文化。我始终相信的一点就是，人的文化行为都有其自然科学的底层逻辑。”袁硕以北方游牧民族匈奴曾经特有的收继婚制举例。“所谓收继婚制就是一个男人死后，他的儿子或者他的弟弟可以继承他的一切，包括他的女人。有时候会出现儿子娶庶母，或者弟弟娶嫂子这样的情况。这在汉族人看来，是有悖于人伦的行为，但是在北方的匈奴社会中却存在。”袁硕说，“社会文化学者会从风俗习惯、伦理等多个方面进行解读，但在最本质上，其实是物理原因。”

袁硕援引了复旦大学博士、郑州大学历史学院教授高凯的研究成果：“他发现收继婚制是很多因素造成的结果，其中有一个因素不容忽视，就是匈奴生活的地区，地处高纬度、干旱、干燥的内陆寒冷地带，土壤微量元素中锌的含量极低。”锌元素是人类身体中非常重要的微量元素，如果没有锌，不仅影响胎儿正常发育，分娩也会很困难。正是锌元素的缺失，使得匈奴育龄妇女在妊娠过程中大量死亡，这就造成匈奴育龄男女比例严重失调。所以某种程度而言，收继婚制是一种不得已而为之的婚俗。首先，是为了这个民族可以延续下去；其次，也是为了不让自己家族的财产外流。“一边是种族灭绝，一边是打破伦理，人们别无选择，只能在一定范围内突破伦理。这种制度也为汉魏时期匈奴与汉族的大融合提供了契机。”袁硕说。

类似的例子比比皆是。在印尼巴布亚省，直到20世纪还有食人风俗，当地人的解释是分享亡者的灵魂，但这种说法是文化层面的，无法证伪。袁硕表示，也有分析认为是由于地理条件限制，岛屿环境无法大规模饲养牲畜。“当地人自然不会白白浪费人体中丰富的蛋白质。所以才会有这样的事发生：调研人员聘请的当地向导，突然有一天要请假，理由是‘女婿死了，要回去吃肉’。”

“我觉得从自然科学的角度解释文化现象，是可以说服我的。我在讲解的时候，也愿意从这样的角度切入。”袁硕说，“文化就是人生活的方式，人为什么按照这种方式生活，就是受到自然因素的影响，所以从自然科学角度来看文化是特别棒的选择。”

至于其他同龄人怎么看待中国传统文化，袁硕并不清楚，但他会和同样热爱传统文化的年轻人“混在一起”。袁硕偶尔会参加由北京各场馆年轻讲解员自发组织的讲解员沙龙，他们会根据自己的专业所长，共同解读同一件文物展品。袁硕将这种方式称作“多馆合击”。

年轻人的聚会与业务探讨让袁硕的头脑不断保持着兴奋状态，他还申请了国博的课程开发项目。“当我在做这些事情时，我觉得我是在战斗，并且不断地提升战斗指数。”

袁硕的大块头让他这句话拥有了十足的力量。单眼皮、戴着眼镜的他，目光炯炯有神。这个文化传播使者，没有改变传统文化，却用与众不同的方式，让传播变得更有生命力。

古籍修复人范晓榆

如何让一本古书宛若新生?

文 | 孙琳琳 图 | 阿灿

从拿到一本古籍，观察、做记录、拆解、修复，直到最后完成，修好一本50页左右的书，平均需要两个月。

一本古书的重生，是从水和糨糊开始的。而生得好不好，要看修书人的细心程度和审美眼光。

范晓榆修古籍已经13年了。他的古艺山房不光为收藏家服务，也为首都图书馆、北京市文物局、中国民族图书馆、北京师范大学等众多机构修书，在业内有口皆碑。

他修过最早的书是唐写经，宋版书也修过不少。这个活儿入门并不难，深入下去则需要多方面的修养。首先得懂纸，其次最好懂古文。因为有很多书是散的，可能会有错乱，你得按照内容把它顺下来，缺了的字句最好还能给它补上。

修书人即是懂书人、爱书人。

修书如研发

从技术上说，修书有一套标准流程，文化部发布的《古籍修复技术规范与质量要求》已经交代得非常清楚了。然而说起来不复杂的事，要做好却并不容易，既要熟练又要耐心。

范晓榆最初也是请了老师傅来教，同时阅读大量资料，再加上上手实践、慢慢琢磨，才成为修书的行家里手。

“修补完了，要压干它；干了之后还要去折页，去修页。在这个过程中同时要做别的准备，比如选衬纸、修整；然后再压干、打磨、装订、包角，有一个很复杂的配置过程。”

从拿到一本古籍，观察、做记录、拆解、修复，直到最后完成，修好一本50页左右的书，平均需要两个月。但不同的古籍，修复难度差异很大。四级、五级的，损坏程度不高，一个熟手一

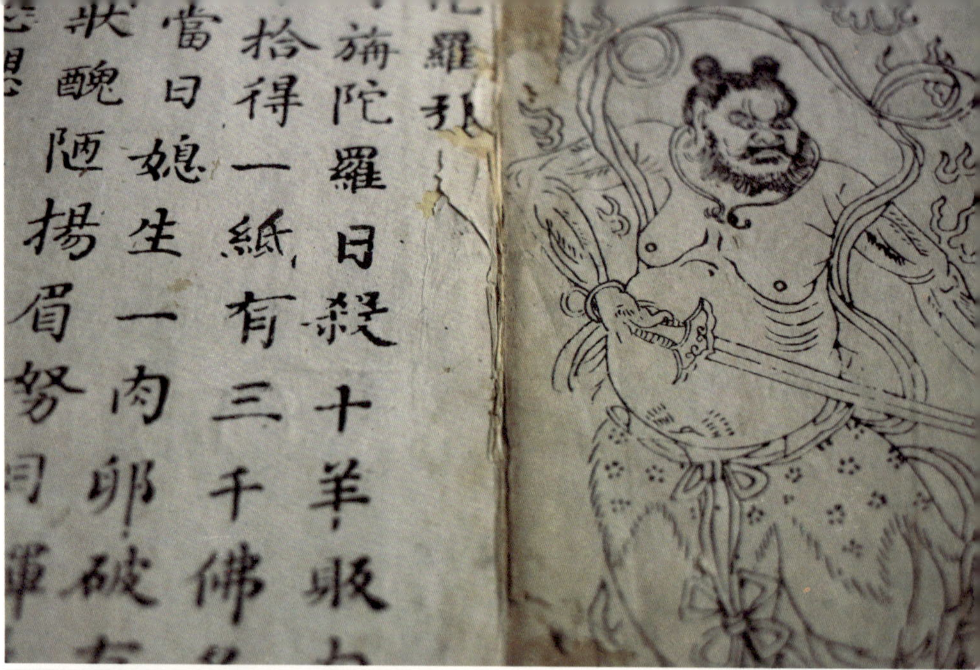

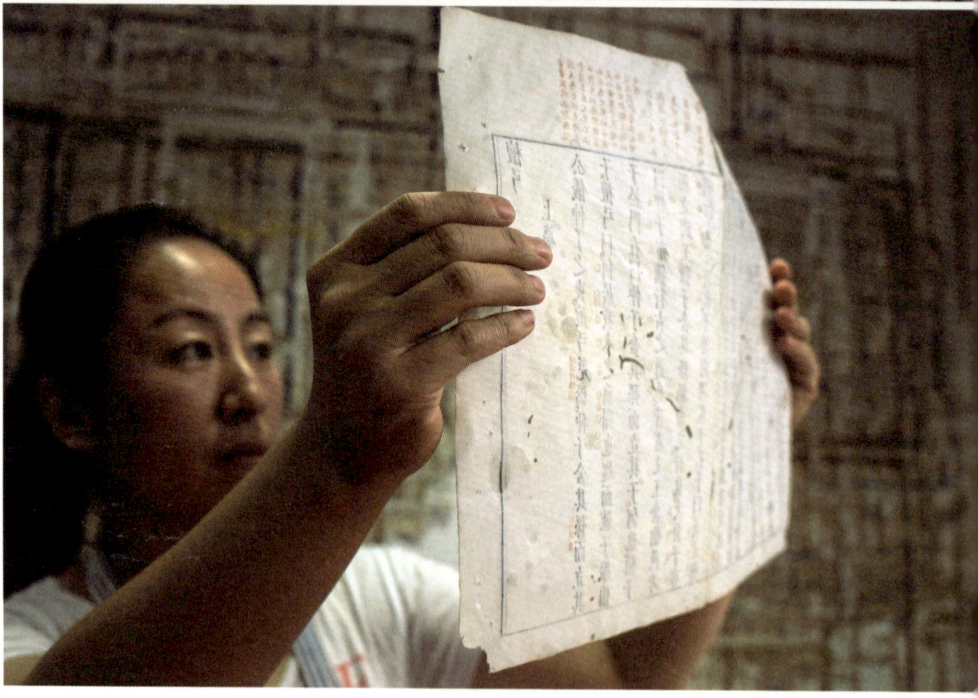

组图：2017年9月，北京，古艺山房。
范晓榆既修书，也收书。在拍卖行遇到喜欢的古籍，他也会一掷千金买下来。“翻一本图册，发现一个从来没见过的东西，你会为了这个东西花大价钱。这是收藏行当里面，尤其是古籍收藏里面最有意思的现象，对未知的兴趣会比对已知的兴趣大得多。”

天能修补二三十页；如果是一级破损的，有时修一页就要三四天。

普通的古籍，修一页只要三四十元，太残破的，几百上千元一页的也有。即便是藏家出得起价，书也未必能修得好。

“最近我们修一本西夏文的书，纸张很糟糕，再加上多年风化，基本上就只剩下纸的骨架，纤维中间的填充物都没有了。你补任何一张纸在后面，搭接痕都非常明显，所以寻找相应的材料非常难，这四五个月我们做了很多实验，还没有找到合适的纸。”

古艺山房返修过大量日本人补的书。“日本比较潮湿，虫蛀也很严重，修书的方法基本是在后边直接托一张皮纸就算完事，特别差劲。”

修书的三个关键

范晓榆说，要想把书修好，必须非常严格地做好三个环节：第一是做糨糊，第二是选材料，第三是等足时间。

有些人修书时很偷懒，直接用淀粉搅一下当糨糊用。而传统的做法是：买全麦面粉，和成面醒一醒然后来洗，洗完之后再过滤、沉淀，熬制糨糊时要控制好火候，火大了将来容易脱落。糨糊熬好后要像打年糕一样不断地砸，让它产生韧性，拉出丝来。最后调到合适浓度，再开始修补。这样做出来的糨糊不会在纸与纸之间形成硬痂感。薄薄一层，粘得却很牢。

第二是纸张的选择。补纸的厚度、纹理、松紧程度，要和原书的纸有一个合适的相对比例。既不能完全一样，又不能差得太多。这个没有量化指标，完全靠修书人的经验来定，在南在北、春夏秋冬都不一样。如果补纸和原纸膨胀系数相差很大，补完之后书页就会往中间皱。如果要补的洞稍大，纸的纹理相反了，看着就很明显。范晓榆的很多精力都花在配纸上。

第三是压书的时间要够。书第一遍补完了，在阴干的过程中需要压。根据干湿的不同，压干为止。夏天三四天就能干，冬天可能要一个星期甚至更久。折完页还有一次压的过程，这次要进压书机，一般情况下压两周，而且每天都要紧一紧。如果没有压好，纸张之间的拉力不够，后面就会出现一些问题。

补书其实是艺术工作

对古籍修复行业来说，现在有太多书要修。尤其是图书馆每年都在进书，大多数地方保存条件有限，纸张坏得很快。

“古籍是很脆的，尤其是明中后期的，或是元代书，清中后期的书就更不用说了，有些纸张很差。宋版书的质地是最好的，很多到现在纸还是洁白莹润的。那时的材料比较扎实，后来就越来越商业化，重量不重质了。”

古籍修复的需求很多，这个行业的从业者却越来越少。“我们在北京的员工多的时候有十几个，现在只有七个了。做这个想发财没有任何可能性，养家糊口可以。”现在，范晓榆跟太原理工大学艺术学院合作搞修复，古艺山房的员工大部分在山西。

范晓榆挑人看两个方面：第一是能静得下心来做事，第二是有美术基础。“一张纸从边缘到中间有很复杂的颜色过渡，拿一张纸从头补到尾是不可以的，要辨别什么地方补什么颜色。如果对颜色的识别能力差，做完是花的，还得返工。”

装订也很考验眼光。首先要看是什么时代的书，一本宋版书原来是蝴蝶装，但到了明代或清代改线装了。修完了是还原成蝴蝶装还是用线装？线装是四个眼、六个眼，还是说更多眼位？是均等分还是中间小？这些都涉及审美问题。

“我们给图书馆做，之前是什么样，我们恢复到什么样，顶多有些眼打歪，我们会把装订的线修直。如果是私人收藏，就看藏家的需求了。范景中老师喜欢中间这段缩得特别小的民国装，后来就有很多人也喜欢这样的。”

补书其实是艺术工作。范晓榆越做越了解，越做越喜欢。从2004年创办古艺山房开始，辛苦经营直到2008年，他才达到财务平衡。最亏损的时候，每个周末他都跑到潘家园卖古籍来维持公司运转。

最近，范晓榆在试着修复西洋书。“我对很多东西好奇，有机会就试一试。洋装书也好，平装书也好，比线装书的市场要大，也算是为未来做一个准备。”

艺术人文

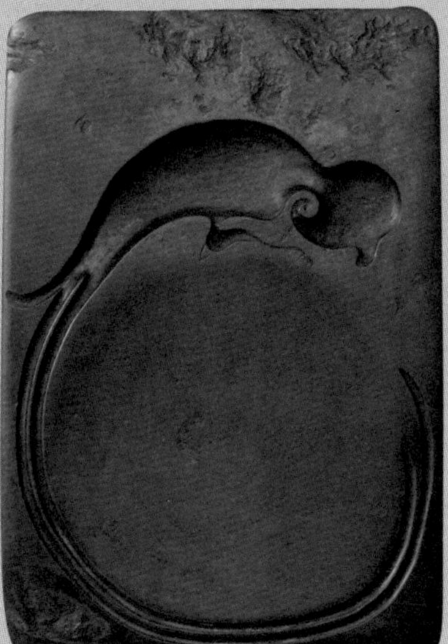

元代著名书画家杨维桢的砚台

陈师曾作于1917年的《读画图》描绘了北京中央公园展览会的盛况，现藏于北京故宫博物院。

中国人的艺术修为进化了还是退化了？

文 | 冯嘉安

时代在变，曾经极雅之事到了今天竟落俗套，当中蕴含着一个近百年来审美趣味和生活方式现代化的逻辑。在当下，公共性成了博物馆、美术馆最重要的性质之一，一场大展能产生踏破门槛、万人空巷的盛况。

《诗经》里有风、雅、颂，文学作品有阳春白雪和下里巴人，艺术作品也有工意之分、雅俗之辨，这种分野的背后是阶层的分化、对立与融合。

古代帝王收藏是"秘玩"，文人雅集是"品鉴"，当下大众观展是"打卡"

近500年，中国人看画的形式在悄然演变。

"两位朝臣在公余雅集时观赏绘画，另有三个童仆在旁为其服务，一人在前以竹棍撑挂画轴，另二人则在稍后处分别做卷收和解开的动作。"这个场面出现在明朝宫廷画家谢环所作的《杏园雅集图》中。明正统二年（1437），大学士杨荣、杨士奇、杨溥及其他官员在杨荣家的杏园中举办雅集，宫廷画家谢环亦被邀参加并作此图。

童仆虽是画中人物，却是观画一事的局外人。

与此情此景截然相反的画面出现在谢环的后辈、明朝浙派画家张路的《读画图》中，画中观画的人变成了赤足、衣上带补丁的平民。即使是在闺中探窗旁观画作的女性，也是观画之人。

曾任台北故宫博物院院长的艺术史学者石守谦认为，这是张路在刻意反抗文人传统。

恰好100年前，陈师曾在看完1917年北京中央公园展览会后，也画了一幅《读画图》来描绘当时的盛况。石守谦在评论这张画时认为画中“人数众多，使画面产生一种拥挤感，而且互相之间毫无交谈动作，半数人甚至以背影出现，使得整个‘读画’活动成为许多个人观赏行为的集结，与传统雅集图所透露之少数人之间的亲密互动关系大异其趣”。

这三张画作都出现在石守谦的文章《绘画、观众与国难——二十世纪前期中国画家的雅俗抉择》中。三张读画图，大致能看出一种“大异其趣”的平民力量在艺术欣赏中崛起。

从帝王到文人，从文人到平民，三种不同的审美趣味次第出现在历史中，并在很长的时间里并行不悖。中央美术学院人文学院院长尹吉男认为：“以往国家认同、帝王认同的宫廷标准是最主要的审美标准，一般来说很多画家都想当宫廷画家。宋代开启了另外一个时代——士大夫文官政治时代。但这并非一种新的价值观完全取代了帝王价值观，它变成了双轨制，帝王价值观还起作用。1905年废科举后，规模化、系统化地生产文人的机制终结，随后进入平民政治时代。此时价值观又开始发生变化，它特别强调底层视角、平民视角，以前这个视角从来没有被放大过。”

在当下，公共性成了博物馆、美术馆最重要的性质之一，一场大展能产生踏破门槛、万人空巷的盛况。这是现代人与艺术品发生关系最便捷的方式。而如果今天还有人延续流觞曲水、观画赋诗这样的雅集并广而告之以此为炫耀，难免被时人斥为“太装”，最终落下附庸风雅的笑谈。

时代在变，曾经极雅之事到了今天竟落俗套，当中蕴含着一个近百年来审美趣味和生活方式现代化的逻辑。博物之事，物可以古，然而人心“不古”，行为也“难古”，强装古雅反而不如与熙攘的人群一同观画那般自然。

当下人们在面对故宫不时露面的《清明上河图》《千里江山图》时，也如陈师曾百年前《读画图》的画面一样，热闹非凡。不过，观众连夜排队、一阵小跑、走马观花般在名作前速览几分钟，似乎更多变为一种“打卡”行为。如果要细细品味，倒不如回到电脑前，搜索网络上的高清大图。

历史越往后发展，艺术品越具有公共性，能看到原作的人越来越多。不过，人均能欣赏绘画的时间却在同时变少。这也许是艺术欣赏在大众意义上的进步、在个人意义上的退步，艺术品是一种稀缺资源，博物馆的展览也只能在这种进步与退步的此消彼长中寻求平衡。

可以说，古代帝王收藏是“秘玩”，文人雅集是“品鉴”，当下大众在博物馆观画，似乎很难得到“玩味”的体验。

当然，能在拍卖会一掷千金把古画收入囊中的收藏家是例外。

门派林立、延绵千年的绘画武林

看画之事在变，作画之事更是如此。

中国绘画的历史如同一部延绵了几千年的武侠小说，当中门派林立，各领风骚数百年。

普林斯顿大学艺术史教授方闻认为，“研究绘画的学术传统在东方延续了‘谱系’的模式，将中国绘画史视为典范的风格传统，每一个独立的世系源自卓越的早期大师，并在后世的模仿者和追随者中延续”。

一个从来没有看过中国山水画的西方人可能会觉得山水画每一幅都差不多。确实，中国绘画历史特别是山水画的历史中，涌现了几位“百代标程”的大师，被后世不断临摹、仿作，相对稳定的风格延续了很长时间。但是，在这种模仿中，后世画家不断掺进自己对山水和绘画的个人理解，既不偏离范式，又不刻板复制，形成了中国艺术史的纷繁面貌。看多了山水画的中国人，自然能从画面不同的皴、擦、点、染中品味出不同流派的微妙差异。

北宋的画史论家郭若虚在其名作《图画见闻志·论三家山水》中写道：“唯营丘李成、长安关仝、华原范宽，智妙入神，才高出类，三家鼎峙，百代标程。前古虽有传世可见者，如王维、李思训、荆浩之伦，岂能方驾近代。”

郭若虚举北宋的三位画家李成、关仝、范宽为百代标程的大师，他们三人的传世画作也成了如今世界各地博物馆的镇馆之宝。但这是郭若虚的一家之言，也有人把荆浩视作中国山水画走向成熟的最重要人物。事实上，荆浩是关仝的老师，关仝是李成的老师，李成是范宽的老师。

荆浩、关仝是北方山水画家的代表，而跟他们几乎同时代的南方山水画家董源和巨然的价值，要等到元代才集中体现出来，深刻影响文人画的发展。“荆关、董巨”成了分别代表北方和南方山水画的四座高峰，被后世每

舂米画像砖，东汉，1955年四川彭山出土。现藏于中国国家博物馆。

一位希望有所作为的画家不断揣摩，而学哪一路风格，如同武林中归于何门派。中国画家总会在绘画史这棵大树上，寻找适合自己站立的枝干位置，即使自立门户也可以追根溯源。

观画者有帝王、文人和平民，作画者也有相对应的群体。在皇宫画院作画的画家叫“院体画家”，文人士大夫闲暇戏墨者叫“文人画家”。古代绝少“平民画家”或“素人画家”，即使有，也难以进入士大夫书写的画史里。民间的艺术由众多不知名的匠人以代代相传的形式传承，如年画、木刻、剪纸等。他们的话语权远没有前两者大。

“院体画家”背后的赞助人是皇帝，史上最喜欢艺术的皇帝有两人，宋徽宗赵佶和清高宗弘历，他们的品位指导着宫廷画家的风格。“院体画”追求写实、造型精确、用笔工细，非职业画家难以满足皇帝的这些要求。宋徽宗在宫中设立了翰林画院，让画家不断精研写真画艺，甚至孔雀升高是提起左脚抑或提起右脚，都不能有偏差。乾隆年间，更是在圆明园设如意馆作宫廷画室，里面作画的画家甚至还包括了郎世宁、王致诚等欧洲画家。

“文人画家”不喜欢“院体画家”，觉得他们与匠人无异，画中充满匠气。苏轼说“论画以形似，见与儿童邻”，意思就是说只追求画得像，那是小孩追求的层次。书法里有“唐人尚法，宋人尚意”之说。苏轼、米芾、文同这些北宋的文人画家也追求画中的意境和文气。到了元代的倪瓒更是提出

"逸笔草草，不求形似"的观点，他那些疏朗萧瑟的逸笔之作，成了文人画的一种典范。

1905年科举制度被废除后，文人士大夫情怀日渐式微，帝王趣味在共和革命以后被国家趣味取代，他们欣赏和创作的作品多数进入了博物馆，变为一种古物。走向现代生活的中国大众，欣赏一种更加通俗的画面，例如对女性形象的审美从古代的仕女图变为民国时期的月份牌。

而从事艺术创作的精英阶层，通过东渡日本或负笈西方，其中一部分人把写实主义带回中国，直观的写实主义更容易被大众接受，因此也更容易成为国家的宣传工具。

中山大学传播与设计学院教授杨小彦认为："不能说中国古代没有写实主义传统，例如表现伯夷与叔齐不归依周武王、不食周粟的《采薇图》就是极好的写实绘画。再看画家王式廓在1949年以后创作的素描和油画两幅《血衣》，同样是很好的写实作品，不过从它们的对比可以看到在西方透视学和解剖学影响下的素描，跟中国古代的写实是完全不同的一种观看方式。"

在中国艺术被写实主义占据主流的20世纪，西方艺术在极力摆脱他们悠久而成熟的写实技术，立体派、野兽派、超现实主义、结构主义、抽象表现主义……不胜枚举的流派把绘画画得不是一眼就能看懂，而是在背后蕴藏着对历史的反叛和对现实的反思。这股现代主义力量在民国时期和20世纪80年代两次影响了中国艺术。

直至当代，观念艺术成为艺术家的主要表现媒介，大众"看不懂"的艺术随处可见。虽说当代艺术与生活紧密联系，然而理解当代艺术观念的门槛把很多观众拒之门外。对于更多人来说，如果需要思考可以诉诸书籍，如果需要消遣可以诉诸影视，如果需要审美可以诉诸博物馆，当代艺术只是艺术圈内事。

看与被看，懂与不懂，艺术的发展总在精英化与大众化之间游移。进化论似乎难以用在艺术的演进历史中，从北宋到现代，难道中国的绘画真的进化了？只能说，随着中国人艺术修为的不断进步，中国古代文艺高峰的价值会不断被重视和挖掘，与当代人的精神和生活发生化学反应。

因为那是中国人骨子里切不断的文脉。

●《兰亭序》（唐摹本）●《反弹琵琶图》●《瑞鹤图》●《清明上河图》●《富春山居图》●《女史箴图》（唐摹本）

●《游春图》●《历代帝王图》●《江帆楼阁图》●《祭侄稿》●《韩熙载夜宴图》●《匡庐图》●《溪山行旅图》

●《黄州寒食帖》●《踏歌图》●《千里江山图》●《溪山清远图》●《鹊华秋色图》●《庐山高图》●《荷石水禽图》

20重器

《兰亭序》（唐摹本）

晋·王羲之·现藏于北京故宫博物院

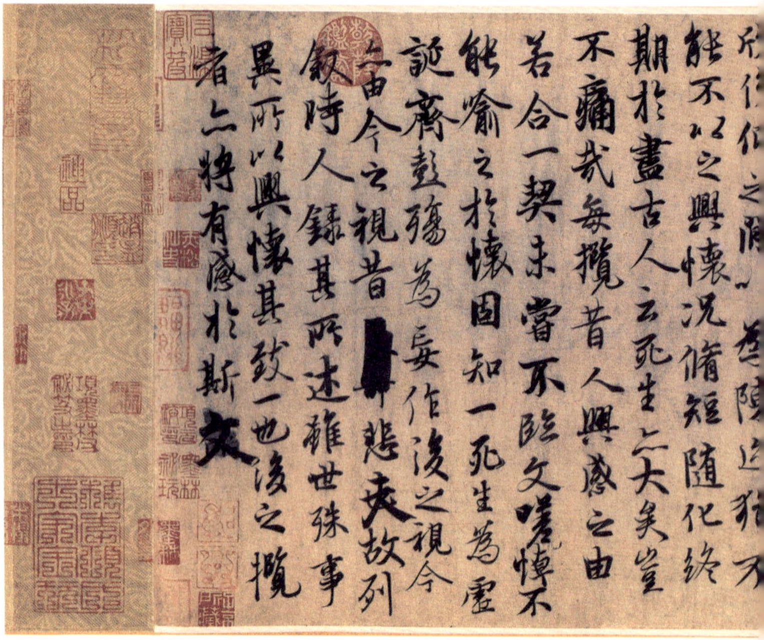

《兰亭序》 天下第一行书

辑 | 詹腾宇

米芾封《兰亭序》为“天下第一行书”，它是中国历代书法第一范本，28行，324字，字字珠玑。据说王羲之后来尝试重写好几次，却写不出第一版的遒媚飘逸，只叹“此神助耳，何吾能力致”。

东晋穆帝永和九年（353）三月初三，王羲之与谢安、孙绰等四十一位军政高官在山阴（今浙江绍兴）兰亭“修禊”，以“流觞曲水”的饮宴风俗聚会。

最后共26人赋诗41首集结成册，众人齐推王羲之写个序。书圣借着酒意，用鼠须笔在蚕茧纸上完成了这一文辞优美、书艺卓绝的名篇。

王羲之让真书（楷书）破除了隶书的桎梏，同时超脱魏国书法家钟繇遗风，“右军书在而魏晋之风尽”。《兰亭序》完美呈现了王羲之“飘如游云、矫若惊龙”的笔意和章法结构功力，细节变化极多，同一字多有不同写法（比如形态各异的21个“之”字），笔法的藏锋、称饰、挂笔回锋、牵丝、映带、由方转圆、由圆转方等变化自如，内蕴“文而不华、质而不野、不激不厉、温文尔雅”的中和之美。唐代书法家孙过庭评曰“不激不厉，风规自远”。

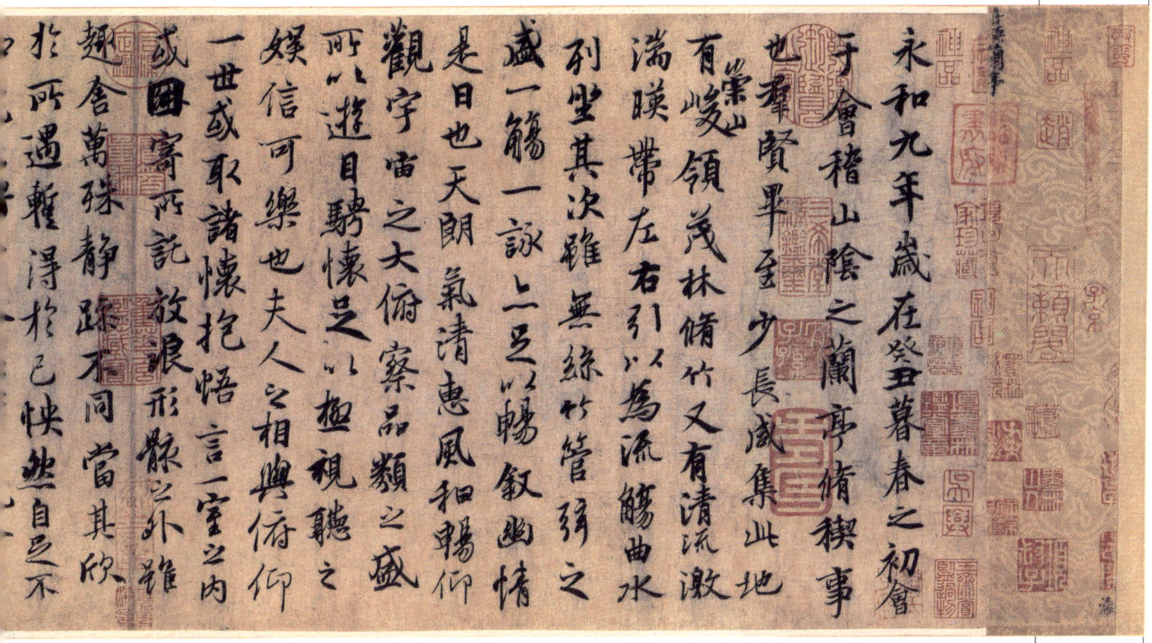

这种“平和之中见奇纵”的风格，被历代学书者争相效仿。

遗憾的是，这一中国书法史上最重要的范本级书帖的真迹至今下落不明，正史未记载确切去处。唐太宗李世民极推崇王羲之，首尊其为“书圣”，收藏了大量王氏书作并勤加临摹，亲自为《晋书》撰写《王羲之传》。当时《兰亭序》真迹藏在王羲之七代孙智永和尚的徒弟辩才手上。唐太宗取之不得，遣御史萧翼用计骗到。“画圣”阎立本还根据这段“爱之心切而成偷”的故事，画了一幅《萧翼赚兰亭图》，现藏于台北故宫博物院。

相传唐太宗把《兰亭序》真迹带入昭陵陪葬（一说被武则天殉葬于乾陵），五代十国时期军阀温韬掘开昭陵盗走殉葬书画，从此真迹遗失。后人只能在唐太宗赐予近臣的冯承素、虞世南、褚遂良、欧阳询等数版摹本中，一窥原作“得其自然而兼其众美”的风姿。其中冯承素的“双钩神龙本兰亭”被认为最具书圣神韵，也是当下最为常见的版本，现藏于北京故宫博物院。

后人临着字，一边在摹本里窥测王羲之书写的原意，一边读着野史畅想“这真迹到底去哪了”，也是有趣。

此外，《兰亭序》的真伪问题曾引发热烈讨论。1965年，郭沫若在《文物》杂志发表了《由王谢墓志的出土论到兰亭序的真伪》，承接清代书法家李文田在《定武〈兰亭跋〉》中“晋人书法不应脱离汉魏隶书樊笼”的观点，认为《兰亭序》这类柔美俊挺的笔法不应出现在拙朴成风的魏晋时代，因而“可能是智永和尚的伪作”。针对这一观点，章士钊、启功、李长路、高二适等名家发起公开讨论，观点不一，史称“兰亭论辩”。

后来也没能说清楚，王羲之到底是不是从行书成熟的唐宋时期穿越回去，或者是不是由后世子孙执笔完成这篇杰作。

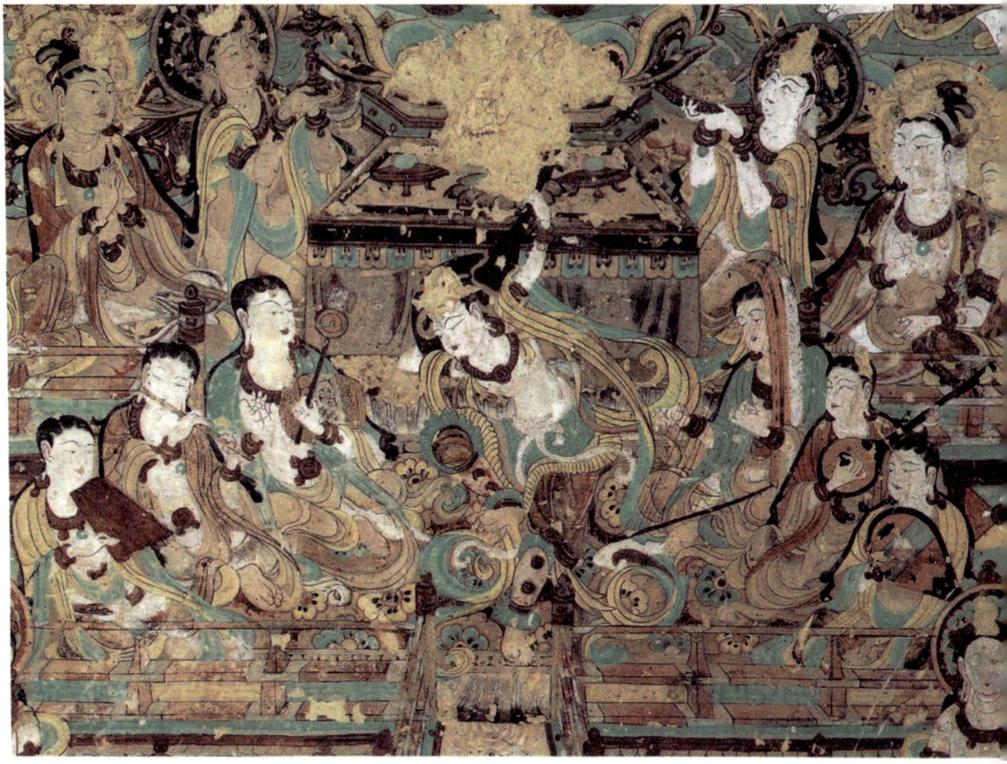

20重器 《反弹琵琶图》
唐·现藏于敦煌莫高窟

《反弹琵琶图》 敦煌最优美的舞姿

辑丨詹腾宇

伎乐天踏足于云端之上，姿态雍容。天衣裙裾随风摇曳，肢体伸展。在半空中举足旋身，双手后勾将琵琶置于脑后肩侧。“反手拨弦自在弹，盛唐流韵袅千年”，这身姿凝成极富上升流动意趣的反弹琵琶形象。

《反弹琵琶图》出自敦煌莫高窟112窟《西方净土变》的《伎乐图》，这一动作凝练了敦煌壁画艺术与时代追求：将高难度的奏乐技巧与舞蹈动作融于一处，东方仙人意韵与西方净土极乐世界融于一处，中原式清秀形象与西域式健壮质朴形象融于一处，展示了艺术的个性与融合的力量。

伎乐天的举足、顿地、转体、抬琴，被定格在最俊美挺拔的瞬间：以左脚为中轴挺立，右脚提起且张开五趾，反置琵琶并弹奏，既有“吴带当风”的流畅韵致，又展示了五胡、西域、中亚和中原多种文化共同孕育的精华，融合了东西两方、佛道两教文化里的多重因子，为飞天形象注入了更为丰盛的灵魂。

动作虽美，但很多人还是抱着“琵琶真的能反向弹奏吗？还是只是舞蹈道具？”的疑问，有很多想象与猜测。2017年5月，音乐家谭盾将复原的敦煌古乐器以及多份敦煌古曲谱带到了上海之春国际音乐节，让琵琶乐手专门研习舞蹈动作与反弹手法，并与上海民族乐器一厂一同研制了与壁画形状相似的轻型琵琶，减轻乐手弹奏负担，才成功还原了现代版的“反弹琵琶”。由此可见，直接反弹不经改造的琵琶，难度非常大。或许古代人认为，天神自然可以完成凡人难以完成的动作吧。

敦煌莫高窟位于鸣沙山东麓断崖，是国内现存最好的佛教艺术集中地。除了展现璀璨厚重的中华文化之外，还兼容印度、希腊、伊朗等各国古代文化，如绘画、雕塑等艺术形式，更显丰饶广博。飞天是莫高窟壁画诸多佛教形象最经典的一个，有“无龛不成佛，无壁不飞天”之誉，多出现在墓室，寄托了主人灵魂羽化升天的愿望。

佛教传说中，飞天是乾闼婆和紧那罗的合体。持乐器的伎乐天则是佛教里欢乐吉祥的象征，半裸束裙、形如菩萨、姿态悠游。在不同朝代，有着贴合时代背景的独特呈现：北魏飞天形象男女都有，脸型圆胖；东魏、西魏、北齐则是“秀骨清像”，飘带比北魏飘逸，凌空感更强；到了盛唐，飞天都是体态丰满、衣着华美的少女，逐渐形成以“反弹琵琶”为代表的壁画人物形象。

丰富多样的沉厚色彩也是敦煌飞天壁画的魅力之一。壁画用的矿物质原料有一部分来自西域，由蓝绿宝石研制，可保持长久不变色。唐代壁画受外来文化影响较深，色彩的装饰意味浓厚，多采用叠晕和渲染的手法，形成壁画浓重而立体感强的“类工笔画”观感。

在时代变迁之中，“反弹琵琶”逐渐有了新的指向，最多的用法是指代逆向思维或打破常规，从另一个角度考虑事情。难度更高，但可能更为惊艳——这也许是壁画画师在设计绘制伎乐天动作时的初衷吧。

20重器 《瑞鹤图》

宋·赵佶·现藏于辽宁省博物馆

《瑞鹤图》 最有帝王之气的名画

辑丨王萱

中国人自古便对仙气飘飘的丹顶鹤心生向往。清朝沈复在泥里打滚的孩童年岁，便知道把蚊子“拟作群鹤舞于空中”。沈复或许没有见过真正群鹤飞舞的景象，但宋徽宗赵佶肯定是见过的：政和二年（1112）正月十六，一群丹顶鹤忽然从云端飞出，翱翔于宣德门之上。这幅美景被宋徽宗画了下来，即成《瑞鹤图》。

宋徽宗文艺上十项全能，治国方面却一塌糊涂。同样是艺术家投错胎当了皇帝的，还有音乐达人陈叔宝、诗词奇才李煜、顶级木匠朱由校，四人可并称“皇家文艺界四大天王”。

皇帝想搞艺术，资源是很充裕的：高楼、美女、珍禽异兽、奇花异草，若有所图，多能得之。民间再荣华富贵，至多也就是“含着玉块”出生，跟“含着玉玺”出生的帝王不是一个量级，能够看到的、感受到的、创作出的东西自然有所差别。

宋徽宗在登基之前就有养鸟兽这种烧钱爱好。宋人格物致知的精神全被他用在了艺术创作上。一只孔雀立在那儿，他能把细节抠到孔雀踏石时是先上左脚还是右脚。应征宫廷画师的生员们脚没画对，被刷掉了一大片。看来强迫症是宋徽宗在艺术造诣上的保障之一。

一国之君沉迷文艺终究是离经叛道的行为。宋徽宗却在这条“歪路”上高歌猛进，还不愿拘泥于现有的套路。创作《瑞鹤图》时，宋徽宗没有使用传统构图，而是将姿态各异的仙鹤散布在空中，下方则是巍峨的宫殿。于是整幅画充满了奇异的动感与飘逸之气，又透着帝王的雄浑庄严。在一众古典字画中，《瑞鹤图》并不像一幅传统古画，宋徽宗也不是传统型皇帝。这也许是艺术品“物似主人形”吧。

《瑞鹤图》卷后是宋徽宗纤细秾丽的跋文，用的是迷倒万千文青的瘦金体。瘦金体亦为宋徽宗所创，清秀利落，媚丽开张，有不同于传统书体的新意和技巧，和《瑞鹤图》一样极富个人风格。末了，他签下“天下一人”的花押，最后一笔拖得极长，墨迹隐入画纸，又在末端冒出头来。作画写书时的宋徽宗，大约是意气风发之时，胸中氤氲着浩然之气——15年后，金兵攻陷汴梁，宋徽宗悠游的艺术生活随着《瑞鹤图》一起被卷进了无情的历史动荡之中。

近千年后的今天，历经劫难的《瑞鹤图》静静地陈放于辽宁省博物馆，二十只雪白的丹顶鹤，依旧在宣德门上空徘徊。

20重器 《清明上河图》

宋·张择端·现藏于北京故宫博物院

《清明上河图》史上人气最高的宋画

辑｜詹腾宇

汴京郊野稀疏林间进城的一老一少和五头驴，虹桥上文武官迎面碰上的互不相让，虹桥下大客船即将撞桥的危险，不设防的汴京城口随意进入的胡人与骆驼，骑高头大马来喝酒的官，带孩子放学回家的平民，外卖小哥、门前懒汉、摆摊小贩……从郊野风光到汴河码头、市区街道，人、场景和时代元素在画卷里缓慢有序地流动，产生着绵密有趣的关联。814个人、180棵树木、13辆车、83头牲畜、29艘货船和72间酒楼被收在一幅五米长卷里，构成了貌似祥和繁荣，实则暗藏危机的北宋状貌。

这就是《清明上河图》，北宋画家张择端传世佳作，现藏于北京故宫博物院，宽24.8厘米，长528.7厘米，用散点透视构图方式绘制，在图中有序散布着北宋时期汴京城中各个阶层、各种年龄、各类职业的生活截面。

故宫博物院研究员余辉在《隐忧与曲谏》中提到，《清明上河图》的完成时间是北宋崇宁至大观年间。

当时北宋工商经济、文化艺术都达到发展顶峰，而政治、军事、外交却已走入绝地，画卷中呈现的开明文治与暗藏的黑暗苛政并存。宋徽宗时期较为开放的谏言环境，是张择端在《清明上河图》中融入黑色幽默和现实弊病，以此曲谏、艺谏宋徽宗的重要基础。

《清明上河图》与当时的汴京地图并不准确对应，是一种艺术化的提炼与再造，“是实情而非实景”。张择端在这份长卷的诸多细节里，既描绘了汴京风土人文的闲适美好，又深藏忧患：长卷开头被惊吓奔逃的白色官马、路边百姓的恐慌反应，反映了当时军力之弊、酒患之重、新旧党争、吏政低效、官粮危机、城市管理不力、官民关系紧张、国防意识淡漠等问题。在刻画北宋市井民风盛景之外，不忘曲谏忧国、草蛇灰线。这些从笔端流露的苦心，需要结合时代背景详细解读才能窥见。

作为中国艺术史上最负盛名的作品，《清明上河图》也难逃多舛命运。它曾为无数收藏家和鉴赏家把玩欣赏，也是后世帝王权贵巧取豪夺的目标。《清明上河图》于1101年收入御府，宋徽宗卷首题五签并加盖双龙小印，随后历经靖康之变落入金人之手，元朝时被官匠装池者以赝本偷换出宫转售，辗转于权贵之手历经近700年的动荡，直至1945年溥仪逃亡，《清明上河图》才从混乱中被抢回东北博物馆，后拨交北京故宫博物院。

若觉得北宋太远，典故太多，理解不易，可以看看戴翔制作的《清明上河图2013》（2014年广东连州国际摄影展“新摄影”年度大奖作品）。戴翔与张择端的用意近似，他效仿《清明上河图》的构图框架，花了近三年的时间拍摄素材，通过PS的方式将“我爸是李刚”“征爹求包养”“城管打人”“裸奔”“拆迁致富”等四十多个年度热点嵌进图中，是一幅充满黑色幽默的当代社会百态图。

20重器 《富春山居图》

元·黄公望·《无用师卷》现藏于台北故宫博物院（左），《剩山图》现藏于浙江省博物馆（右）

《富春山居图》 元代文人画的最高杰作

辑 | 王萱

如果《富春山居图》是一个人，那么他的经历便是一本跌宕精彩的小说：同时拥有名家出身、惊天美貌、万众倾慕、刀山火海、真假替身等经典设定元素，出入宫廷与名流之家，从帝王至平民，无不为之倾倒。时至今日，《富春山居图》作为中国十大传世名画之一，依然活跃于各种文化场景与活动之中，数百年如一日地敲打着每一个山水画爱好者的神经。

《富春山居图》身世显赫，创作者乃元四家之一的黄公望。就像没人一开牌局就扔炸弹一样，

黄公望直至杖朝之年才放出了这记大招。师弟郑樗收到这份贵礼后，“顾虑有巧取豪夺者”，竟然一语成谶，从此开启了《富春山居图》长达六百多年的颠沛流离。

顺治年间的吴洪裕，堪称《富春山居图》的首席粉丝，一生为它痴狂。他先是专门修了个富春轩，金屋藏画；后因“国变”逃难，宁可舍弃家财也要随身携画跑路；弥留之际，还勒令家属把画给他烧到另一个世界去。所幸侄子吴静庵还算个明白人，将《富春山居图》从火中抢救了出来。

可惜此时这传世之作已断成两截，修补一番后便被分为《剩山图》和《无用师卷》。近代，《剩山图》流传到画家吴湖帆手中。他想出了比金屋藏画更华丽的一招：管自家居所叫“大痴富春山居图一角人家”，倾慕之心一眼可知。

画红是非多，赝品自然也层出不穷，最著名的便是《子明卷》。《子明卷》诞生于明末，本是《无用师卷》的临摹作品，后人为牟利而将其伪造为真本。《子明卷》入宫后深得乾隆喜爱，以至于晚些进宫的真品反被示伪，活脱脱一幕替身上位的好戏。直至20世纪30年代，《无用师卷》才恢复了本尊身份。

1949年后，《无用师卷》和其他故宫文物一起被迁至台湾，现藏于台北故宫博物院。《剩山图》则留在大陆，现藏于浙江省博物馆。2011年，《无用师卷》与《剩山图》在台北合璧联展。

从烧成两截到合璧联展，又经历了三百多个春秋。漫长岁月里，《富春山居图》泛黄的画纸上，垒起了重重叠叠的题跋和印章。而在此之外，富春江秋季的美景恢宏而秀丽地舒展着，山川浑厚，草木华滋，傲踞山水画之巅峰。

●《兰亭序》（唐摹本）●《反弹琵琶图》●《瑞鹤图》●《清明上河图》●《富春山居图》●《女史箴图》（唐摹本）
●《游春图》●《历代帝王图》●《江帆楼阁图》●《祭侄稿》●《韩熙载夜宴图》●《匡庐图》●《溪山行旅图》
●《黄州寒食帖》●《踏歌图》●《千里江山图》●《溪山清远图》●《鹊华秋色图》●《庐山高图》●《荷石水禽图》

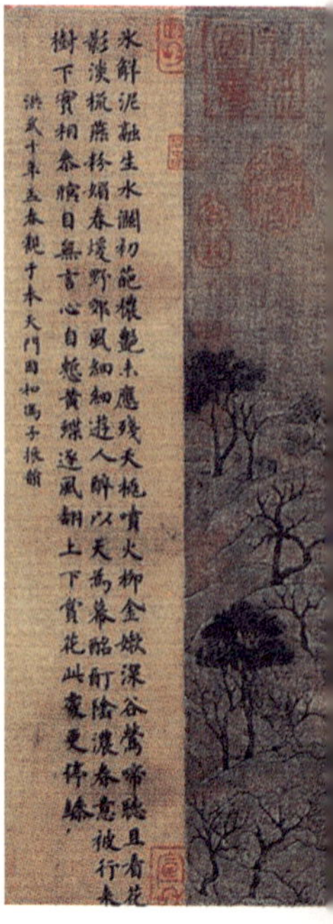

20重器 《游春图》

隋·展子虔·现藏于北京故宫博物院

它是现存最早的山水画，画面给人一种“远近山川，咫尺千里”的感觉。民国时，大藏家张伯驹为了避免此画流出国土，卖掉15亩大宅买下此画，1949年后又转让给了北京故宫博物院，此画最终得以供大众观赏。

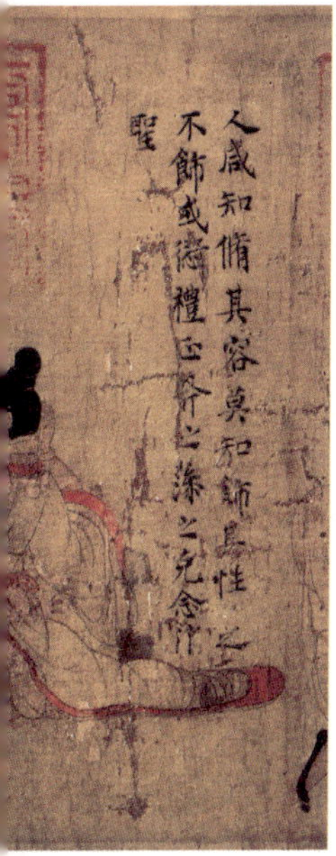

20 重器 《女史箴图》（唐摹本）

东晋·顾恺之·现藏于大英博物馆

它的人物衣饰如“春蚕吐丝”，人物形神兼备、古拙雅致。顾恺之是最早进入中国画史的画家之一，“以形写神，迁想妙得”，他的绘画思想为后世绘画奠定基础。

20重器 《历代帝王图》

唐·(传)阎立本·现藏于波士顿美术馆

它描绘了汉昭帝至隋炀帝时期的十三位帝皇形象，人物神态各异、刻画精微。唐朝是中国人物绘画的高峰，阎立本的《历代帝王图》绢本淡色、用笔浑穆，览之使人心容俱肃。

20 重器

《江帆楼阁图》

唐·（传）李思训·现藏于台北故宫博物院

它是唐代青绿山水的代表作。唐代张彦远在《历代名画记》中说："山水之变，始于吴（道子），成于李思训、李昭道。"《江帆楼阁图》最能显示这种变。李思训的青绿山水学展子虔而更显工细，他与儿子李昭道并称"大小李将军"，后来董其昌在"南北宗论"中，推李思训为北宗始祖。

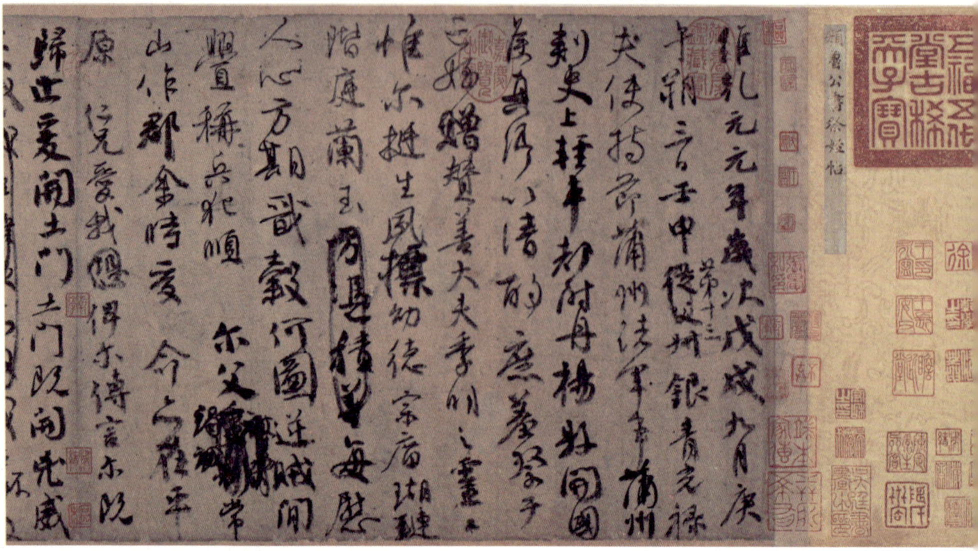

20重器 《祭侄稿》

唐·颜真卿·现藏于台北故宫博物院

它有“天下第二行书”之称，地位仅次于王羲之的《兰亭序》。安史之乱中，颜真卿一门忠烈，堂兄与堂侄皆以身殉国，《祭侄稿》通篇流露出颜真卿祭侄时悲愤激昂的心情，黄庭坚评价：“鲁公《祭侄季明文》文章字法皆能动人。”

20 重器 《韩熙载夜宴图》

五代十国 · 顾闳中 · 现藏于北京故宫博物院

它是南唐院画的佳作，主人公韩熙载纵情声色又难以排解内心苦闷的人物形象跃然纸上。它在美术史上有很重要的地位，代表了古代工笔重彩的最高水平。它对研究中国古代绘画、传统服饰、民族音乐以及古代人文生活艺术都具有极高的参考价值。

20 重器

《匡庐图》

五代十国 ·（传）荆浩 · 现藏于台北故宫博物院

它是北方山水的代表作，有宋高宗所书“荆浩真迹神品”六个字，山水表达技法比唐朝更进一步。五代十国以后，山水画成为中国绘画最重要的题材，水墨山水成为山水画的主流，这与荆浩的影响密不可分。

20 重器

《溪山行旅图》

北宋·范宽·现藏于台北故宫博物院

它是台北故宫的镇馆之宝，被誉为“宋代绘画第一神品”，是中国古代山水画的巅峰之作，诞生以来影响了古今众多画家。徐悲鸿评价此画：“中国所有之宝，故宫有其二，吾所最倾倒者，则为范中立《溪山行旅图》。”

●《兰亭序》（唐摹本）●《反弹琵琶图》●《瑞鹤图》●《清明上河图》●《富春山居图》●《女史箴图》（唐摹本）
●《游春图》●《历代帝王图》●《江帆楼阁图》●《祭侄稿》●《韩熙载夜宴图》●《匡庐图》●《溪山行旅图》
●《黄州寒食帖》●《踏歌图》●《千里江山图》●《溪山清远图》●《鹊华秋色图》●《庐山高图》●《荷石水禽图》

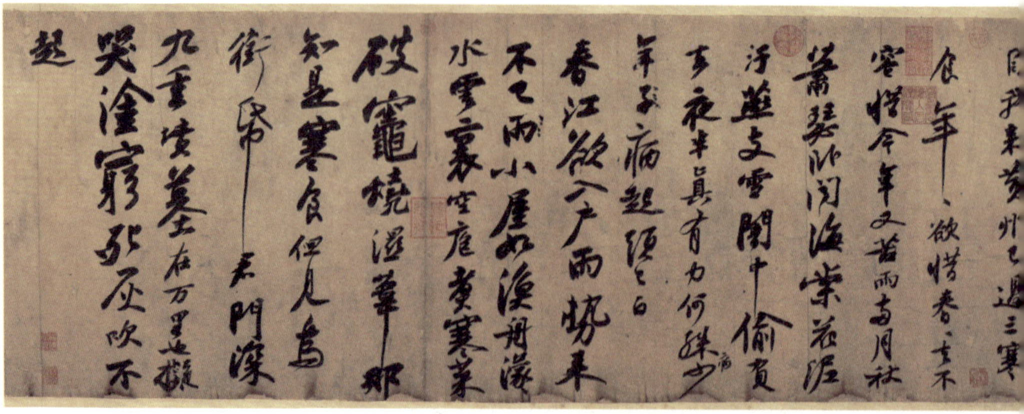

20重器

《黄州寒食帖》

北宋·苏轼·现藏于台北故宫博物院

它素有“天下第三行书”之称，写于苏轼被贬黄州郁郁不得志之时，诗情起伏流于笔端。正如黄庭坚在此诗后所跋：“此书兼颜鲁公、杨少师、李西台笔意，试使东坡复为之，未必及此。”

20 重器

《踏歌图》

南宋·马远·现藏于北京故宫博物院

它对北宋全景式山水进行了夸张的剪裁，笔法苍劲、棱角分明。“南宋四家”之一的马远因喜欢将图中的山石集中于某一边角而有“马一角”之称。《踏歌图》的巧妙在于，上半部描绘了仙境般的境界，下半部表现了南宋首都临安郊区农家“踏歌”的欢乐场景，将一雅一俗统一在同一画面里。

●《兰亭序》（唐摹本）●《反弹琵琶图》●《瑞鹤图》●《清明上河图》●《富春山居图》●《女史箴图》（唐摹本）
●《游春图》●《历代帝王图》●《江帆楼阁图》●《祭侄稿》●《韩熙载夜宴图》●《匡庐图》●《溪山行旅图》
●《黄州寒食帖》●《踏歌图》●《千里江山图》●《溪山清远图》●《鹊华秋色图》●《庐山高图》●《荷石水禽图》

20重器 《千里江山图》

北宋 · 王希孟 · 现藏于北京故宫博物院

它作于北宋画院学生王希孟18岁之时，代表着唐代青绿山水在北宋的复兴。纵观宋代青绿山水作品，无一能超越《千里江山图》的高度。

20 重器 《溪山清远图》

南宋 · 夏圭 · 现藏于台北故宫博物院

它的布局比马远的作品更加简约概括，山体居于画面一边。同为“南宋四家”之一的夏圭有“夏半边”之称，与马远并称“马夏”。《溪山清远图》是长近9米的巨制，现藏于台北故宫博物院，是其70件国宝级限展书画之一。

20重器 《鹊华秋色图》

元·赵孟頫·现藏于台北故宫博物院

它描绘的是济南郊外鹊山和华不注山的景色，是赵孟頫学“董巨”设色的代表作。这是全才赵孟頫的其中一面。正如艺术史家李铸晋所言，《鹊华秋色图》表现出一种超时空限制的能力，把我们带到如梦平和的乡间。

20 重器

《庐山高图》

明·沈周·现藏于台北故宫博物院

它仿王蒙笔法，层峦叠嶂、枝繁叶茂，西来天堑濯其足，云霞旦夕吞吐乎其胸。庐山之高乃人格之高的寓意。沈周是明代“吴门四家”的领军人物，承继了元代以来的文人画传统，文徵明称他为飘然世外的“神仙中人”，一如他所作的庐山之高。

●《兰亭序》（唐摹本）●《反弹琵琶图》●《瑞鹤图》●《清明上河图》●《富春山居图》●《女史箴图》（唐摹本）
●《游春图》●《历代帝王图》●《江帆楼阁图》●《祭侄稿》●《韩熙载夜宴图》●《匡庐图》●《溪山行旅图》
●《黄州寒食帖》●《踏歌图》●《千里江山图》●《溪山清远图》●《鹊华秋色图》●《庐山高图》●《荷石水禽图》

20 重器

《荷石水禽图》

清·八大山人·现藏于旅顺博物馆

白眼示人的水禽是八大山人的标志。作为明宗室，八大山人朱耷一生感怀身世而疯疯癫癫，不肯向现实妥协，不甘屈辱，时而“笑之”，时而“哭之”。《荷石水禽图》不计章法，信手拈来，却妙趣自成，唯天才能画出这样的作品。

从王希孟、赵孟頫到黄公望
宋元山水趣味之变

文 | 冯嘉安

宋代山水画已经臻于登峰造极，元代画家却能另辟蹊径，再创一座高峰，产生一种异于宋画的山水趣味。

2017年9月，在北京故宫午门，北宋18岁少年王希孟所作的《千里江山图》在玻璃展柜里静静舒展着，门外是早早排队只为一睹真容的观众。如果不提前到故宫，等待的时间大约是3小时。此情此景，跟几年前张择端的《清明上河图》在北京故宫展出时一模一样。王希孟与张择端是同辈人，都是宋徽宗的宫廷画家。

据报道，北京故宫博物院办公室已下发通知，要求从9月中旬起，每天早上九点前严禁职工及驻院单位会客，除正常工作外，不准携带亲友提前在午门展厅入口区域等候。

王希孟传世的作品毕竟只有一幅《千里江山图》。距午门400米外的武英殿，以元代大家赵孟頫为中心，一场全面展示这位艺术通才的展览同期进行。而在距离故宫1300公里以外的杭州，赵孟頫的学生黄公望脍炙人口的作品《富春山居图·剩山图》也悄悄出现在浙江省博物馆的"湖上有奇峰——蓝瑛作品及其师承影响特展"，它的出现是为了展示明末画家蓝瑛如何倾力学习黄公望。

一场穿梭了600年的艺术传承之旅，机缘巧合地同时呈现在中华大地。

王希孟是唐代青绿山水和北宋雄浑山水的集大成者，代表着一种宋徽

左图：北宋李成、王晓《读碑窠石图》，现藏于日本大阪市立美术馆。
右图：元代倪瓒《容膝斋图》，现藏于台北故宫博物院。

宗赞赏的宫廷审美。他的生平记载极其简略，甚至在清初以前只知道他叫“希孟”而不知姓“王”。如今人们知道他大约活了20年。有人说王希孟死于身体羸弱、积劳成疾，也有人说王希孟曾给宋徽宗上呈《千里饿殍图》，宋徽宗大怒并把他赐死。哪一种是史实？艺术史家莫衷一是。

有艺术家说：“在《千里江山图》中，我分明看见一位美少年，他不可能老。他正好18岁。长几岁、小几岁，不会有《千里江山图》。”18岁的王希孟把雄心壮志都画在了画面上。北京故宫博物院研究员余辉曾说：“画家的师承直接来自徽宗的写实观念，具体用色离不开唐代李思训、李昭道父子的传统手法，但较前人要清雅一些，在未染色之处微微露出画家受郭熙坡石画法的影响，如卷云皴、鬼脸皴等，显现出当时山水画主流风格的艺术作用。”

王希孟画出了宋徽宗眼里如此多娇的千里江山，尽管当时北宋江山已经岌岌可危。

画出《千里江山图》的王希孟，似乎与写出《滕王阁序》的王勃有某种相似之处，王勃在写下“老当益壮，宁移白首之心？穷且益坚，不坠青云之志”这样豪迈的辞章后，27岁就魂归大海，壮志难酬。如果王希孟不是英年早逝，如果真有一张《千里饿殍图》，王希孟在艺术史的地位将如何重写？

历史没有如果。但可以肯定的是，如果由南宋入元的赵孟頫不姓赵，或许他生前就没有如此多出入元代官场的机会，身后也没有如此多褒贬不一的评价。

在宋画已经臻于登峰造极之时，元代画家却另辟蹊径，把前代山水画的长处都吸收以后，在画中突出了文学趣味，将诗书画熔于一炉，创作出中国山水画的又一座高峰。赵孟頫就是这次变革的先驱和精神领袖，黄公望则把这次变革彻底完成。

打开北京故宫博物院官网上“赵孟頫书画特展”的专题网页，弹出来的是这样一段文案：“一位文人，历经宋、元两代，名满四海，荣际五朝，书法超迈唐、宋，承续‘二王’，备极姿韵与法度，绘画开启了文人画的新时代，学生中有《富春山居图》的作者黄公望，他，就是赵孟頫！”不足百字但基本上把赵孟頫身上的闪光点都涉及了。

如果说王希孟凭借《千里江山图》可以定性为青绿山水画家的话，赵孟頫则是一个无法简单地以一种风格定性的画家。他既学唐人青绿山水，又学五代董源、巨然，还学北宋李成、郭熙。赵孟頫觉得，画“贵有古意，若无古意，虽工无益”，古人可学之处，几乎都被赵孟頫学遍了。

用今天的话来说，赵孟頫就是元代艺术圈的KOL（Key Opinion Leader），坐这个位置的人，在北宋是苏轼，在明末是董其昌。董其昌终其一生在书法上都在跟赵孟頫比高低，但最后也称赵为“书中龙象”。“龙”指的是王羲之，“象”指的是李邕，并说他“超唐迈宋，直接右军”。北京故宫博物院研究员王连起认为，“这个评价可以说前无古人”。

旅美中国艺术史学者李铸晋是研究赵孟頫的专家，他在著作《鹊华秋色——赵孟頫的生平与画艺》开篇写下的一段话，是对赵孟頫一生精准的总结：“在中国的文化艺术史上，赵孟頫无疑是一位最复杂且最难了解，但却是成就最高的中心人物。虽为宋宗室，却生长在南宋赵家已至穷途末路之时。及其壮年，更目睹南宋为蒙古人所征服，导致其大半生都生活在蒙古人的统治之下。这样一位极其聪慧又十分敏感的知识分子，身处变乱纷呈的宋末元初社会，其内心所感受到的痛苦可想而知。然而表面上，赵孟頫似乎颇能适应那个大时代，至元二十三年（1286），其接受元世祖忽必烈的邀请，成为首批南人赴大都（北京）之廷任高官之一员，这个个人决定不仅为其一生之转捩点，更为宋元之间的文化困境打开了一条新出路。”

走通这条新路的人是黄公望。赵孟頫称自己为“松雪道人”，书斋名叫“松雪斋”，平生著作收入《松雪斋集》。而比赵孟頫小15岁的黄公望谦虚地称自己为“松雪斋中小学生”，他是元四家（另外三家是吴镇、倪瓒、王蒙）中唯一一位能受教于赵孟頫的画家。中央美术学院美术史论家薄松年教授对赵黄之间的师承与发展的评价是，“赵孟頫开辟了文人画的新纪元，黄公望则把这一潮流推向顶峰”。

王希孟的《千里江山图》和黄公望的《富春山居图》都是长卷，但从右至左观游两幅山水画，会有截然不同的感受：

前者是浓墨重彩的青绿山水，后者是平淡天真的草草笔墨；

前者是豪情满怀的北方高山，后者是苍茫高逸的江南丘陵；

前者是居高临下的指点江山，后者是穿行其中的体味自然。

宋元之间，山水的趣味在悄悄发生改变。

中国美术学院教授范景中

回到传统，回到山水

文/冯嘉安

不了解中国美术史，西方美术史的研究就会有所欠缺；同样，不了解西方美术史，中国美术史也很难进入美妙的境界。不管哪种美术史，它们都在历史中显示出一个共同的价值，那就是使我们获得了高度文化修养的那种古典文明的价值。

西湖的美毋庸赘言。白居易和苏轼已经写下赞美西湖的千古诗句，后人来到这里只能感受西湖如何如西子一般，乱花浅草如何让人着迷，再也写不出超越他们的西湖礼赞。西湖之美不仅在于这里的山和水，更在于环绕在西湖边的一股文气。

3月的杭州已经退去冬天的寒意，西湖十景之一的“柳浪闻莺”恰如其名，从柳浪闻莺处向西步行数十步，就是中国美术学院。

从20世纪70年代末开始，范景中就在西湖畔这片不大的校园里如饥似渴地学习。那时美院的学习氛围极浓，每天饭后，同学们都爱到西湖边上散步，讨论艺术问题。

80年代，范景中把西方艺术史经典著作一部部翻译、介绍到国内，当中就有至今仍是艺术史专业师生必备的案头书——英国艺术史家贡布里希所著的《艺术的故事》。范景中为此书写了40万字的笺注，对贡布里希的论述作旁征博引的注解，这也成为《艺术的故事》中锦上添花的一部分。

大量翻译、引进西方美术史和美术理论，是一种“曲线救国”行为，范景中希望以参考西方美术史研究手法的方式，来推动中国美术史研究。

范景中认为，贡布里希是一名古典学者，他用一个简洁、优美的框架来

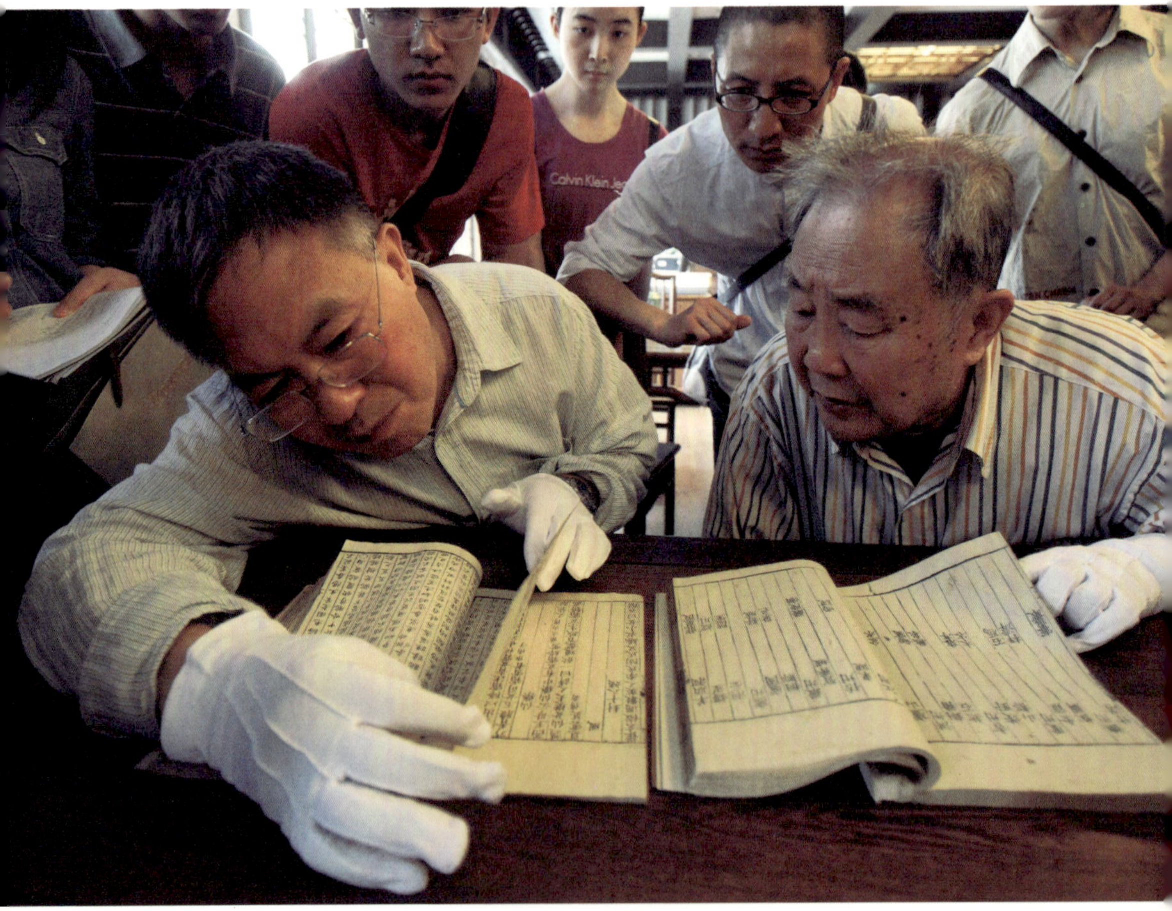

2012年5月5日，由孤本宋版《锦绣万花谷》领衔的179部近500册“过云楼”藏书亮相浙江大学图书馆展厅。中国美院教授范景中（左）、浙大古籍研究所教授雪克（右）正在研究《锦绣万花谷》。（图/CFP）

讲述美术史，是任何一部历史书所不能及的。虽然贡布里希在《艺术的故事》中也为现代艺术辩护，但他骨子里散发出古典人文学者的气息。

这正贴合范景中80年代时的心态：一方面，他想了解西方前卫艺术是怎么回事；另一方面，由于自小从中国古典文化的熏染中走来，他的骨子里也摆脱不了古典和传统对他的吸引。

在国内美术史理论几乎还是一片混沌的20世纪80年代，找到了贡布里希

范景中是天津人，小时候在天津的经历，潜移默化中奠定了他后来的学术兴趣。

天津有不少旧书店，例如天祥商场二楼的旧书店和南市的旧书店，小时就迷恋诗词的范景中，在这些地方留下不少足迹。当时，他的父亲被打为“右派”，在农场劳改，母亲带着他艰难地生活着。在故纸堆中，范景中找到远离残酷现实的精神慰藉。

旧书店中常有介绍西方教堂建筑的书，很贵，他买不起，只能在店里翻看。书中的哥特式教堂给他留下极深印象，那些建筑离他很遥远，却如梦幻般浪漫，在脑海中挥之不去。书本以外，天津租界充满异国情调的建筑也一直吸引着范景中。

中国的传统、西方的古典，这两种精神资源一直影响着范景中。1977年范景中进入北师大哲学系，读了一年就考了浙江美院（中国美术学院前身）的研究生，原因是他觉得北京诱惑太多，安不下心读书。范景中说：“从前读诗词，对江南的画意一直很向往，再加上下乡在内蒙古，在塞北已经生活了8年，于是想去南方的新天地。”

范景中在《美术史的形状》一书的序言里有过一段精彩的论述：“在我看来，一切美术史家都是旅行家，旅行使人胸襟开阔，识见广博，他不仅能在自己熟悉的领域，临视旧乡，指点江山，而且还可以进入邻界去吸收清寂的空气，凭高极目，获得喜悦。因此就像人类的旅行没有疆界一样，学术的整体性也不应被人为的界限隔断；就此而言，我认为，不了解中国美术史，西方美术史的研究就会有所欠缺，同样，不了解西方美术史，中国美术史也很难进入美妙的境界。无论如何，不管是哪种美术史，它们都在历史中显示出一个共同的价值，那就是使我们获得了高度文化修养的那种古典文明的价值。因此，眺望西方美术史，尽管是迢遥的远望，也无疑有助于我们在中国美术史的范围内开拓出更广阔的领域，达到某种更精湛的程度。”

用中国传统目录学的方法，范景中在国内美术史理论几乎还是一片混沌的20世纪80年代找到了贡布里希。通过贡布里希在《艺术与错觉》中图式、风格与心理学的一些讨论，范景中反过来获得了一个研究中国古代画谱和绘画之间关系的理论框架。

中国的传统和西方的古典，在某个点上能够互相启发。范景中近年写了一本《中华竹韵》，浙江大学的沈语冰教授评论此书：“第四章名为‘艺术’，实为范先生依照贡布里希的做法写的一部《中国艺术的故事》。”

“回到传统去，等待塞尚！”

范景中在90年代末略带悲观地说：“尽管我讨厌预言，但是我却隐然感到21世纪不会再有伟大的艺术了。”十几年过去，范景中没有改变这种悲观的看法，当年导致他感到悲观的艺术界状况到了21世纪似乎愈演愈烈。在“人人都是艺术家”的口号下，艺术的标准被抛弃，时尚牵引着艺术的潮流。

范景中当时就提出：“回到传统去，等待塞尚！”他说：“众所周知，塞尚是在印象派获得成功之后返身折回传统中去的。他毫不犹豫地相信传统的活力，相信它的吸引力和容纳力，并从他的前辈普森那里找到了灵感。”

有感于艺术批评界没能产生沈宗骞那样的人物，更没有董其昌式的全才，范景中说：“批评家有时像术士，像预言家，像先知先觉的圣者，成了艺术潮流的领导。”

与此同时，中国古典艺术批评语汇这笔丰富的遗产很少被严肃对待，这也让范景中扼腕。他说：“中国的古典艺术批评语汇是世界上公认的最丰富的宝库，一个令西方艺术史学者惊羡不已的宝库。它早在一千五百多年前就向其他艺术领域借用词汇充实了自己的语言，这种自觉的行为几乎早于西方一千年左右。”

范景中1999年写过《人文科学的危机和艺术史的前景》，18年过去，这篇文章竟然还在美术史界人士的微信朋友圈中广为流传。

文中，范景中写道："我们的大学不仅在古典语言和外国语言的教育上总体来说是失败的，而且在评定职称和对论文数量的要求上，也存在着使人文科学失去活力的危险。由于出版成果方面的压力，教师们越来越脱离了那些需要广阔的知识才能驰骋想象的领域，越来越不愿意去pascere la mente con la lettura（为了丰富自己的思想而阅读）。"

80年代，范景中孜孜不倦地为美术史做基础性翻译工作，就是乐观地希望把美术史置于人文科学的牢固根基之中。如今，面对人文学科的衰落，范景中已经乐观不起来。

中国文人的笔墨之所以微妙，是因为当中存在诗意，诗是绘画内在的筋骨

历史学家陈寅恪说过："华夏民族之文化，历数千载之演进，造极于赵宋之世。"今天收藏界视宋画为至宝，大众对宋朝文化、艺术和生活方式也越来越感兴趣。

谈起宋徽宗，范景中说："我们现在看宋徽宗，觉得他是一个不及格的皇帝，只会拿笔杆子不会拿枪杆子，断送了北宋的江山。但很少人意识到，南宋后蒙古人入主中原，他们承接了宋朝的皇室收藏。蒙古人没有汉人如此深厚的文化，他们逐渐被宣和年间的收藏留下来的文化资源同化了。这就是艺术的力量，武力可以征服一个政权，艺术可以反过来对这个征服者在文化上将其征服。

"类似的故事在三百年后再次出现。清代初年有一位书画鉴藏家叫安岐，他收藏的历代名作包括展子虔《游春图》、范宽《雪景寒林图》、董源《潇湘图》等。他的这些收藏进入清宫以后，把乾隆征服了。"

今天中国的艺术应该从传统中吸取哪些资源？范景中认为这个问题提得很好，却难以回答。"但是中国古代的艺术中有一座高峰绕不过去，那就是山水画。"

如今的中国美术学院除了杭州的南山校区，还有一个位于转塘镇的象山校区，后者因有普利兹克建筑奖得主王澍设计的建筑而著名。王澍希望在此复兴中国文人的山居传统。

范景中说，中国文人自古喜爱在优美的山林中畅叙幽情，回想《兰亭集序》里的雅集就知道，文人喜爱游山水、居山水、造山水、画山水。“我在跟一位西方学者通信的时候提到过，我很佩服文艺复兴以来西方的人物画，但中国艺术有一个领域是当仁不让的，那就是中国的山水画，中国山水画在世界艺术史上的地位是毋庸置疑的。”

宋人郭熙所著、其子郭思所录的《林泉高致》里有这样一段话：“世之笃论，谓山水有可行者，有可望者，有可游者，有可居者。画凡至此，皆入妙品。但可行可望不如可居可游之为得，何者？观今山川，地占数百里，可游可居之处十无三四，而必取可居可游之品。君子之所以渴慕林泉者，正谓此佳处故也。”

中国文人钟爱山水，不仅钟爱可行可望之山水，更爱可游可居之山水。找一处山林，建一座简庐，过高逸野隐的生活，写诗、作画、参禅、悟道，自古以来都是文人的理想。

范景中说：“早期西方人理解不了山水精神，为什么要跑到山里去生活，他们看山水画都觉得差不多。当中存在两种隔阂，一种是诗的隔阂，一种是书法的隔阂。中国传统中讲究‘诗中有画，画中有诗’以及‘书画同源’，不能理解这两点就不能理解中国的山水。西方的风景画发展得比较晚，到了17世纪才有比较大的发展，到了塞尚那里才如此认真地对待一座山。”

范景中进一步指出，中国的绘画之所以强大，也根植于这种诗歌的强大。在《中华竹韵》中，范景中写下这句话：“诗歌成就了中国文明对世界文明的最大贡献。而他们要把造化的奥秘夺尽……这做法极大调制了中国绘画的鉴赏取向。”

中国的文人笔墨之所以微妙，全因当中存在诗意，诗是绘画内在的筋骨。范景中说：“在中国，艺术里面最有魅力的还是诗歌。我们一直受的教育说‘劳动创造了人类’，我认为创造人类的真正原因是语言。语言在中国文化中的地位是由诗来代表的。诗歌将人类感官感受和对宇宙精微的理解表达出来。没有哪个民族像中国那样有这么多的诗人，古人十年寒窗，经过文字的磨洗，才真正成为一个文人。”

“重读古典，应该从重读诗歌开始。”范景中认为，只有这样才能对中国传统绘画（当然也包括传统音乐）有更深的理解。

艺术批评家杨小彦

不看几幅原作，你都不好意思和人聊艺术

口述 | 杨小彦 采访 | 冯嘉安

认识传统的最好方式是使传统具体起来。我们认识艺术史不能仅仅通过阅读。博物馆中的展品有一种气息，这种气息只能通过看原作来得到。观展不仅仅是眼睛在看，更是一种人与艺术品在精神上的亲密互动。

博物馆有四大功能：收藏、研究、展览、教育。越走向现代，博物馆的公共教育功能越重要。公共教育功能也是博物馆获得名声的重要渠道，像故宫这样的博物馆，要把藏品向公众展示，才对得起它的级别。

我认为认识传统的最好方式是使传统具体起来。艺术品就是一种物理存在，我们认识艺术史不能仅仅通过阅读。博物馆中的展品有一种气息，这种气息只能通过看原作来得到。

在这种观看的过程中，仿佛有一只无形的手通过展品连接古代。观展不仅仅是眼睛在看，更是一种人与艺术品在精神上的亲密互动。

原作展览让我们看到美术史如何丰富、一个画家的作品风格如何丰满

2017年我看了故宫的“四僧书画展”，这个展览让我重新发现了渐江，并强烈感觉到，清初“四僧”和“四王”的关系是很重要的研究课题。从这次展览的作品来看，八大山人是天才，这种天才是一以贯之的。髡残的作品似乎能看出一些破绽，可能是他的应酬画。石涛是一个很灵活的画家，有点迎合了商业需要。

最后看渐江，非常干净、冷然，有一种不动声色的寂寞感。看着他的画，

2015年9月8日，北京故宫博物院武英殿展厅，“石渠宝笈”特展。（图/IC）

会感觉到这些画是现代人无法画出来的，不是技巧的问题。他在国破家亡的颠沛流离生活中，依然能画得如此平静。这种平静气息是看书看不出来的，也是现代山水画家歌颂大好河山的作品中看不出来的。只有在现场的对比中才能看清楚这些具体的细节，现场的气息是不可替代的。

近年来有几张经典作品引起比较大的社会反响，说明关注中国书画的不只业界。例如最近展出的王希孟《千里江山图》，又如"石渠宝笈"特展引起市民排队看《清明上河图》以及前些年《富春山居图》的两岸合璧展。在大众层面，某些经典作品能引起共鸣，与媒体传播的影响脱离不了关系。媒体说得越多，人们越想去看。最近微信上有铺天盖地的文章介绍《千里江山图》，故宫的展览又一次人头涌动。

如今的美术史，特别是大众接受的美术史，特别容易出现几个画家定性一个时代的风格、几张作品定性一个画家的风格，这也是媒体传播的结果。正因如此，我们才更需要去多看原作展览，看看美术史如何丰富、一个画家的作品风格如何丰满。

现在故宫越来越重视这些原作的展览，这很好，但可以做得更好。例如，我曾在英国泰特美术馆看过一个透纳作品展，做得非常专业。透纳与提香，透纳与伦勃朗，透纳与洛兰，透纳与普桑，所有对透纳有影响的画家的作品，都与透纳的作品一一对比呈现，从中可以把他个人风格的发展看得一清二楚。最后我看到透纳说的一句话"Atmosphere is my style"，我就会心一笑了，这句话可以翻译为谢赫六法论中的"气韵生动"。

同期，泰特美术馆还有一个展览更加厉害，关于透纳的色彩实验。透纳每一个时期的作品下，对应有一个色谱分析，以及一份详细的西方油画颜料生产历史。我马上产生一种思考：透纳的色彩是取决于颜料的发明，还是取决于他自己的信息与颜料的结合？

我举透纳这两个展览是想说，这种一个艺术家与相关艺术家的风格比照，以及艺术作品的科学分析，这种程度的专业性，国内很多展览都没能做到，包括透纳的作品来到中国巡展，也只是陈列了透纳一人的作品。

不久前故宫举办的"赵孟頫书画特展"是一个不错的尝试，它把赵孟頫和钱选、鲜于枢的作品放在一起，展示赵孟頫的艺术渊源；把赵孟頫的绘画和书法作品放在一起，展示他如何书画同源；把赵孟頫与元四家、明四家、董其昌、清四王、乾隆等人的作品放在一起，展示他如何对后世影响深远；最后把赵孟頫的原作和伪作放在一起，展示云泥有别。

这种尝试就有点泰特美术馆的透纳展览的味道，也展示出新一代策展人的专业水准。

中国传统社会的高明之处在于，政治空间和文艺空间相互平行

此外，还有一点更是国内博物馆难以做到的：国外有些博物馆，只要办好手续，就能在指定的地方把原作借出来慢慢品味；在国内，一件原作能在玻璃柜里面展览已经是难得的看到作品的机会。

像故宫这样的博物馆，应该把研究、展示和公共教育高度结合起来，如果只有少数内部研究者能有看原作的机会，那它跟以前封闭的皇宫有什么区别？

如果读艺术史只看到书本上的印刷品，或者幻灯片、电子图片，那就很难进入作品的场域。我是一个很喜欢逛博物馆的人，哪怕这个博物馆我曾经看过，再次看会得到一种新的现场气息。现在纽约大都会博物馆和台北故宫博物院都放出了一些高清大图资源，但如果我们以此来做研究还是会有问题。

白瓷龙柄传瓶，隋，1957年陕西西安李静训墓出土。
现藏于中国国家博物馆。

正如巫鸿所说："对大部分人来说，甚至在大部分美术史研究者心目中，美术品的摄影再现仍代表了'事实'本身。换言之，这些再现，无论是照片还是数码图像，仍有效地隐藏自己的'转译'作用和能力。"巫鸿提到释读美术品时使用照片的两大危险："一是不自觉地把一种艺术形式转化为另一种艺术形式，二是不自觉地把整体环境压缩为经过选择的图像。"

原作使历史气息具体化，让今人遥想古人的状态，这不是照片可以做到的。当然了，当下看原作除了到博物馆以外，还有一种更"高端"的方式，就是私人收藏。

收藏是品位的一种体现，收藏应该多元化。一个藏家的终极目标往往还是贡献给社会，就像我们鼓励私人美术馆成立一样。在公共博物馆高度垄断艺术品的情况下，私人收藏实际上是保留多元的趣味圈子。

中国古代没有公共收藏的概念，只有皇家收藏和文人收藏两种私人收藏，也是两种不同的趣味。中国传统社会有一个很高明的地方是，政治空间和文艺空间是两个平行的存在。

古代固然有为帝王服务的画家和国家画院，但元代以后，也认可文人画的存在，帝王并不要求文人画家歌功颂德。我讨论中国古代建筑时，把礼制建筑和园林建筑作为两个并存的空间，园林是正统空间的补充。正统空间需要一条中轴线，坐北朝南。园林则需要曲径通幽，它们的主人是诗意的政客或巨贾。宋元是一变，元代以后兴起的文人画，以元四家为代表，个人性非常突出，而且这种个人性在整个官场和文化氛围中被认可，以至于当时江南一带，一个藏家没有倪云林的画不能称作有名望。后来的帝王也认可这种个人性。

如今，政治和文化互相平行又相互欣赏的状态消失了。近代中国社会西方化，法国大革命以后强调艺术为政治服务，20世纪的中国艺术贯彻了这一点，山水画不再表达古代的山水精神，而变为表现祖国大好河山，我们称此为"山水画的现代转型"。"艺术为政治服务"，绘画必然走向写实主义，古代文人的精神状态一去不复返。

问题是"现代转型"有很多方法，如今考验我们的是，我们的艺术，作为一种重要的精神表征，能不能使个体在当下的空间中获得其地位。

美术馆馆长张子康

未来的经典须是今日的创新

采访 | 邝新华

每一次回归，每一次复兴，跟原来的都应该不一样，只有当这样的回归包含了当代文化对古代文化的一种重读，在重读的过程中，产生新的创造力，才有价值。

经典作品，在我看来，就是那些经过历史梳理、淘汰、沉淀，最终定义在美术史上的作品。经典是发生于过去的，但它留下来的不仅仅是作品本身，还有影响大多数人的审美观。

我们今天可能看不懂未来的经典

过去的经典是我们已经公认的，但当代艺术的范畴里，经典往往是还没有结论的。不过，我们有一个基本的判断，那就是当代艺术里的经典，往往来自那些对当代文化有巨大影响力，并且具有原创性的作品。

不过有些时候，一个很新的作品出来的时候，大众会不理解，甚至批评说：这叫艺术吗？尤其是当代艺术作品，当一个艺术品以创新的形态并伴随着众多的质疑出现的时候，我们也许看不出来它在未来会成为一个经典。当然，大众的不理解并不代表这些作品是无法欣赏的。这些讨论会不断地影响社会的审美观，推动审美观的发展。

有的作品可能比较超前，可能需要更多的时间来让人们认识。这些作品需要美术馆以及更多的人来进行概念推广，让更多的人了解和欣赏这些作品的创作。慢慢地，这些作品就会留下来，甚至成为未来的经典。

审美观是需要不断发展的，我们需要用更多这样的作品来培养人们的欣赏习惯。当这些审美习惯产生了，那么这个作品就会留在美术史里，具有成为经典性作品的可能。就像“文革”时代的样板戏，现在也成为一种经典了。因为它们在当时形成了巨大的影响。

印象派为什么会在美术史上起到了积极的推动作用，就因为他们有一套影响人们审美的观念留下来了。审美观念里面包含了人们的审美经验，这些经典作品具有丰富、成熟的审美经验，才会得到大众的承认。

为什么大众看不明白专业的绘画呢？因为他们用自己的审美经验来审视这些绘画的时候，他们依然带着经典性的审美经验。当他们看这个作品时，他们发现跟印象派不一样，于是会产生这样的质疑——这怎么能成为好的艺术呢？怎么能成为经典呢？

但偏偏是这些创新的作品，当它们在未来发挥出新的审美观念时，它们才成为新的经典。因为不推动人们的审美发展，就不能形成新的审美观。在新的审美里没有贡献的作品，永远不会成为经典。

相反，如果我们看到一个当代艺术的作品时，第一眼就承认、接受了它，那说明这个作品有着很多经典性的审美元素——正是这些元素让带有经典审美观的你觉得这是好的作品。但是，重复过去的作品却又达不到过去高度的同时，在当代艺术史上也没有太大的贡献，反而让这样的作品在未来的艺术史上留不下什么。

艺术家死后才被发现的经典会越来越少

经典作品在它所处的年代，有些时候是很难被发现的。作品往往是经历了从默默无闻到发现价值的过程，甚至一些经典作品在艺术家去世后才被发现。这样的现象在古代有不少，那些时候比较封闭，交通也不发达。作品受地域的影响，推广的渠道比较窄，所以大家也不知道这些作品。越是进入现代社会，这样的例子会越来越少。尤其在信息时代，这种情况出现的概率更小。

另一个没有发现经典的原因是，有时候画作比较超前，人们看不懂。看不懂了，也就没有人去推广它，没有人反复介绍它，没有理论家去评述它。画作在那个时期没有形成社会讨论，没有形成文化影响。

但好的作品，最终还是会被人发现的，到那时候人们重新开始讨论，慢慢地作品也就形成一种新的文化影响，最终发展出新的审美观。对于当代作品来说，它必须要有超前性，必须要形成文化影响，然后在审美、美学上要有自己的贡献，再影响到整个中国绘画，它才能成为经典。

复古复的不是经典

复古，是当代人对古代文化一种新的理解。当这些理解成为一种思潮的时候，就变成一个文化现象。

可惜的是，现在很多模仿经典的作品，仅仅是在模仿而已。比如说他们再画董其昌，再画齐白石，能画出来有价值的东西来吗？也许有人回答有。但那最多是有商业价值，能繁荣市场，但没有学术价值，当然也不可能成为经典作品。这些复制品只具有商品概念，只能够满足市场的需要。市场需要对古代审美不断进行重读，这样就让很多人去复制和模仿。

复古甚至从一个文化现象变成一种商业现象。当复古成为一种商业现象的时候，当他们原封不动地临摹、原封不动地模仿的时候，作品的原创价值比较小，更谈不上推动审美，只能是一种对传统艺术的继承。

经典的作品更多是有创造力的作品，要远远高出模仿的层面。我们的时代发展很快，如果没有自己的创造，所有东西都还是延续过去的审美经验的话，一定会被这个时代所抛弃。

在一个社会发展当中，当人们去破坏经典的时候，自然就会有人出来保护经典。这是一种回归，人们都有一种回归心理。但这样的复古应该限于文化现象，而不应该成为商业现象。每一次的回归，每一次的复兴，跟原来的都应该是不一样的，只有当这样的回归包含了当代文化对古代文化的一种重读的时候，在重读经典的过程中，产生新的创造力的时候，才有它的价值。

必须有创造力，如果没有创造力的作品，那就是简单的复制。有了一个齐白石，就不可能再出一个齐白石，况且我们也没有这样的需要。

书法家邱振中

先破除旧的神秘，再书写新的神秘

文 | 孙琳琳

当代书法家的任务是什么？不是用笔触表现王羲之的东西，而是得想办法做新的事情。艺术里永远会有新的任务出现，会有伟大的作品出现。

过去，书写就是为了记录。但现在，记录经常是通过敲击键盘、录音录像完成的，而书写在某种程度上变成了视觉艺术和审美行为。人们不自觉地就会去追求：我的字是不是好看、我用的文具是不是高级，等等。

书法家邱振中，是少有的既掌握了书写魔力，又拥有行家眼光的人。他了解如何书写，更重要的是了解如何观看书写。

20世纪80年代，他也曾一遍遍地用钢笔誊稿子。每次写一篇一万字的文章，起码要亲手抄上两遍。“现在叫我再用钢笔写稿子，我觉得真的很麻烦。”

他是书法家，却从来不用毛笔签名，更不会用软头笔。在他看来，毛笔不是用来干这个的。在今天，它有新的任务，更重要的任务。

书写与人是什么关系？

书法比绘画成熟得早，书法控制毛笔和线的技术，在东晋就达到很高的水平，那时绘画还很初级。在很长时间里，绘画都在有意地向书法靠拢，除了技术原因，还有精神原因——一开始书法的地位比较高。所以当我们谈论所有的视觉文化遗产时，书法肯定处在一个很特殊的地位。

邱振中抽象水墨作品，从左到右依次为：《空幡》，68cm×51.5cm；《两种动力形式》，68cm×49.5cm；《青莲》，84cm×69.2cm。

但是书法的门槛后来一直比较低，鱼目混珠，大家就鉴别不出很多东西的好坏了。在视觉上和技巧上，人们大致还能判断出一件书法作品的高低，但是在内涵表现上，就没法区分了。

邱振中最近的文章给出了一个区分作品好坏的思路。从这里出发，可以说清书写的深度。

当人们把书法当成一个整体来认识的时候，非常骄傲的是，里头有一个完整的人。

唐代书法家孙过庭在《书谱》中描述书法的进阶："初学分布，但求平正；既知平正，务追险绝；既能险绝，复归平正。初谓未及，中则过之，后乃通会，通会之际，人书俱老。"

清代文学家刘熙载则在《艺概》中写道："书，如也。如其学，如其才，如其志，总之曰，如其人而已。"

从"人书俱老"开始，一直发展到"书如其人"，人跟书法的关系经历了一系列很重要的变化，两者其实是完全不同的角度。前者是人和书法融合在一起的，比如王羲之，他的人和作品在晚年高度融合，这就叫“人书俱老”；而“书如其人”是说书法练好了，怎么写都像这个人，颜真卿、柳公权、苏轼都属于这种。

这一变化揭示了人和书法关系几千年来的变迁。实际上这个机制已经发生了巨大的改变，书法已经渐渐变成了和其他艺术非常不一样的东西。今天人们处理跟书写、书法的关系，必须立足于这种变迁。

书法的差异是隐性的、高级的。看绘画时人们能更多地运用自己的直觉，里面的差异一目了然。但是如果没有视觉经验和知识的积累，书法的差异你看不出来。

一个不练字的人的书写习惯是怎么形成的？这本质上也是一个“书如其人”的问题。你是严谨的、难缠的，还是倔强的，在字体里都会有所反映。但如果你严格地学过某种字体，并被它修理过，那就不同了。

当一个人有很高的审美，特别是对绘画有感受力的时候，恐怕很难容忍自己字写得很怪。书写是一个慢慢适应的过程，字体形成以后，习惯太深，就改不了了。

今人写不过古人怎么办？

写文章的时候，我们经常会碰到一些认得，但就是不会写的字，因为它用得少又很复杂，这实际上就是跟过去文化的疏远。我们已经离开这些东西，而且离开很久了，但是没有多少人会警惕这件事。

20世纪20年代，林语堂写中国人，说到文言文和白话文的问题，说那个时代用周朝的古文写文章的人不超过20个，现在我们能找到一个吗？

最近邱振中偶然读到文学史家刘大杰编的《明人小品选》，其中所选的明代文学家包括袁宏道三兄弟、张岱、钟惺、谭元春、陶望龄、高攀龙、茅元仪、祁彪佳等几十家，书中一些人物小传和记叙文写得特别好，令他感慨：如果是当代人写文言文，不可能写到让人这么舒服。

今人写不过古人怎么办？

该怎么变化就怎么变化，毛笔能用来做什么就用来做什么。某些功能被放弃了，我们可以开发新的功能，毛笔可以用来画抽象绘画，还可以做装置。

“我们知道月亮上没有人，没有嫦娥和吴刚，开始肯定觉得很扫兴。但是没关系，我们破除了旧的神秘，可以创造新的神秘。我们可以写科幻小说，为什么要留恋嫦娥不放手？”

哲学家苏珊·朗格在《情感与形式》中写道：“直觉是个过程，是逻辑的开端和结尾，如果没有直觉，一切理性思维都要遭受挫折。”

任何事情我们开始都是有感觉的，但是有些事情根本不可能完成。然后又有新的感觉，又开始。“如果不能开拓出新的东西，那就是无能之辈。”邱振中说。

笔触与笔墨是一回事吗？

最开始的时候，书法完全是实用的。到汉代，从赵壹的文章《非草书》里，我们就知道有很多人是拼命在练书法的。那时候分化就已经开始了，如果没有这么长时间大家对书法艺术性的感受、尝试、创造，书法不会那么精彩。

邱振中力主中国人要写一部中国书写史，把所有书写都包括在里面。因为书写和书法是分不开的，必须把书写当作一个整体来考虑，这样我们的视野、心胸都会完全不一样。有了这样一部书写史，接下来，谈到书写就不仅是在说中国的书法了，眼界自然会放宽到整个人类。任何民族都有书写的历史，中国要复杂一些，但不是说人家就不行。

“说外国人不懂笔墨，这完全是文化上的自恋和自大。你用的是毛笔，几千年积累了很多经验；人家用钢笔、刀子，也积累了很多经验。如果画家、雕塑家对他的工具没有很深的体验，是做不出好作品的。世界上所有伟大的艺术家，对笔触都是极其敏感的。”

法国人福西永的《形式的生命》最后一章叫作“手的赞歌”，写的就是手的敏感、灵巧的感觉。中国人懂得这个吗？

笔墨是以笔为主的，任何时候笔都是主导。笔触跟笔墨是一样的，用毛笔画一下是笔触，用铅笔画一下也是笔触。西方伟大的艺术家对他们的笔触是有精深研究和极好把握的，中国也是如此，没有高下之分。

做王羲之做不到的事

当代书法家的任务是什么？不是用笔触表现王羲之的东西，而是得想办法做新的事情。艺术里永远会有新的任务出现，会有伟大的作品出现。有人说这个时代没有大师，是对整个艺术史没有清晰的认识。暂时没有很正常，但是我们得随时准备迎接他的到来。

书写是一件很简单的事。拿一支笔或一个其他工具，按汉字要求画下来就行了，认得这个字就完成了传达功能。

书写又是一件很微妙的事。微妙在于，是用毛笔来做这件简单的事。我们现在看1600年前王羲之写的线条，还是觉得很神秘，不知道那一撇他是怎么写的。书写对工具和运用工具有着很复杂的要求。

由此，邱振中得出一个推论：每一位最优秀的书法家，都是用那个时代制造的毛笔，很自然地、不做作地写出他的作品。所以每个时代的风格、笔画的变迁，很大程度上跟毛笔的制作工艺有关。比如说，用汉代的毛笔写汉简很自然，用明代的毛笔写就得累死。再比如说，用现在的毛笔写王羲之，就是在描字，很做作。

他讲了一个破解书写的神秘感的例子："甲骨文的排列看起来是很神秘的，现在人写的时候基本上是把它一个一个对齐。我在一篇文章里把它歪斜的规律大致地描述出来了——它不是中心对齐的，下边的字写第一笔的时候对齐上面字的一条边。这个就是甲骨文时代人们排列甲骨文的规则。但这么一发现，大家觉得我破坏了甲骨文的神秘。"

邱振中认为，有些秘密不能破解，有些东西做不到，我们也应该很坦然。知道或不知道，都很好，两种结果都没有问题。有些东西王羲之也想不到、做不到，未来还会产生一些我们今天想不到、做不到的东西。

雅昌高仿真复制研究室

下真迹一等

文 | 孙琳琳 图 | 阿灿

通过采集数据高仿真复制出的书画，很多鉴定行家都看不出复制品和真品之间的差距。“以前的鉴定是根据临摹的气息，但我们是拍照或扫描的，气息一模一样。”

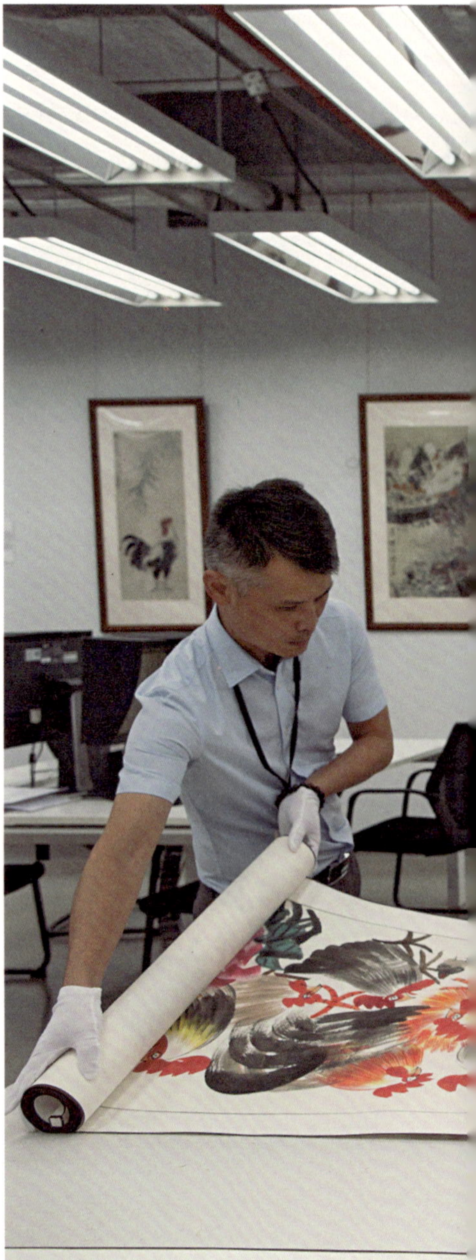

雅昌北京中心收藏了一台超大画幅相机，是日本二玄社为拍照和高仿定制的。从1953年开始，二玄社的高仿真书画一直被公认为印刷最精良的高仿品，一画难求。

但现在，雅昌的技术已经超过了二玄社，成为新一代的“下真迹一等”。

雅昌文化有限公司总经理王小斌说：“二玄社是用传统拆色的方式进行色彩调整，而雅昌是用艺术微喷的方式达到原作的效果。他们把我们的东西拿过去对比以后，承认自己落后了。现在二玄社把库存处理掉，把一部分授权给我们来进行高仿真复制，就没有再在这方面投入了。”

2017年9月，深圳雅昌艺术中心，雅昌文化有限公司总经理王小斌（右二）、雅昌数据处理中心采集中心总监潘敏君（左一）与工作人员一起采集书画数据。

雅昌复制的高仿真《洛神赋图》（局部），
连残缺和霉点都会一一做上去。

组图：做鉴证备案时，雅昌会对书画的化学物质含量进行记录和对比。就算将来画面褪色或破损，里面的元素不会改变。

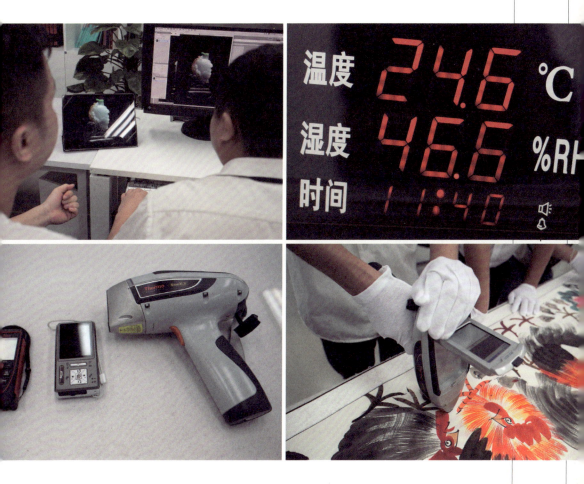

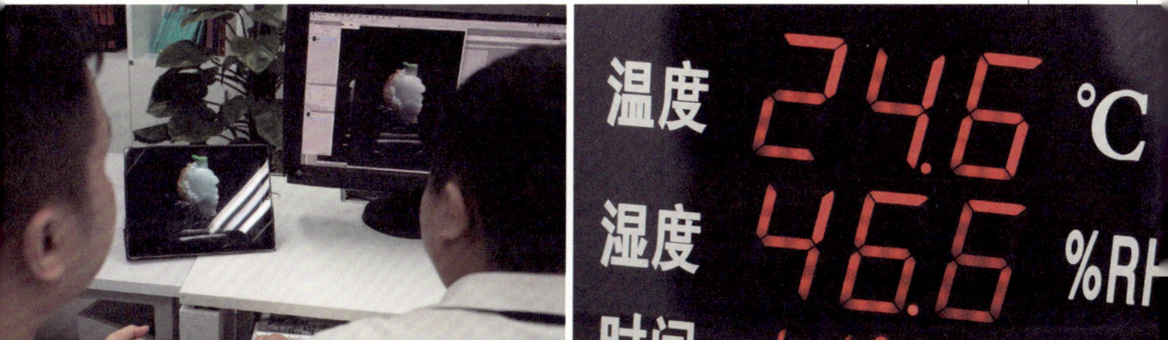

以艺术出版著称的德国出版社Taschen也是雅昌的客户。“他们难度最大的书一定是我们印刷的。”王小斌说。

高仿真就是连霉点也要照做

王小斌还记得2006年的安徽泾县之行，当时他带着研发团队千里迢迢去为高仿真复制寻找合适的宣纸。十年前交通还没有那么方便，一行人坐飞机到杭州，又从杭州坐大巴到宣城，再从宣城坐三轮拖拉机来到泾县。

到了泾县，他们直奔最有名的红星宣纸厂，第一道就吃了闭门羹。红星拒绝了他们的合作邀请，并说自己是搞批发的。“最后我们没有跟红星合作，而是在泾县物色到了一家五六个人的家族工坊，专门为我们定制宣纸，只为我们做。”王小斌说。

找到好纸，只是高仿真复制的第一步。生宣是透气的，如果不加处理就在上面直接打印，图色就会走样。为此，雅昌又请来化工专家合作研发，并在东莞专门定制了涂布机，来为宣纸上涂布胶。

雅昌数据处理中心采集中心总监潘敏君介绍："上过胶的宣纸像熟宣纸，但是比熟宣更熟，有更强的附着力。"

这项工艺雅昌研发了很久，不同年代的书画需要不同年代感的宣纸。为了让色彩精确还原，涂层的厚度是多少、干燥时间是多少，都要精心控制。

每复制一件新作品，雅昌都要找到最接近原作的材料。一些手卷，连背面的泛黄、霉点他们都会一一做上去。

图像方面，5.2亿像素的扫描，能清晰地还原画面，出来的效果可以乱真。虽然如此，你却很难看到雅昌高仿真书画的踪迹，这是因为他们复制并非为了在市场上销售，绝大多数复制后的成品都交还给了文博机构。

数据是如何采集的?

与雅昌合作的文博机构非常多，故宫博物院、中国国家博物馆等都在其中。数据多是为保护和研究而采集的，与常书鸿时代呕心沥血的临摹相比，技术上是突飞猛进了，虔诚的心却一点都没有变。

雅昌的数据采集分几种方式，一是精度特别高的扫描。他们会把设备搬到文博机构，尽量靠近库房，因为文物出库都有很严格的要求。

潘敏君还记得2002年去辽宁省博物馆（简称辽博）采集数据的事。那个冬天特别冷，辽博的库房都在很深的地下，工作人员在库房外面划出一个区域给雅昌用，没有窗户，也没有供暖，他们就在冰窖一样的环境里工作了两个月。

在采集的数据中，辽博授权雅昌将《瑞鹤图》等名作限量制作成高仿真书画。潘敏君说：“我们会做得稍微新一点，让它复原一点点。有文物的气息在里头，但又不是跟文物一模一样。辽博老馆长杨仁恺说，你们做得挺好，把我们的画往前移了300年。”

另一种方式是拍照，布达拉宫的壁画数据采集用的就是这种方式。从2012年到2015年，为了布达拉宫项目，潘敏君和他的七人小组在拉萨工作了四年。

“我们有扫描设备，但是布达拉宫这个建筑的结构不允许大型设备进去，就连用简易设备都很困难。因为它是土木结构的，总共13层。因为高原反应，我们的人连简易设备都搬不了，要请本地人帮忙。拍摄时最高的地方有9.6米，所以灯光、器材、相机都要上到9米高的地方去，十分困难。”

这次数据采集，布达拉宫管理处也是下了决心要做好的，为将来的保护和修复留下依据。此前他们没有做过任何一次普查，有多少壁画都不知道，就连手工记录都没有。所以过去不会轻易挪动的佛龛，这次都搬开看了。“有些地方我们觉得是有画，但其实是画了一半就没了。”潘敏君说。

这次采集到的所有数据，最后全部交还给了布达拉宫。

为书画做DNA鉴定

深圳深云路上的雅昌艺术中心有很多吸引人的元素：10层楼高的全球最大艺术图书书墙、印刷车间里穿白衬衣开工的印刷工人、曾刊登在美国《时代》周刊封面的乔布斯肖像照……但最神秘的部门，还要数高仿真复制研究室。

面对通过采集数据高仿真复制出的书画，就连很多鉴定行家都看不出复制品和真品之间的差距。潘敏君说：“以前的鉴定是根据临摹的气息，但

雅昌艺术中心拥有全球最大的实体艺术书墙，收藏了
10个语种、2000家出版社的50000种艺术图书。

我们是拍照或扫描的,气息一模一样。”

王小斌说:“我们现在卖高仿真书画越来越少了,做艺术教育多了。连装裱我们现在都没有,就是做好画心交给客户,他们自己再去装裱或展出。”

甚至有拍卖公司把雅昌的高仿真书画错认成真迹,王小斌认为这是检测工序有问题:“高仿真复制和原作还是能鉴别出来的。我们的高仿真复制基本上是用微喷技术实现的,而原作的墨是用颜色调出来的,用仪器看得出边缘色相的不同;第二,艺术家原作没有涂布,可以噙墨,而高仿真的墨是浮在上面的。”

技术进展到今天,看也要相应地发生变化,不能再停留在原有的传统方式上去看一个东西。看,也要用科技、用工具、用方法。

“所以我们在鉴定的时候,有一项叫工业品筛选。艺术家是靠眼睛辨别作品是不是他画的,但作品是不是工业仿制品他分不出来,就由我们来负责筛选。”潘敏君说。

正是因为高仿真可以做到如此逼真,雅昌还开辟了艺术品鉴证备案业务,为艺术家和收藏家提供保障。

王小斌说:“我们会采集作品的高清数据和物理成分,不管过多少年,褪色也好,受损也好,技术参数都不会变。”

空间营造

鲁班锁

《太族始和
清，纸本设
90cm×54.5
皇家画师丁
画作，现藏于
故宫博物院。

中国空间精神进化史

文 | T' esdouze

画家叶放说，我们现在的设计太缺乏伦理道德，因为它没有敬畏，也没有尊重，少了很多“空间精神”。“空间精神”是中国人的情境语言，它体现着工艺的精度、建筑的尺度和城市的发展速度。

毫不夸张地说，榫卯的出现，为中国人的生活空间提供了某种自然美学的参照标准。

被外界鼓吹为“融力学、数学、美学和哲学为一体”的榫卯结构，确实担得起如上的赞誉。这种无需借助钉子等硬金属，便能连接不同物体的结构方式，与中国人传统中的“天人合一”思想不谋而合。

最为关键的是，与其他依靠硬金属连接组合的结构相比，榫卯不会“锈（秀）”。这种俏皮的谐音式解读，兴许也是国人“不张扬、求务实”的传统思维在空间结构的一次双关表达。

2014年，李克强总理向德国总理默克尔赠送了一份“神秘礼物”：鲁班锁。根据“榫”“卯”相互契合的原理，鲁班锁由六根内部有槽的铝合金条组成，铝合金条在横、竖、立三个方向各两根凹凸相对咬合在一起，由此形成了一个内部榫卯相嵌的结构体。

鲁班是中国工匠鼻祖，鲁班锁代表的则是一种中国“工匠精神”。如果说“榫”和“卯”几乎伴随了中国古代人造房子、建空间的整个过程（古代的民居、宫殿等均由木头所造），那么鲁班锁也与七巧板、华容道、饮水鸟等智力游戏一道，让民间智慧和空间创意不仅仅停留在“一榫一卯”的

“一凸一凹”上面。

“榫”“卯”的成就在于，用最简单的方式让彼此毫无关联的物体相互连接，“墙倒房不塌”的说法也就此传播开来，这也使外国人每每见到如世博会中国馆等类似建筑时都会大呼吃惊：他们无法理解那些头重脚轻的建筑是怎样做到屹立不倒的，也无法想象最下层的展馆是如何承受起垒砌斗拱的“千钧之重”的。

“榫”和“卯”奠定了传统空间的结构方式，也提供了一种自然美学的参照标准，而鲁班锁则让传统空间结构从底层走向精神领域。至此，民间手工艺实现了一次升华和飞跃。

“一桥、一塔、一寺、一城”让空间走向多元和整体

榫卯创造了一种特殊的空间连接结构，而此后以“一桥、一塔、一寺、一城”为代表的古代建筑群，则让建筑空间由单一结构走向多元的整体构架。

英籍科学史家李约瑟曾这样评价李春及其建造的赵州桥：“在西方，圆弧拱桥都被看作伟大的杰作，而中国的杰出工匠李春，约在610年修筑了可与之辉映，甚至技艺更加超群的拱桥。”

赵州桥首创“敞肩拱”设计，大拱两肩砌有四个并列小拱，既节省了石料，又减轻了桥身重量，同时还增强了桥身的稳定性。这是世界上至今保存最完好、最古老的一座单孔大石桥，也是国外诸多桥梁在开建前必须参照的经典案例。

虎丘塔则是江南水乡古建筑的一张漂亮名片。建于961年的虎丘塔是苏州目前最古老的建筑，被称为苏州的“城市代言人”，也是老苏州和江南地区的地标性建筑。

同时，虎丘塔也可以算是中国“最西化”的建筑。自1368年的那一次微微倾斜起，它便跻身世界八大最斜古塔之列，成为国内仅有的能与意大利比萨斜塔叫板的古建筑。这个苏州传统地标见证了唐宋以来苏州和江南城市经济、贸易的繁荣。

和赵州桥在桥梁界、虎丘塔在古塔界的地位类似，白马寺被称作“中国第一古刹”。

两千多年前，当时社会的主要交通工具是马，而从西域前来的高僧所带的佛经、佛像等都是由一匹白马驮载而来。这座洛阳东郊的寺庙是佛教传入中国后兴建的第一座寺院，于是中国的大德们把这个寺庙命名为白马寺，以纪念马这种特殊的交通工具。

白马寺体现了封建时代建筑的典型特征。它既是汉传佛教史上的第一座寺院，又对汉地佛教有着标志性意义。这种信仰佛教同时又秉持传统建筑风格的寺庙，在中国大地上遍地开花：北京法源寺、大同华严寺、杭州灵隐寺、成都昭觉寺……

中国建筑界最气势磅礴的“城市化建筑”，是紫禁城。这个目前世界上保存最完整、规模最大的古代皇宫建筑群，通过“前三殿”和“后三宫”的建筑形式将封建王权意识表现得登峰造极的同时，也为北京城的城市规划展示了一个微缩版的范例。一个遵循“左祖右社，前朝后市”的紫禁城，也映照出一个“方方正正、环环相扣”的北京城。

一座城市的建筑越高大越另类，城市参与全球化过程中所秉持的底气就越足

长按快进键，让我们从古代飞越到21世纪，中国建筑的空间意义，完成了政治属性、宗教功用，逐渐转化为文化传递、群体意识的反映，进而成为城市形象和参与全球化竞争的另类表达。

这里依然要提到保罗・安德鲁。这个留着大胡子的法国人在千禧年完成的国家大剧院，成为中国建筑与公众互动并完成自我表达的一个标杆。

随着互联网的普及，中国公众在2000年前后开始参与城市公共建筑的讨论和评价。2000年俨然已成为这样一道分水岭：从这一年起，中国公众开始真正进入建筑审美的公共阶段；也是从这一年起，中国建筑开始显现“西化”的倾向，邀请国外建筑师设计建筑的做法开始在业界流行。

在此之后，建筑与文化、经贸、全球化等概念产生了不可言喻的微妙作用：建筑越来越成为城市文化和国家形象的表达；建筑的高下优劣，与城市和国家的经济基础息息相关；一座城市里的建筑越高越大越另类，城市参与全球化过程中所秉持的底气就越足，竞争力就越强。

与此同时，中国公众的“建筑审美”也开始进入新阶段。

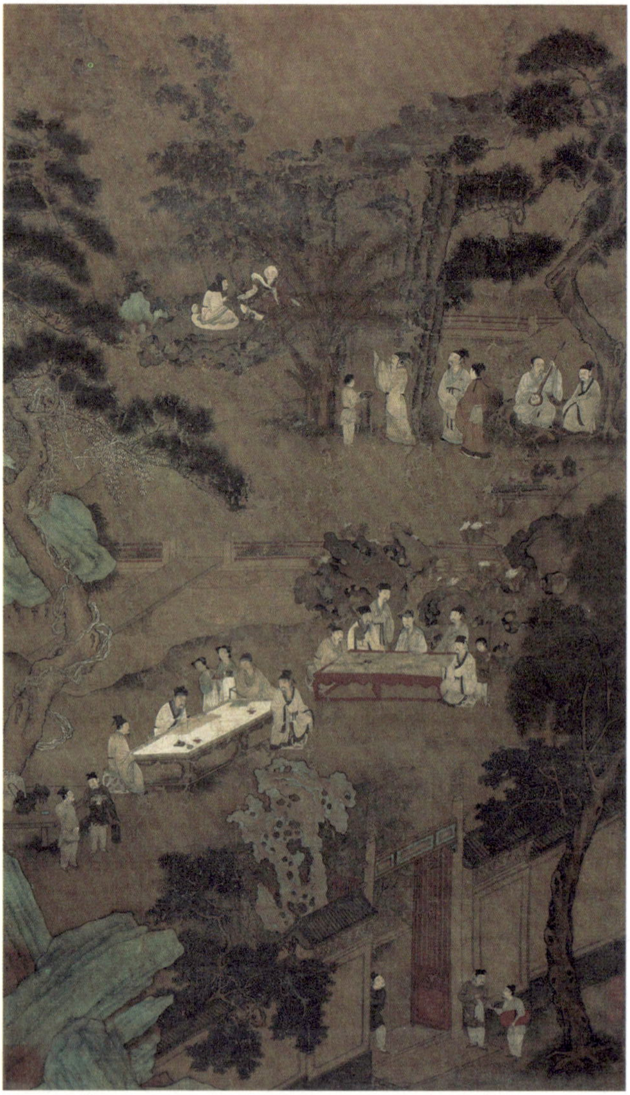

《西园雅集图》，西园是北宋驸马都尉王诜的府第，当时的文人墨客多雅集于此。苏轼、苏辙、黄庭坚、米芾、蔡肇、李之仪、李公麟、晁补之、张耒、秦观、刘泾、陈景元、王钦臣、郑嘉会、圆通大师等十六位名流曾同时被邀请游园。

与以往的漠然和事不关己相比，互联网唤醒了公众的表达欲，在网上冲浪时，他们开始养成对公共事件争先表态的习惯。

2000年，此前被公众漠视甚至忽略的一些外形奇特的公共建筑，以一种迅猛的态势被网友发现，讨论进而升级为调侃甚至谩骂。通过寻找和新建筑类似的意象，网友变为想象家和段子手，我们如今依然张口就来的“大裤衩”“开瓶器”“鸟巢”和“土豪圆”都来自那个建筑被公众化表达的年代。

此后，随着中国各城市创新型建筑的增多，公众与建筑的关系不再是“毫无缘分”。城市里的新建筑和公众口中的新评论，在那个时期形成了双向互动：奇奇怪怪的建筑催生了网民的各种发言和讨论；与建筑相关的公开发言遍地，这也让更多的新点子、新想法和新建筑风格被实验在各大城市里。

但不管怎么说，国内建筑的形式和功用，在2000年之后确实大大地增强了。2012年，建筑界的最高荣誉——普利兹克奖授予中国建筑家王澍，间接显示了建筑界里“世界”对“中国”的肯定。

“因为建筑而产生的城市问题、因为城市而出现的社会问题当然难以避免。”

新中国成立后，城市在空间规划方面总体遵循“恢复与发展”的原则，“从乡村走向城市”成为各城市规划过程中的主线。在经历短暂的“学习苏联规划和建筑”阶段后，建筑设计由最初的“建物不建人”，回归“以人为本”的宗旨。

“2000年前后，中国城市走入建筑创新的阶段，也走向了全球化背景下的时代前沿。近20年建筑空间的演变，以及城市化的潮流，都是对20世纪的一次补课。”中山大学传播与设计学院教授冯原说。

2008年的奥运会无疑是中国城市规划和建筑创新的一个关键节点。北京市政府提交的《北京城市总体规划（2004—2020）》，为此后近20年北京城的发展提前做好了规划。“两轴、两带、多中心”的空间结构被确立后，国家体育场（鸟巢）、国家游泳馆（水立方）、国家体育馆、国家会议中心、奥运村等建筑纷纷以引入国际竞赛的方式在北京立起。

更明显的空间变化体现在深圳。“效率至上”的原则在深圳的建筑更新速度上得以体现，冯原认为，这是中国城市和建筑在过去几十年里蕴藏的力量在2000年后得到的一个完全的释放和反弹。他用“反弹力”来形容城市空间规划在近20年的变化趋势，而那些现代化的建筑，则有点像全球化资本和中国在互动过程中实现的一次集中爆发。

这种“反弹力”有多强，当代中国城市和建筑“补课”的强度就有多强。“迅速发展的状态肯定有很多问题，但‘发展压倒一切’的潮流不可阻挡。因为建筑而产生的城市问题、因为城市而出现的社会问题当然难以避免。”冯原说。

●智化寺万佛阁斗八藻井●长城●赵州桥●都江堰●鲁班锁●秦始皇陵●颐和园●紫禁城●拙政园●龙门石窟
●布达拉宫●卢沟桥●天一阁●虎丘塔●白马寺●应县木塔●渠县汉阙●悬空寺●永乐宫●大雁塔

20 重器

智化寺万佛阁斗八藻井

明·现存于美国费城艺术博物馆

中国古代最高级的殿堂室内顶棚

辑 | 阿饼

在北京东城区禄米仓胡同深处，有一座建于明英宗正统九年（1444）、北京唯一留下的保持明代建筑风格的佛教寺庙——智化寺。寺中原有三座藻井，分别镶嵌在藏殿、智化殿、万佛阁三组建筑顶部。现在仅存藏殿中的这块，万佛阁斗八藻井现存于美国费城艺术博物馆，智化殿的则在美国纳尔逊·阿特金斯博物馆。

在中国古代，只有最尊贵的建筑才能使用藻井，例如皇家宫殿、敕建敕封寺庙与陵寝碑亭。藻井通常位于室内佛像、君主座位的上方，呈伞盖形，由细密的斗拱承托。藻井一般采用中轴对称的结构，垂直方向上的骨架都是最基本的几何图形：方、圆、八角等。上圆下方，正符合中国古代"天圆地方"的宇宙观。这种规则的骨架结构，使得无论在其上施以多么繁复的雕刻、绘饰或贴金，即使工匠不用一枚钉子，全靠榫卯、斗拱堆叠，藻井的整体也能保持繁而不乱，始终有一种节奏感和韵律感。

藻井的含义与象征还和消防有关。中国古代建筑以木结构为主，防火成为头等大事。古人认为井主水，在殿堂、楼阁最高处凿井，同时饰以荷、菱等水生植物，都是希望能借以压伏火魔。

万佛阁斗八藻井代表我国民间藻井艺术的最高典范。它造型独特，八层斗拱都有独特的装饰，是智化寺内结构最精美的部分：第一层是以中央圆形为团龙雕刻，上刻有龙云盘绕与蟠龙衔珠，是藻井最高一层；第二层是一圈七彩斗拱雕饰实物；第三层是八块斜板，上雕升龙、降龙及卷云；第四层是在内八角内侧做卷云莲瓣的雕刻，外围有八具三角形、八具菱形，雕有金岔角云、岔角夔蝠等，均为金琢墨，沥粉贴金；第五层是南北方向各两条通长，四周方角有条形云龙及云水雕刻；第六层是四周天宫楼阁木模，象征天庭世界；第七层是卷云卷水雕刻；第八层是放置藻井的佛龛。藻井全部置于殿内大柁之上，大柁之底原为三排佛龛，下部为宝装莲瓣。

我国已故古建专家刘敦桢认为："万佛阁之藻井，金龙盘绕，结构恢奇，颇类大内规制，非梵刹所应有。"

20重器

长城

始于西周·分布于中国北部和中部

世界上最庞大的古代军事防御工程

辑 | 阿饼 图 | IC

中国万里长城是世界上修建时间最长、工程量最大的冷兵器时代的军事防御工程。其修筑历史可上溯到西周时期，著名的典故“烽火戏诸侯”就源于此。秦统一六国后，秦始皇动用了30万人把各诸侯国长城连起来，西起临洮，东至辽东，绵延万余里，遂称万里长城。孙中山曾评价：“始皇虽无道，而长城之有功于后世，实上大禹治水等。”

汉代继续对长城进行修建。从文帝到宣帝，修成了一条西起大宛贰师城、东至黑龙江北岸、全长近一万千米的长城，古丝绸之路有一半路程就沿着这条长城，是历史上最长的长城。到了明代，从洪武至万历，其间经过20次大规模的修建，筑起了一条西起甘肃嘉峪关、东到辽东虎山、全长6350千米的边墙。

据历史文献记载，有20多个诸侯国家和封建王朝修筑过长城，若把各个时代修筑的长城加起来，有5万千米以上，其中秦、汉、明3个朝代所修长城的长度都超过了5000千米。我国古代千千万万劳动人民为它贡献了智慧，流尽了血汗，使它成为世界一大奇迹。

不论是巨龙似的城垣，还是扼据咽喉的关隘，都体现了当时设防的战争思想，而且也标志着当时建筑技术的高度成就。例如，明长城不少地方的檐墙都以巨砖砌筑，在当时全靠手工施工、靠人工搬运建筑材料的情况下，采用重量不大、尺寸一样的砖砌筑城墙，不仅施工方便，也提高了施工效率。其次，许多关隘多用青砖砌筑成大跨度的拱门，这些青砖有的已严重风化，但整个城门仍威严峙立，可见当时砌筑拱门的高超技能。

长城并非简单孤立的一线城墙，而是由点到线、由线到面，把长城沿线的隘口、军堡、关城和军事重镇连接成一张严密的网，形成一个完整的防御体系，具有战斗、指挥、观察、通讯、隐蔽等多种功能。

其中，烽燧是长城的一个不可忽视的功能，犹如今天的互联网。古代长城上，士兵基本守在烽火台，主要职责是监控长城对岸敌情的变化，一旦有变，就用烽火和烟来传递敌人数量、方位信息。烽火台作为信号传输系统，节点间的信号传输速度是1000千米，用时约644分钟，即时速93.19千米。几千千米外敌人出现的信息，一两天就能传到京城。

20重器

赵州桥

隋·坐落于河北省赵县洨河上

世界上现存最古老的石拱桥

辑 | 阿饼　图 | 视觉中国

赵州桥又称安济桥，它可以说是由一系列完美的“巧合”所组成：在没有几何学与微积分的古代中国，匠人李春依据经验，用一个“巧合的最优悬链线”，再加上“巧合的伏拱”，又“巧合地把恒载由堆土荷载变为均布荷载”，“巧合地最优悬链线完全拟合”，造就了世界上现存最早、保存最好的石拱桥，被美国土木工程师学会选定为第12个“国际历史土木工程里程碑”。

隋朝年间，赵州桥一建就是十年。其最大的科学贡献，是“敞肩拱”的创造，桥长64.40米，跨径37.02米，拱顶宽9米，是当今世界上跨径最大、建造最早的单孔敞肩型石拱桥，也是世界桥梁中的首创。同时，桥址选择也合乎设计，因为拱桥存在水平推力，对地基和支座的要求极其严苛，然而赵州桥屹立了这么多年，地基只沉降了5厘米。

这些特点有力地保证了赵州桥在1400多年

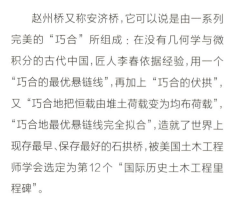

的历史中，经历了10次水灾、8次战乱和多次地震，至今仍巍然挺立在洨河之上。比如1963年的水灾大水淹到桥拱的龙嘴处，据当地的老人说，站在桥上都能感觉桥身很大的晃动，但桥都没有受损。1966年3月8日，邢台发生6.8级地震，赵州桥距离震中只有40多千米都没有被破坏。

据记载，赵州桥自建成至今共修缮9次。桥梁专家茅以升说，先不管桥的内部结构，仅就它能够存在1400多年就说明了一切。

中国20世纪50年代开始修建的石拱桥，凡跨径超过30米的，为了降低桥梁自重，都采用了类似赵州桥的空腹式拱。如果没有赵州桥，这样的空腹式拱桥会不会出现呢？会于何时出现？事实上，法国人18世纪也同样建造了空腹式拱桥，技术上独立发展，和赵州桥没有太大关系。但是，赵州桥作为桥梁技术累积的活体样本，它对材料的合理应用、对两岸地基土壤条件的判断，仍然值得后人学习。

20 重器

都江堰

始建于秦昭襄王末年 · 坐落于成都平原西部岷江上

世界水利文化的鼻祖

辑 | 阿饼　图 | 视觉中国

都江堰水利工程由秦国蜀郡太守李冰及其子率众于秦昭襄王五十一年（前256）左右所修建，是全世界迄今为止，年代最久、唯一留存、以无坝引水为特征的宏大水利工程。

都江堰水利工程最关键、最伟大之处在于其渠首工程。它共分三个部分，鱼嘴分水堤、泄洪飞沙堰和控水宝瓶口。三者首尾相接、互相照应、浑然天成、巧夺天工。鱼嘴分水堤坐落在岷江中游的顶端。它将奔腾而来的岷江一分为二，外江为原始河床，内江用于引流灌溉，其巧有二。其一是它利用内江河床低而枯水季节六成引水，外江河床宽则洪水季节六成泄洪。所谓“分四六、平潦旱”正是此理。其二是鱼嘴处于岷江中游第一弯的末端，它巧妙地利用了弯道流体力学的自然法则，即表层水流入凹岸，低层水流入凸岸。据资料表明，仅仅由于鱼嘴的巧妙“站位”，就能自动将沙石的80%排在外江，如此“过滤”后的清水舒畅地流入成都平原。所谓“四六分洪、二八排沙”说的便是这个道理，如此绝妙的设计堪为盖世之作。

水利工程是调节地表水和地下水以达到兴利除弊的工程。李冰父子治水的真实意图，还在于调节地下水的功能。“山泽相通气”是古人对自然地理的认识和总结。用现代地理知识可以解释为：山是地下两个板块相互挤压而形成的隆起，那么山体下必然就是两个板块之间的断裂带，这正是大地的经脉所在。古人耗费八年时间，劳神费力地凿开玉垒山山体，就是要将岷江水引入地下断裂带，同时调节地表水和地下水。正是因为上游都江堰的引水于地的水利措施，川西平原从“人或成鱼鳖”的蜀地，变成了“水旱从人，不知饥馑”的“天府之国”。

李冰父子不但为中华历史留下了这么了不起的水利工程，还用其“深淘滩，低作堰”“遇湾截角，逢正抽心”的治水哲思昭示后人。

20重器

鲁班锁

相传发明于春秋末期

中国古代最流行的智力玩具

辑 | 阿饼

鲁班，一个在山东妇孺皆知的名字，他的许多发明都广为人知，并流传至今。由六根木条交叉固定在一起的鲁班锁相传就是由木匠祖师鲁国人鲁班发明。鲁班锁，也叫八卦锁、孔明锁，是广泛流传于汉族民间的智力玩具，民间还有“别闷棍”“六子联方”“莫奈何”“难人木”等叫法。

所能查到的最早记载“鲁班锁”的文字出现在清末光绪年间的一本魔术书《鹅幻汇编》里，它在书中名叫“六子联方”，书中配有插图，称它“乃益智之具，若七巧板、九连环然也。其源出于戏术家”。

作为古老的益智玩具，鲁班锁的原型为建筑中的榫卯结构，在距今约7000年的浙江余姚河姆渡文化遗址中就有发现。其通体不用钉子、绳子，完全靠自身结构的连接支撑，就像一张纸对折一下就能够立起来，外观看是严丝合缝的十字立方体，但拼插器具内部的凹凸部分啮合，使鲁班锁易拆难装。

迄今为止，鲁班锁已由原来的六棒、九棒派生出了二十四锁、姐妹球、小菠萝等数十种高难度的类型，展现了一种看似简单却凝结着不平凡的智慧，成为锻炼孩子智力和动手能力的佳品。

据美国智力大师马丁·加德纳考证，鲁班锁约在几百年前传到外国。1857年美国出版的《魔术师手册》中就提到了这种玩具。加德纳还采用单元分割法来标示缺口，指出理论上的4096种样式。美国数学家比尔·库特使用电脑研究了这种玩具的诸多变化，他在1994年的著作《六片插木的电脑分析》中称，这种游戏可能的组合结果：约3500万种可能的排列方式，其中近600万种可以组合或拆开。

除了益智，鲁班锁的榫卯结构原理还大量应用于建筑设计，尤其是中国古代建筑。只要使用木头，无论是一栋房屋、一扇门窗还是一件家具，完全不用金属钉子，全凭榫卯就可以做到上下、左右、粗细、斜直连接合理，面面俱到。其工艺之精确，扣合之严密，堪称天衣无缝。它还广泛运用于传统建筑中的柱、梁、斗拱等，也应用于家具的各个关节。古代工匠手艺的高低，通过榫卯结构便能清楚地反映。榫卯结构可以说是木匠之魂。

●智化寺万佛阁斗八藻井●长城●赵州桥●都江堰●鲁班锁●秦始皇陵●颐和园●紫禁城●拙政园●龙门石窟
●布达拉宫●卢沟桥●天一阁●虎丘塔●白马寺●应县木塔●渠县汉阙●悬空寺●永乐宫●大雁塔

20重器

秦始皇陵

始建于公元前247年·位于陕西省西安市骊山北麓

中国历史上第一位皇帝嬴政的陵寝，同时也是中国历史上第一座规模庞大、设计完善的帝王陵寝。陵寝中建有各式宫殿，包括被称为“世界第八大奇迹”的兵马俑坑。

20 重器

颐和园

1764 年建成 · 位于北京市海淀区

前身是清朝的清漪园，是中国乃至世界保存最完整的皇家园林之一。

紫禁城

1420年建成 · 位于北京中轴线的中心

世界上现存规模最大、保存最为完整的木质结构古建筑群，被誉为“世界五大宫之首”。

拙政园

始建于明正德初年 · 位于江苏省苏州市

中国四大名园之一，是江南私家花园典范，被誉为“天下园林之母”。

20重器 龙门石窟

开凿于北魏至北宋年间·位于河南省洛阳市

今存有窟龛2345个、造像10万余尊、碑刻题记2800余品，是中国四大石窟之一。

布达拉宫

建于公元7世纪 · 位于拉萨市区西北玛布日山上

20 重器

世界十大土木建筑之一，被誉为“西藏历史的博物馆”。

20 重器

卢沟桥

始建于1189年 · 位于北京市丰台区永定河上

北京市现存最古老的石造联拱桥。卢沟桥同时见证了抗日军队打响全面抗战的第一枪。

20 重器 天一阁

始建于明嘉靖年间 · 位于浙江省宁波市

中国现存最早的私家藏书楼，也是亚洲现有最古老的图书馆和世界最早的三大家族图书馆之一。（图/视觉中国）

叁

空间营造

20重器

● 布达拉宫　● 智化寺万佛阁斗八藻井
● 卢沟桥　● 长城
● 天一阁　● 赵州桥
● 虎丘塔　● 都江堰
● 白马寺　● 鲁班锁
● 应县木塔　● 秦始皇陵
● 渠县汉阙　● 颐和园
● 悬空寺　● 紫禁城
● 永乐宫　● 拙政园
● 大雁塔　● 龙门石窟

20 重器

虎丘塔

始建于五代后周显德六年 · 位于江苏省苏州市

世界八大最斜古塔之一，被尊称为“中国第一斜塔”和“中国的比萨斜塔”。

20 重器

白马寺

创建于东汉永平十一年 · 位于洛阳老城以东12千米处

被尊为“释源”和“祖庭”，有“中国第一古刹”的美誉，是佛教传入中国后兴建的第一座寺院。

20重器 应县木塔

始建于辽清宁二年 · 位于山西省朔州市应县

塔高67.31米，纯木结构，无钉无铆，是中国现存最高、最古的一座木构塔式建筑。与意大利比萨斜塔、巴黎埃菲尔铁塔并称“世界三大奇塔”。

20重器 渠县汉阙

建于东汉年间 · 位于四川省东部

汉阙有石质“汉书”之称，是我国古代建筑的“活化石”。渠县汉阙是汉代文化的实物见证，也是我国现存地面上时代最早、保存最完整的仿木结构建筑。

20 重器

悬空寺

始建于北魏年间 · 位于山西省大同市浑源县

中国目前仅存的佛、道、儒三教合一的独特寺庙，既融合了中国园林的建筑艺术，又展现了中国建筑的传统格局。

20 重器

永乐宫

始建于元代 · 位于山西省芮城县永乐镇

永乐宫是我国现存最大一座元代道教宫观，也是道教全真派的三大祖庭之一。它的宫殿壁画有“东方艺术画廊”的美誉。

20 重器

大雁塔

始建于唐永徽三年 · 位于陕西省西安市大慈恩寺内

大雁塔全称“慈恩寺大雁塔”，塔身七层，通高64.5米，是“中国十大名塔”之一，也被看作古都西安的象征。

中山大学教授冯原

中国人走出大院，住进小区

文 | T’esdouze

从传统的四方宅院，到集体性的大杂院、筒子楼，再到现代化的商品住宅小区，中国人的居住历史，就是一部中国社会变迁史。

有一种说法，说四合院是中国居住发展的最终形态。

的确，四合院也许是最能融中国人居住和审美于一体的建筑载体了：3000多年的历史，大门与外界连通，有防潮砖，有透气窗，堂屋盛放传统宗族伦理，各房收起个人私域空间，檐下回廊沟通族人情感。

中国传统住宅的呈现形式多为院落布局，四合院便是这其中的代表。四合院彰显了中国人传统的居住理念。这种方方正正的建筑形态，一定程度上直接复制到了其他建筑上，“中国最大的四合院是故宫”这样的调侃也就理所当然地得以口口相传。

四合院代表的中式住宅，在现代化的进程中，不断地与西化建筑理念和实践兼容并蓄。

1900~1940年期间，伴随着现代化的进程，中国人开始向西方建筑学习西化的表达方式，很多民居，尤其是沿海发达城市的民居，开始放弃传统的居住方式，向西式建筑靠拢。

这一时期的建筑风格天然地与当时的政治局势和社会生态相关联。上海开埠后的租界区出现了一种中式围合式建筑的变种——石库门——总体布置呈现为欧洲连排式，而单体平面结构又脱胎于传统的三合或四合院。

这段时期出现的许多租界区居民楼开始显露峥嵘，西方宏大且雕砌精美的外观，让民居走在了时尚的前沿。曾经的岭南大学，也就是现今广州中山大学南校区的康乐园，就是较为典型的20世纪初期的西化建筑，再如天津租界区的西化民宅、广州的东山洋楼、开平的碉楼等。

中国北方和南方的居住方式也不尽相同。如果你留心的话，会发现从北到南，民房的屋檐是逐渐变宽的，房屋的进深和高度也在不断增大。这都与南方天气潮湿且多雨有关。北方人一般性格豪爽，这很可能和他们集中连片的聚落而居有关。

南北的建筑风格也各有差异，总体来看，基本上有“南繁北简”“南奢北朴”的说法。北方的选材注重实用性，所以多以砖、石为主；南方的民居更注重外观和技巧，材料也多以木结构、钢结构和涂料为主。

新中国成立后，中国人的居住进入社会主义阶段，这也是住房的集体化阶段。随着私人产权被消灭，城市的住宅主要是工人新村和社会主义的集体住宅，而农村多以人民公社的形式出现。单位化、集体化的生活居住方式，造就了独一无二的“筒子楼”和“大杂院”。筒子楼由一条长廊串起多个单间，因形状酷似筒子而得名；大杂院是迫于人口和住房的矛盾而出现的。总的来说，这一时期的住宅风格与苏联类似，这个阶段大概是在1950~1980年之间。

1983年，上海市住宅设计展第一次提出了以“厅”为基础的家庭生活居住模式，中国人的日常生活中心也由私人领域走向公共空间，“客厅”“饭厅”等成为中国人居住小范围里的新中心。有人曾这样总结中国人居住的“厅文化”：六七十年代是“居室式”住宅，八十年代流行“小方厅”，九十年代是“大厅小卧”唱主角，进入新世纪，“N房N厅”成了房地产市场的高频词。

这也拉开了房地产居住模式的序幕。改革开放以后，尤其是邓小平“南方谈话”后，内地的城市经济开始了迅猛的发展。

1994年的住房体制改革，从根本上改变了中国人对房屋和居住的观念。“福利分房”的时代一去不返，商品住宅进入了一个高速消费时期。

“大街上拥挤的人流和车流已将中国现代都市居民压迫到城市的各个

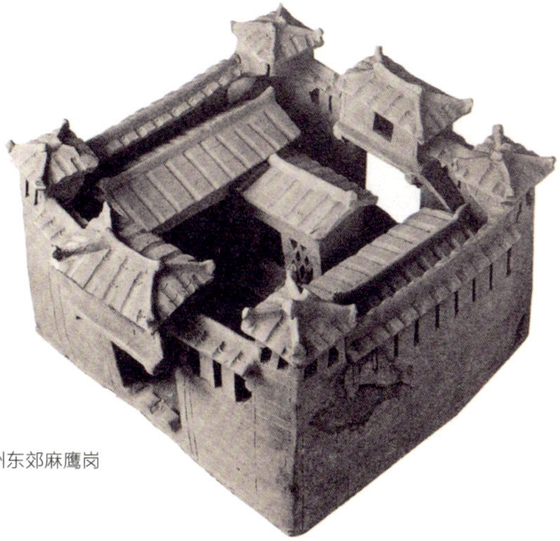

陶坞堡，东汉，1956年广东广州东郊麻鹰岗出土。现藏于中国国家博物馆。

角落，再宽阔的大街好像都是汽车这种钢铁动物的通道。人被挤上马路牙子后，可以栖息的地方永远只有自己所住的居民小区。”作家韩振远曾这样写道。

城市化的飞速发展，人口的迅猛增长，让城市用地开始变得紧张和金贵起来，人们第一次用市场的眼光打量起脚下的一块块土地，这是中国人在居住消费观念上的变化。

同样改变的还有住房的外观和风格。方方正正的“火柴盒”式传统建筑由单一走向多元，一些台级式、锯齿式的住宅开始出现，中国人再一次挑剔起居住房屋的外观装饰。这是中国人在2000年前后的“居住观”。

2000年以后，以商品房、商业小区为主的民用房遍地开花，住宅也日渐成为大宗的个人消费商品。“杂居大院”彻底隐退，“现代小区”成为主流。“小区里的生活设施，往往更具有象征意义，是一个符号、一个暗示，告诉生活在这个空间中的所有人，这里很休闲，很生态，也很宜居。从筒子楼、排子房、大杂院、四合院里走出来的城市居民，刚住进高楼林立的小区时会发现，那里不多的绿地、健身器材，还有那假山和池水，都是小区生活必不可少的。但是，要利用这些设施，就必须按照设计者规划的思路去打发自己本来就不多的休闲时光，进入一个不同以往的生活节奏。”这是韩振远的心声，也是每一个中国居民的心声。

陈占祥（左）与梁思成（右）

“梁陈方案”和中国营造学社

为建筑把脉，让空间发声

辑 | 冯嘉安

中国营造学社是梁思成在“梁陈方案”里提到的一个学术团体，更是一个对未来中国建筑举重若轻的学术组织。

首都？首堵？

如果历史给67年前的“梁陈方案”一个机会，北京是否不会像现在这样被拥堵压得喘不过气？

1950年，清华大学建筑系的两位教授梁思成和陈占祥提出《关于中央人民政府行政中心区位置的建议》（史称“梁陈方案”），建议在古城西侧公主坟以东、月坛以西的适中地点，“有计划地为中央政府行政工作开辟政府行政机关所必须足用的地址，定为首都的行政中心区域”。这个区域离天安门大约6千米。

2012年，北京提出“通州战略”，要把通州打造成功能完备的城市副中心。通州距离天安门20余千米。

2017年，中共中央、国务院决定在河北省保定市境内设立国家级新区——雄安新区，以疏解北京非首都功能。雄安新区距离天安门150千米。

“梁陈方案”后来被否决，梁思成对反对者说：“50年后，历史将证明你是错误的，我是对的。”

“梁陈方案”破天荒地为新中国的建筑形体下了定义：“中国建筑的特征，在结构方面是先立构架，然后砌墙安装门窗；屋顶曲坡也是梁架结构所产生。这种结构方法给予设计人以极大的自由，所以由松花江到海南岛，由新疆到东海岸辽阔的地区，极端不同的气候条件之下，都可以按实际需要配置墙壁门窗，适应环境，无往而不适用。这是中国结构法的最大优点……我们就可以创造我们的新的、时代的、民族的形式，而不是盲目地做‘宫殿式’或‘外国式’的形式主义建筑……自1928年起，中国营造学社就开始调查、研究全国各地区、各时期的建筑历史、型类、结构、雕饰等方面，搜集资料有照片13000余张，实测图300余种。”

中国营造学社是梁思成在“梁陈方案”里提到的一个学术团体，更是一个对未来中国建筑举重若轻的学术组织。

1927年，梁思成和妻子林徽因同时毕业于美国宾夕法尼亚大学艺术学院，随后他转入哈佛大学研究生院学习中国艺术史，但他很快发现西方学者对于中国建筑的研究难以令人满意，所以仅仅三个月后便离开了哈佛。1928年夏天他回到中国，创办并主持东北大学建筑系。1931年，他和林徽因搬回北京，一起加入了才成立两年的中国建筑研究机构——中国营造学社。

中国营造学社以天安门内旧朝房为办公地点，设法式、文献二组，分别由梁思成和刘敦桢主持，分头研究古建筑形制和史料，并开展大规模的中国古建筑田野调查工作。

1932年3月，梁思成发表了他的第一篇建筑学术论文——《我们所知道的唐代佛寺与宫殿》。与此同时，他开始了对中国古建筑遗构的实地调查，并在同年6月发表他的第一篇调查报告《蓟县独乐寺观音阁山门考》。该报告是现代中国建筑史上的一座里程碑。

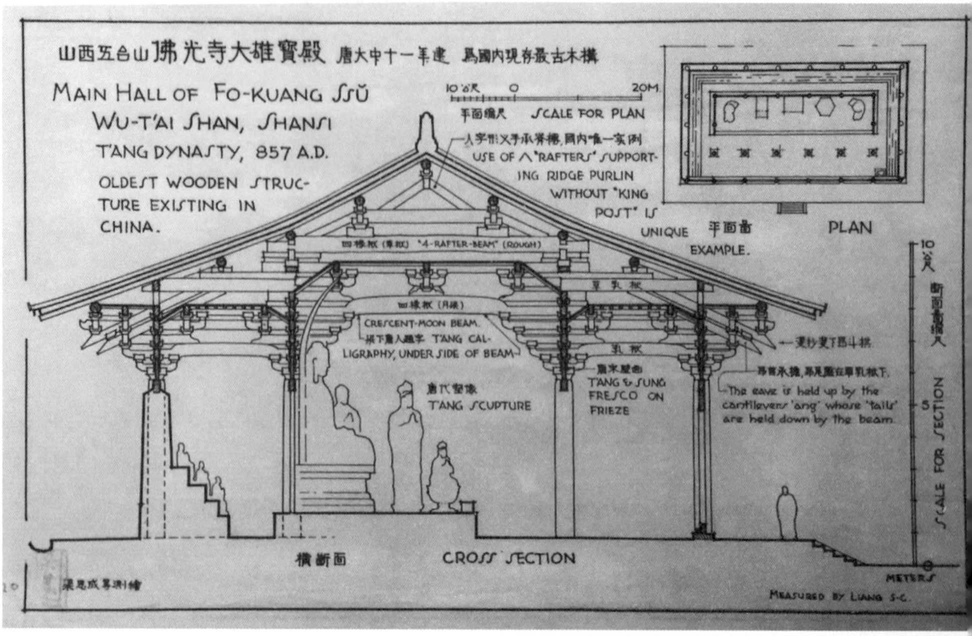

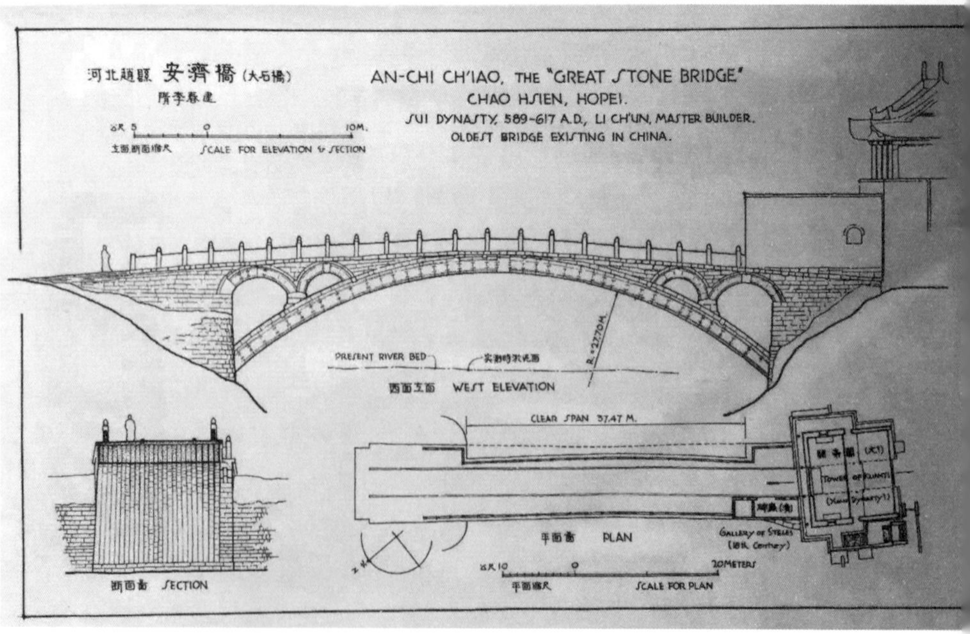

组图：梁思成手绘中国建筑史图稿。上图为佛光寺大雄宝殿剖面图，下图为隋朝河北赵县安济桥。

讨论梁思成的建筑历史方法论，我们绝不能忽视林徽因所起到的重要作用。梁思成发表《我们所知道的唐代佛寺与宫殿》一文的同时，林徽因也发表了一篇重要论文——《论中国建筑之几个特征》。这篇文章所包含的重要思想后来贯穿于她和梁思成的中国建筑史研究。

1932年至1937年间，学社成员以对待现代建筑学的严谨态度，对当时的中国古建筑进行了勘探和调查，并搜集到大量至今仍有极高学术价值的数据。抗日战争期间，中国营造学社被迫南迁，辗转经过武汉、长沙、昆明，最终落脚在四川宜宾的李庄。

抗日战争胜利后，营造学社迁回北京。但经历了战争的蹂躏，作为一个民间学术团体，营造学社资金日渐紧张，学社的创办人朱启钤也已经家资散尽。很长一段时间内，学社只能在朱启钤私宅办公，影响也日渐式微，并最终在1946年解散。

营造学社虽然在1946年以后无以为继，但它留下的学术资源深远地影响了中国现代建筑设计和建筑史的书写。

梁思成和林徽因是中国知识分子的杰出代表，他们关于中国建筑史的写作与中国20世纪二三十年代的文化政治密切相关。他们的工作除了实证性地记录和整理中国建筑遗产，还是中国现代民族主义文化建设的一个组成部分，具有很强的目的性。

他们阐明了以官式建筑为代表的中国建筑的结构原理和由此产生的形式特征，为中国风格新建筑的创造确立了中国古典的规范。

另一方面，他们依据19世纪以来在西方建筑评论中占主导地位的结构理性主义标准评价中国建筑，将它提高到与西方古典建筑和哥特建筑相当的地位，从而反驳了西方学者和中国一般公众对它的贬斥态度，并赋予它在现代建筑的条件下存在的意义。

（摘编自《梁思成文集》《梁思成“建筑可译论”之前的中国实践》及《梁思成、林徽因中国建筑史写作表微》）

建筑师马岩松

最经典的东西是我们的传统

采访 | 汪璐

今天的人要有创造力，才能把老的东西带到未来。你做什么都是在创造一种新的东西，而且新的东西跟传统有着一种对话，我们继承的是一种精神层面的东西。

经典，实质是一个精神话题，就如气质。比如说人，从古代到现代，再到未来，从肉体上说，我们就那么大一块肉，就那么多血，吃饭喝水，从生物的角度来看就这样了，身外的东西在改变，最重要的是代表着一个精神的变化。我不认为复古跟经典有什么关系，它们之间差太远了。我觉得经典是一个没有时间的永恒的情感的东西，很抽象，没法变成一种风格或者一种试验，或者视觉，它是一种情感的东西。复古那是一种情绪问题，也就是你突然想起突然喜欢古时候的那个风格、建筑、服装或音乐。

建筑的经典我觉得就是那种永恒的东西，没有时间感觉的东西，没法用时间来测量，但跟时间有关，无论什么时候，它都能感动你的这么一种建筑。建筑最基本的是和人之间的关系，和人内心的关系，和自然的关系，这本身就是一个永恒的话题。从第一个建筑物起，到现在正在建的建筑物，乃至到未来，都是在围绕建筑物跟人以及自然的关系展开讨论的。

中国的传统认为，人不是世界的中心，在一个建筑群里面，总是强调一个群里面有一个空间的序列概念，而不是像西方强调个体的一个概念，比如说园林里的亭台楼阁，缺一不可，少一个都不完整。比如说四合院，建筑如围城，中间的院子特别重要。而在西方，体现的物体特别重要，在中国，人觉得自然第一重要，物质是其次。昨天的是古，几千年以前的也是古。在建筑上，东方跟西方的精神完全是不一样的。就如哲学，自然是第一位，人是第二位，这就是中国古建筑的组合方式。如果你觉得人是第一位，这是西方建筑的组合方式。这个根本的东西是可以流传一亿年，随之转成一种哲学，这才是经典。

复古只是换换口味的情感倾诉

古时候，人与自然是一种关系，现在人与自然也是一种关系，未来，人与自然还是一种关系。不管技术怎么改进，也不管建筑材料发展到什么样的地步，也改变不了人与自然的对话。在东方，人还是会把自然放在第一位，我想，这就是一种传承。而不是说一定要仿古人用木头盖房子，我觉得那都是表面的东西，是一种换换口味的情感倾诉而已，他们只是讨厌自己现在眼前的东西，只想让自己换一下口味。就如吃饭，吃厌了这家饭馆，就换另外一家，或吃一顿以前小时候吃的东西，这只是一种意识，一种情绪，我觉得跟传承没什么关系。可能这个社会有很多东西来源于这种情绪，一个是对眼前的世界觉得自己太没有控制力了，太不了解过去了。

我们都是历史长河里的一个小点，要成为经典，首先要探索本质的问题。如建筑，你得探索人跟世界的关系是什么，建筑跟世界的关系是什么，人跟自然的精神方面又是什么。西方的宗教在很长的一段时间里形成了一种形式，这里面，体现了对天的崇拜，这也是一种经典。物质的，又是临时需要，就如复古，这可以说是一种临时的需要，也可以说是精神上的需要，但终究还是非常物质，因为看到的是表象，是一种视觉上的感觉，这不属于经典的范畴。

四合院的空间本身是一种经典

古典里面有很多经典的东西，比如音乐就有很多灵魂的东西，在今天，我们把这些音乐定义为古典音乐。比如贝多芬，虽然难以避免会沾上不少政治方面的东西，但是从音乐里面你还是能感觉到他内心想表达的精神层面，这种情绪在几百年几千年以后，还能够让听众产生共鸣。

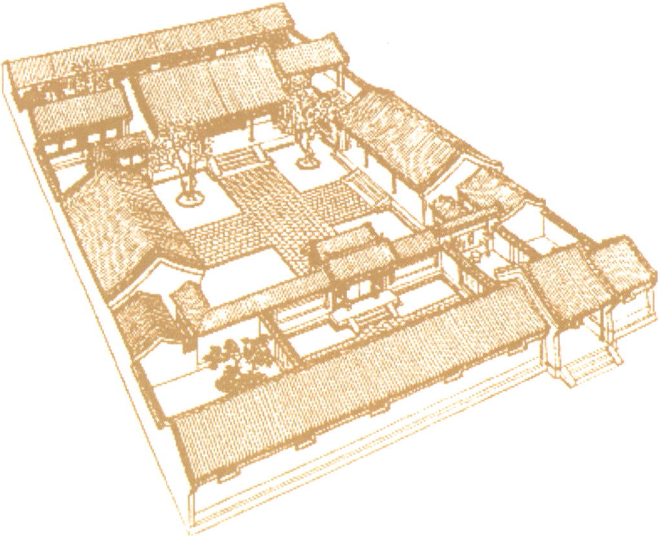

作为民居，建筑中必然寄寓了驱邪祈福等信仰观念。

上图：北京经典三进四合院透视图。北京四合院的方位布置渗透了周易八卦象征义，还受古代昭穆制度影响。昭穆制度起源于原始社会父系家长制，反映在宗庙次序上，始祖庙居中，以下父子（祖、父）递为昭穆，左为昭，右为穆。/下图：花萼楼，位于广东东北部的梅州市大埔县大东镇联丰村，地处粤闽交界，建于明朝万历年间，距今已近400年的历史。花萼楼坐西北向东南，背靠虎形山，面向梅潭河，属客家围屋中的圆楼建筑。客家围屋集居住和公共活动空间于一身，外圆内方象征天圆地方，寓意家族外遵循天道、内长幼有序，族规法度井然。

建筑的本身是要有功能性，这是最基本的，而后再考虑建筑更高一层的要求，如社会性、政治性、艺术性等。建筑的实用性跟它的形与神是不在同级关系里，它们是三角形，功能是最基本的考虑。形会一直在变，而神应该一直被传承，这才是经典。

很多建筑能做好功能性，但是能做好其精神性的却不多，所以我们身边经典建筑不多。悉尼歌剧院，花了很多钱，盖了十多年，这就是一个经典。在建筑里体现出来的那种精神可以一直放在那里，它就接触到了精神的最高层次，但这也不是所有的建筑都得去做到那一种高度。

在老房子上加这个设计，不只表现在功能方面，这反射的只是表面，应该把周围的老房子、树、地面等都反射进去，这些想法是今天我想加进去的，可能明天，或者未来又有别人做了不一样的东西。我觉得这是一种动态的保护，就是让它一直有活力，几千年以后一直能代表不同时代来体现生活。

最经典的东西就是我们的传统，第一，它有创造力；第二，它说真话。这东西要是不能继承的话，就不要谈什么尊重传统了！今天的人要有创造力，才能把老的东西带到未来。不能说我们这一代人只是去保护传统，或者是去复制传统，那这个时代就没有意义了。你做什么都是在创造一种新的东西，而且新的东西跟传统有着一种对话，这个东西必须是跟传统不一样的，那么我们继承的东西是一种精神层面的东西。悉尼歌剧院是现代建筑里面少有的经典的东西，欧洲在“二战”之后的建筑，那时候建筑的功能性是第一重要的，考虑得更多的建筑成本，还有建筑时间，希望能在短时间内完成好让“二战”后的人们有地方住。这个时期很少有经典的建筑出现，直到悉尼歌剧院，它使用了很多现代的技术现代的材料，但是最关键的还是它讲述了人跟自然的关系。我在水边，我想有一个公共的建筑，让人觉得，跟自然接触的情绪又来了。

经典就是经典，它是一条线，现在从我们眼前经过，我们都是这条线上的贡献者，是我们把这条线连接起来。

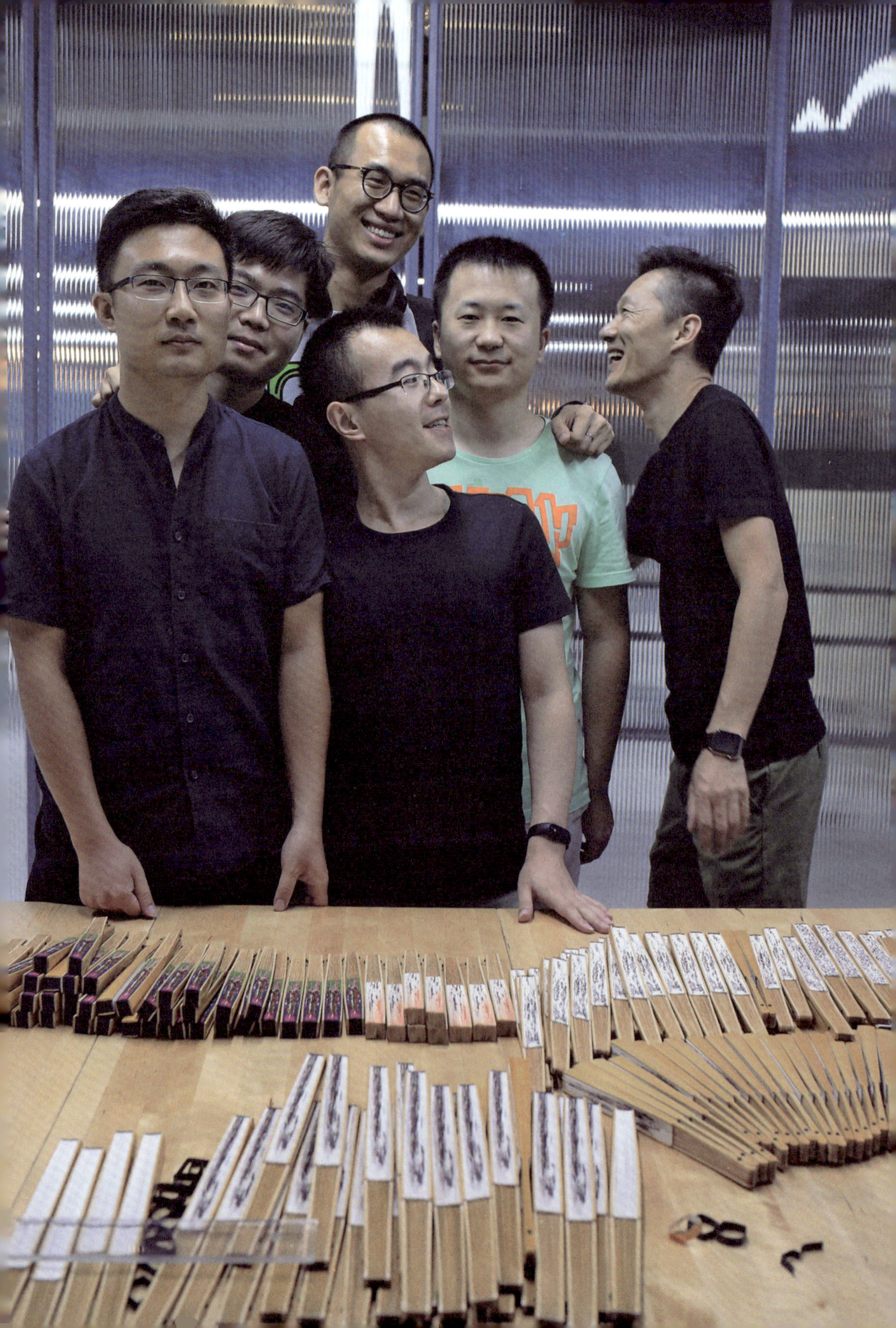

“榫卯”把孙勇带到了一条传播传统文化的路上。

“民艺系列”App开发者孙勇

过去玩榫卯，今天玩折扇

文 | 孙琳琳 图 | 阿灿

艺术家不懂技术，而那些技术狂人不懂审美。Tag Design团队的出现，能够把两端很好地连接起来。在孙勇的带领下，他们把传统文化和艺术里的东西消化了，重新输出。他们做“榫卯”，做“折扇”，下一步可能还要做“笔”，做“墨”，做“纸”，等等。

2016年7月，Tag Design搬入望京诚盈中心。图为办公室内景。

2014年6月5日，一款叫“榫卯”的App在App Store上线；6月10日，成为最美应用官方推荐；6月12日，成为App Store优秀App首位推荐；7月4日，被评为6月最佳App。到了这一年总结的时候，“榫卯”当选为App Store年度优秀App、小米年度最佳应用，获得豌豆荚年度设计奖，并入围极客公园互联网创新50产品。

因为“榫卯”，开发者孙勇和他的公司Tag Design火了。蒂姆·库克来了，商业客户来了，天使投资来了，粉丝们也来了。

孙勇没想到，对传统文化的私人兴趣，竟然引来如此多的共鸣与呼应。

“榫卯”没有商业模式

孙勇的前半生有三个关键词：艺术、设计、互联网。他的职业履历简单

来说是这样的：

1997年，有了第一台电脑。

2004年，在一家SP（Service Provider）公司做设计。

2005年，进了百度，次年辞职。

2007年，孙勇说这一年“出了一件大事，iPhone发布了”。

2009年，进了代理诺基亚的深圳天音通信发展有限公司。

2011年，他创办设计公司Tag Design。

2013年，开始做“榫卯”。一年后，“榫卯”当选App Store年度优秀App。

Tag Design是一家商业设计公司，曾为嘉德、一席、卜石、ONE、松果、寺上美术馆做过App。“其实我干过很多事，有时候一两万的活也得接，蚂蚱也是肉，你得活下去。所以我们是跌跌撞撞活到现在的。”

“榫卯”问世时，还只是Tag Design的一个副线产品。

为什么要做“榫卯”？孙勇说：“因为在那之前，公司业务不是特别明朗，小伙伴们的士气也不是特别高，所以我就很焦虑。”

焦虑的时候，他翻看梁思成的《中国古建筑调查报告》和王世襄的《明式家具研究》，发现榫卯和斗拱都是书中一提再提的东西。这些书都是平面图，看着特别累，这时一个灵感出现了，就是能不能用三维的方式把榫卯做出来？能不能做一个App？

“2013年下半年，我开始琢磨这件事，11至12月着手来做，过完年就火力全开。”

最初，做“榫卯”完全是因为孙勇获得了一个灵感，渴望看到它实现。当时他跟大家讲，大家也很不能理解。但孙勇还是一意孤行，一定要实现这个想法。

“提出要做这个以后，我看了大量的书，还把书里有关的内容都贴上小黄签，拿给设计师看。告诉他们榫卯是什么，跟中国传统文化有什么关系，他们需要做什么。”

就这样，孙勇说服了所有人，大家都觉得做这个肯定好玩，而且App Store上没有这个东西，于是就做了。

在“榫卯”出现之前，Tag Design一直是亏钱的。“当时我知道做这个很贵，知道要做好几个月。但如果2013年‘榫卯’没有把我们带到一个很好的境地的话，这间公司就不存在了，我们早就解散了。”

如果每件事都可以分两半，孙勇会把前一半想得很清楚，后一半他就不管了。“有人问我‘榫卯’的商业模式，我会说没有商业模式，不赚钱。”

孙勇希望探索自己的极限，看看自己到底能干什么别人不能干的事，他希望干一些别人拿钱都干不了的事，“榫卯”就是这样的一件事。

从“榫卯”到“折扇”

2015年10月，苹果公司CEO库克到访Tag Design。

2016年7月，Tag Design搬入望京诚盈中心。

2016年12月，Tag Design拿到了天使轮投资。

“榫卯”出现之后，得了很多奖，苹果公司也注意到了Tag Design团队的存在，非常支持他们。

“我们现在跟苹果公司走得很近，但不是那种近。别看它是一个最富有的公司，但很另类。苹果公司鼓励我们，但不会直接给我们钱，也没有任何优先。他们的标准是你必须做得非常好。他们只是鼓励你，给你带来关注度，但是并不关心你是往下走还是往上走。那就看你自己了，你也有可能晚节不保。”

“榫卯”给孙勇带来了知名度，也给公司带来了生意和投资。但是他明白，现在是把这一页翻过去的时候了。“如果‘榫卯’就是最高峰，那你这公司就够呛了。”

2017年7月，孙勇把“民艺系列”又向前推进了一步，“折扇”上线了。这个App主要介绍传统竹制折扇的形制、材料与工艺，还可以通过互动栏目体验折扇的制作过程，并支持直接跳转到网店，购买实物折扇。从气质上来说，“折扇”和“榫卯”是完全不同的。为“折扇”画扇面的五位艺术家X2R、黎明、蚂蚁八手王、文那、早稻，都很年轻、很潮。随着“民艺系列”的推进，Tag Design的产品不再仅仅是孙勇趣味的体现，而是调动了整个团队的智慧和审美。

“这个公司没有成为我的阴影之下的公司，我只是参与其中的一分子。我的审美在里面，它是一部分，不是全部，这是最美的一点。”

“榫卯”把孙勇带到了一条路上，这条路他现在仍在探索。“我想找到一种方式，输出美的东西。我想找到一种商业模式，支撑这种输出。”

艺术家不懂技术，而那些技术狂人不懂审美，Tag Design这样的团队的出现，能够把两端很好地连接起来。在孙勇的带领下，他们把传统文化和艺术里的东西消化了，重新输出。他们做“榫卯”，做“折扇”，下一步可能还要做“笔”，做“墨”，做“纸”，等等。

孙勇说：“我很喜欢我现在的状态，每天都能发现新东西，每天都在学习。我有一辆汽车，我有一辆自行车，我还有一辆滑板车，我很知足。”

《世纪末人文图景》草图，1994年。这是傅中望第一件当代意义上的榫卯作品。

雕塑家傅中望

我要把榫卯变成一种精神符号

文丨孙琳琳 图丨阿灿

“榫卯肯定不是未来建筑和家具的趋向，它的技术已经到顶端了，造型系统也很完善了。我们再用它，只能是作为一个精神和文化符号。”

傅中望
手能力很
人。他也
雕塑是
很累的活

傅中望的小工作室是一个榫卯的大宝库。

他的宝物，包括1988年做的第一件榫卯蜻蜓、最近才用构骨树枝雕成的蛇形物、旧货市场淘来的一堆旧刨子、小孩玩的木手枪、报纸印刷用的铅字，还有学生做的小型雕塑习作，等等。这些东西绝不刺激视觉，但是随便捞起一件，他都能讲出精彩的典故来。

不管阅读、思考、见客，还是休息，他就坐在屋子正中一把敦实的旧木椅上，椅子边缘写着“美工队”三个字。这把椅子是他的安乐椅、充电桩，也是他造物的连接点。从这里出发，他本身就像一个榫卯，将一种传统文化与当代生活紧紧连接在一起。

他的艺术就是榫卯。

1988年，傅中望找到了榫卯。

他有天去武汉大学参加一个当代建筑研讨会，某建筑师在谈到西方现代建筑和中国建筑的关系时说：立体构成是西方现代概念，但中国的榫卯其实就是立体构成。这句话点醒了傅中望。

“对呀，我这么喜欢木工，怎么没有意识到这个问题！”他兴冲冲赶回家，马上就做了两件作品：一个是知了，一个是蜻蜓。这两件作品虽然都很具象，但第一次，他用上了榫卯结构。做了这两个形象之后，傅中望高兴得不得了，感觉终于找到了适合自己的方法。

傅中望小时候生活在汉口，隔壁有个老木工，手艺特别好，尤其是工具做得特别好。“只要放了学，我就围着他。他拿东西我就帮他拿，像当助手一样。时间久了他觉得这小孩还很听话，教了我很多东西。”

傅中望动手能力强，家里的家具都是他打的，他当过学校木工组组长，还给生产队修过农具。“文革”时备战备荒，家家户户纺线却没有纺线机，他索性造了十几台，分给邻居的女孩们用。

20世纪80年代，具象雕塑是绝对主流，绝不会有人想到用榫卯做雕塑。而他喜欢的西方现代雕塑简洁、明确、有个性的特点，榫卯结构也都能做到。

榫卯意外又笃定地楔进了他的生命。从此，他的艺术就是榫卯。

和榫卯盟誓之后，傅中望决定先把榫卯的价值和意义了解透。一看文本，他把《天工开物》《营造法式》等中国古代关于榫卯结构的典籍翻了个遍。二看建筑，看中国古建的深层内部结构是怎样构成整体的。“故宫我跑得很多，去看天、看地、看结构，不看表面装饰。”三看家具，“明式家具是中国榫卯结构的一个极致。在欧洲很多工艺美术学院，学设计的必须要了解明式家具的技术、造型和文化背景”。四看工具，因为没有榫卯结构就没有农业生产工具，人就使不上力、做不好活。

1989年，他宅在家里画了很多草图，同时找了几个木匠帮手，做了一大批榫卯作品。

批评家鲁虹当时在武汉《长江文艺》当美术编辑，他说：“你这个东西我从没见过，所以一定要在我们杂志发表。”同一年，傅中望的榫卯作品参加了第七届全国美术作品展，是展览上唯一一件比较抽象的东西。很多评委都说这玩意儿怎么能参展。但北京雕塑界的老先生们看了觉得很好，还给了他一个铜奖。

这之后，傅中望的榫卯系列先后在《江苏画刊》《中国美术报》《美术》杂志等艺术界的重要媒体上发表，在国内引起了很大的反响。

“他们说这么简单的一件事，怎么就被你做了呢？其实我就是从自身的文化背景出发来做作品的。”

1989年这批榫卯作品延续了挺长时间，但之后也经历了更长时间的停顿。“后来我提出异质同构的概念，才又把它打开了。当我把金属、石头等现代材料引入，一下觉得这个天地太大了。”

用现代思维看待传统资源

傅中望在本土雕塑和文化中受益良多。“我在湖北省博物馆干了将近10年，编钟、木雕、漆器，这些东西我长期都在复制。编钟全是榫卯结构，挂钟的横梁全是由铜和木头穿插制成。可以说编钟就是一个很好的大装置，把所有东西都集合在上面了。”

傅中望着迷于这些东西，但他是用现代思维方式和观念来看待传统资源的，并重新加以改造和利用。如果陷在复制的逻辑里，就永远走不出来，就陷进去了。

1994年，傅中望创作了《世纪末人文图景》，把大榫卯摆得满地都是，这是他第一件当代意义上的榫卯作品。这件作品参加了在北京中央美术学院画廊举办的五人雕塑展“雕塑1994”。这个展览，是中国雕塑进入当代视觉的一个重要标志。

“巨粗的木头，我一段段把它锯下来。当时木匠觉得我这个行为很奇怪，一直问我这么好的木材为什么要锯断。”直到今天，给傅中望干活的木匠还是觉得他很奇

傅中望收集的报纸印刷用的铅字，作为现成品艺术的资料。他对一切阴阳凹凸关系感兴趣。

组图：29年来，傅中望实践了榫卯的各种可能性。国家科技馆为推广榫卯结构的科学技术发展史，专门邀请傅中望2018年去做一个个展。

怪——给别人做的东西都能用，给傅老师做的东西都不能用。但这样的东西能成为作品，还能在国内外展览，他觉得不可思议。

榫卯不再是工匠的手艺，它变成了艺术家的思想。

傅中望一直坚持着雕塑家的趣味，使用硬质材料，就是能够放得久的那种。“物质的东西一定要能经得起时间和外力的考验，我不会去做一些瞬间就完的东西。材料要结实、耐久，这可能是我长期从事雕塑创作的习惯，和画家、观念艺术家做雕塑都不一样。”

傅中望常用的材料分两种：一种是自然材料，还有一种是现成品，它是有特定文化指向的。不管是什么材料，都通过榫卯概念和这个时代、和现实找到了一种关系。“思路完全打开以后，有些作品你可能都看不出其中的榫卯结构关系。”

榫卯是关系

傅中望榫卯艺术的又一次突破性进展发生在2015年。

那年四月，他在北京798艺术区展出新作《大木作》，满墙满地的长短榫、楔钉榫、燕尾榫、抱肩榫、粽角榫、夹头榫……在中国建筑轴线意识的主导下，整齐排列，形成了一个场。这些榫卯大家都很熟悉，这种呈现方式大家又很陌生。它们之间好像都有接起来的可能，但傅中望偏偏一个也不让它们接。“不接，就是不想让它们媾和到一起，而是保持着相互之间的可能性。”

数百件榫卯，都是傅中望亲手排列摆放的。哪些横向，哪些纵向，哪些立起来，哪些放倒，艺术家在现场亲手控制变得尤为重要，因为摆放的核心是对关系的衡量和处理。

开幕那天来了很多人，傅中望做了几十年的艺术家、十几年的馆长，结下的各种关系济济一堂。在《大木作》里，大家插空站着、聊着、拍着，人和物形成了一个整体，每个人都是一个榫卯。个体之间有关系又没关系，整个场域中形成了一种很模糊的东西。这模糊的可能性，正是很多人喜欢《大木作》这件作品的原因。

“榫卯结构存在了几千年，河姆渡时期就有了，发展到明清时代，各式各样都很多，应用非常广泛。但以前人们只是把它当作一种技术手段，没有把它作为艺术语言。我的工作就是要把它转换出来，把技术性的东西转换成精神符号，转换成一种能够表达意识的语言。”

艺术创作要求傅中望不断去寻找和当代的关联性，不断找到新的表达。在与榫卯

29年的相处中，因为担心自我重复，他也曾几度陷入沉默，好在最终都成功地驯服了榫卯。

“很长时间我都不敢相信，学了那么久雕塑，怎么就回去做榫卯了。可能确实是天生对这个有兴趣。这么多年做下来，我的作品也在不断变化，但始终和凹凸有关系。如果仅仅是取榫卯的形式，可能就走向抽象，走向样式了。我一直想在这里面求得一点变化，不在乎多少。”

榫卯来自生活又接入生活

中国传统建筑中，山西的应县木塔是傅中望最喜欢的。“那个是很牛的东西，是木结构之最。能够筑几层那么大的体量，它的结构非常棒，而且非常好看，特别有张力，特别有力度。”

2015年，傅中望在合美术馆做了手稿展“构物思迹”。有几组创作于1989年的水墨画，就是受应县木塔的影响而画的。“那个画得比较早。鲁虹开玩笑说，这些画当时如果推出来，我可能就成了当代水墨画家了。”

另一个给傅中望很多启发的建筑是湘鄂西的吊脚楼。吊脚楼依山就势而建，属于民间智慧，不像营造法式是宫廷建筑的规范，只有皇帝才能用。还有农业工具、漆器的木胎、汉字的结构，傅中望从这些中都汲取了很多养料。

“表面造型对我来说不重要，内部结构才重要，连接点才重要。说到连接，最早有榫卯的接点，工业革命以后又产生了焊接、铆接，到现在各种接点就太多了，所有的线路、插头都是一种连接、一种榫接。”

几千年来中国人始终没有离开过榫卯的凹凸、阴阳、虚实关系。

用榫卯对当代生活表态，就不会仅仅陷入传统的榫卯结构中。傅中望提出异质同构，不让榫卯件连接在一起，都是在将榫卯概念接入当代生活。

傅中望说：“榫卯肯定不是未来建筑和家具的趋向，它的技术已经到顶端了，造型系统也很完善了。我们再用它，只能是作为一个精神和文化符号。”

中望现在
的木匠已
跟了他十
年。傅中望
的图、做的
案，他基本
以实现。

日常生活

唐代鎏金银香熏

哪个朝代的人最会生活?

文丨谭山山

问你最愿意生活的时代,其实是想让你回答最喜欢的时代,从中可见你的三观以及对生活方式的理解。

在《前朝梦忆》一书里,历史学者史景迁用整整一章的篇幅,记述了士人张岱念念不忘的晚明的生活意趣。

“张岱一族住在绍兴,绍兴人几乎生来就会品赏灯笼,盖因此地富庶繁荣,住起来舒适惬意,多能工巧匠,亦不乏识货之人。张岱曾说绍兴人热衷造灯,不足为奇,‘竹贱、灯贱、烛贱。贱,故家家可为之;贱,故家家以不能灯为耻’。每逢春节、中秋,从通衢大道至穷檐曲巷,无不张灯生辉。绍兴人通常把灯挂在棚架上,棚架以竹竿立于两端,中间以横木固定,简单而结实。横木可挂七盏灯——居中之大灯唤作‘雪灯’,左右各有三个圆灯,称为‘灯球’。

“这类往事栩栩如生,深深烙在张岱的心中:‘从巷口回视巷内,复叠堆垛,鲜妍飘洒,亦足动人。’绍兴城内的十字街会搭起彩绘木棚,棚子里头悬挂一只大灯,灯上画有《四书》《千家诗》的故事,或是写上灯谜,众人挤在大灯之下,抬头苦思谜底。庵堂寺观也以木架作灯柱挂灯,门楣上写着‘庆赏元宵’‘与民同乐’。佛像前有红纸荷花、琉璃火盏,熠灯生辉。附近村民都会着意打扮,进城东穿西走,团簇街头,挤挤杂杂买些东西。城内妇人女子或是挽手同游,或是杂坐家户门前,嗑瓜子、吃豆糖,至夜深才散去。”

华灯，只是张岱的众多癖好中的一种，他说自己“好精舍，好美婢，好娈童，好鲜衣，好美食，好骏马，好华灯，好烟火，好梨园，好鼓吹，好古董，好花鸟”。年轻时，他的癖好经常变来变去，难以持久；但在明亡后写就的《陶庵梦忆》（也就是史景迁记述他的生活方式最重要的素材）里，他追忆自己毕生所好时，却充满深情，仿佛把它们当成安身立命的依托。

我最愿意生活的时代

多年前，传媒人李方写过一篇《我最愿意生活的十个时代》。这是一个有趣的测试题，问你最愿意生活的时代，其实是想让你回答最喜欢的时代，从中可见你的三观以及对生活方式的理解。李方最推崇的，是11世纪的北宋。他的理由是：“这一百年里，五个姓赵的皇帝竟不曾砍过一个文人的脑袋。我是文人，这个标准虽低，对我却极具诱惑力。”后来，李方写有一篇《我们都是宋朝人》，引用了严复的一个观点：“中国所以成于今日现象者，为善为恶，姑不具论，而为宋人之所造就什八九，可断言也。”

如果从国力强盛的角度来看，唐朝、明朝、清朝会位居“我最喜欢的朝代”前三位；如果从生活方式的角度来看，宋代固然备受推崇（哈佛大学教授费正清就认为宋代是中国历史上最辉煌的时代，称其为中国的“近代早期”），但像李白和杜甫的唐朝、名士时代的东晋、张岱和文震亨（写《长物志》那位）的晚明、李渔和袁枚的清代，都会进入人们的选项。

李方在《我们都是宋朝人》中写道：“我们被称为汉人唐人，没人说我们是宋人。但我们还是汉人唐人吗？粗线条的、气象宏阔的、虽远必诛的……我们更像宋人：商业的、享受世俗生活的、情感细腻的、注重伦理观念的、不喜欢打仗的……严复的意思是说，今日中国，是从宋朝开始形成的；再往前的汉唐，那简直是另一个国家。”

更准确的说法，应该是：市民生活方式，始于宋代。有人说，中国的文艺复兴发生在宋代，人们发现了自己内心真正的需求，随之发展起一种追求世俗生活的商业文化。李方不禁浮想联翩：“北宋曾经占有全世界超过一半的财富，她的人民的富裕程度远远超过后来的明清，她的商船队遍及亚洲各海域，她的知识分子崇尚一种优雅（可能过于纤细）的生活方式，她发展起来

《游骑图卷》(宋代),佚名,现藏于台北故宫博物院。该卷旧传是唐人手笔,实为北宋翰林图画院某画家对唐画的摹写,并得到宋徽宗赵佶的认可。该图卷反映了恢宏的大唐气象。

领先全世界的技术文明,甚至她的最后一任统治者是一位造诣非凡的书画家和艺术品鉴赏家……如果这个时代不被打断,中国会发展成什么样子?"

历史没有假如,穿越回去改变历史进程,也终究是妄想。元朝统治者摧毁了宋代精致的生活方式,同时也摧毁了对日常生活的美感的信仰。以品茶为例,写有《茶之书》的日本学者冈仓天心说,中国也有过讲求境界的茶道,宋人的"点茶"就是浪漫主义的,但异族的入侵导致礼崩乐坏;日本反而承接唐宋古礼,并把禅学融入茶事,最终在15世纪形成茶道。

宋代的城市,是日夜向市民开放的

历史研究者吴钩比较了三个不同版本的《清明上河图》——分别是北宋张择端本(即北京故宫博物院"石渠宝笈特展"展出的版本),明代仇英本(现藏于辽宁博物馆),清代陈枚、孙祜、金昆、戴洪、程志道五名宫廷画师绘制的清院本(现藏于台北故宫博物院),发现在宋、明、清三代,中国的城市治理存在着一些重要的区别。

由于年代不同,这三个版本的《清明上河图》的参照对象也不同:张择端以北宋东京为蓝本,仇英笔下的其实是明后期的苏州,清院本则参照了清代的北京城。从画面上看,不同时代的城市的区别,首先体现在城防上:张择端本的东京,城门是不设防的,没有士兵把守,城墙上也没有防御工事;进入城门之后,也没有城防机构驻扎,进城的货商只需向靠近城门的商税所交税

即可。而仇英本和清院本中，城防严密，城门外设大栅栏，城门内有瓮城，还有士兵把守的城防机关，挂出“固守城池”“盘诘奸细”等警示牌。其次是内城，张择端本和仇英本、清院本的最大差别，就在于前者不像后二者那样，在街巷口设有大栅栏。

明清时期的城市里设大栅栏，是夜禁制度的产物。中国古代的绝大多数朝代，都实行夜禁令：每到黄昏，城门紧闭，居民无事不得在街上行走，否则就是“犯夜”，要被罚的。唐代的长安城就是实施夜禁令的模范：黄昏时候，承天门击鼓四百下，城门关闭；鼓声再响六百下，城内的坊门一律关闭；行人犯夜，笞打二十。到了明清时代，犯夜者面临的处罚依然是笞打，依时辰不同分别“笞三十”“笞五十”。在清代，北京内城所设的大栅栏数量，有人做过统计：皇城内 116 个，皇城外 1199 个。

宋朝则是中国古代难得的、几乎取消夜禁令的时代。主因之一，宋代的都城布局打破了实行一千多年的“坊（里）市制”，居民区“坊（里）”与商业区“市”之间不再界限分明，夜禁难以执行；其次是执政者的态度。喜欢夜行的宋太祖将宵禁时间延迟到三更，五更即解除宵禁，禁止夜行的时间只有两个时辰，使得东京城内普遍出现了“夜市”与“早市”。到了南宋时期，夜禁制度更是名存实亡，据《梦粱录》记载，“杭城大街买卖昼夜不绝，夜交三四鼓，游人始稀；五鼓钟鸣，卖早市者又开店矣”。宋代城市夜生活的繁盛，在张择端本中也可窥一斑：“脚店”（小型旅馆）和“正店”（豪华旅

清代丁观鹏、郎世宁等绘《弘历雪景行乐图》(局部),描绘的是乾隆皇帝与众多皇子新年在宫苑赏雪的情景。

馆）门前均有“灯箱广告”,作用类似于现代都市的霓虹灯广告。也就是说,宋代的城市,是日夜向市民开放的,更加自由、开放。

追逐时尚的明朝人

改朝换代之际,新政权的统治者往往采取严厉的制度,禁绝前朝的风气。比如朱元璋禁绝通俗娱乐和民间博彩:“在京军民人等,但有学唱的,割了舌头;娼优演剧,除神仙、义夫、节妇、孝子、顺孙,劝人为善,及欢乐、太平不禁外，如有亵渎帝王圣贤，法司拿究；下棋、打双陆的，断手；蹴圆的，卸脚。”“造逍遥楼，见人博弈者、养禽鸟者、游手游脚者，拘于楼上，使之‘逍遥’，尽皆饿死。”但随着朝廷控制力的日渐松弛，以及生产力的发展，人们被压抑的享乐欲抬头，整个社会所崇尚的奢靡氛围，与前期的严肃氛围截然不同。晚唐、晚明、晚清的情况皆是如此。

以明朝为例，据《泾县志》，明初时地广人稀，人尚俭朴，丈夫力耕稼，女子勤纺绩蚕桑，“衣不过土布，非达宦不得辄用纻丝。居室无大厅，争高广惟式”；但到了成化、弘治之后，“生养日久，轻役省费，民弥滋殖，此后渐侈”。庶民的购买力与购买欲，已经超越官方原来所规范，如“庶人之妻多用命服，富民之室亦缀兽头”（见《吴江县志》），被称为“僭越”。这种种僭越的消费现象，冲击了原有的身份等级制度。于是，明朝廷屡屡发布“禁奢令”。据学者巫仁恕在《品味奢华：晚明的消费社会与士大夫》一书中的统计，明朝廷发布了约119次禁奢令，其中宪宗成化年间以前只有11次，其他都是之后发布的。可见越到明朝后期，社会奢侈的风气越盛，禁令也只是徒有成文而已。

追逐时尚的明人，有些人穿着奇装异服，如从朝鲜传来的“马尾裙”，有些人则追求复古风。冯梦龙的《古今谭概》就记载了一则笑话：“翟耆年好奇，巾服一如唐人，自名唐装。一日往见许彦周，彦周髽髻，着犊鼻裤，蹑高屐出迎。翟愕然，彦周徐曰：‘吾晋装也，公何怪？只容得你唐装？’”

在晚明，带动流行时尚的，不全然是上层社会和精英阶层，还有商人及商人妇，甚至妓女。士大夫阶层对此的反击，一是从舆论上抨击奇装异服为“服妖”；二是从美学的角度，发展雅俗之辨，把平民消费奢侈僭越的变化，说成“愚俗”，以此凸显品位和身份。比如晚明士人将家具“文人化”，甚至在家具上铭刻文字，其实是借助将物品特殊化的手法，抵制商业化。

就像张岱在《湖心亭看雪》中所写，大雪三日之后的西湖，“湖中人鸟声俱绝”，此时独往湖心亭看雪，如置身图画中：“雾凇沆砀，天与云、与山、与水，上下一白。湖上影子，惟长堤一痕，湖心亭一点，与余舟一芥，舟中人两三粒而已。”到了亭中，赫然发现有知音，舟子喃喃曰：“莫说相公痴，更有痴似相公者。”此时此景，舟子是俗的，痴相公是雅的——这就是文人所引领的生活趣味。

●螺钿紫檀五弦琵琶●珍珠母嵌花青铜镜●汝窑青瓷无纹水仙盆●大维德花瓶●黄花梨木圆后背交椅
●河姆渡文化木胎朱漆碗●青铜人面龙身盉●虎食人卣●鎏金银香熏●磁州窑虎形瓷枕●越王勾践剑●白釉瓷围棋盘
●青铜刀币●玉角杯●长信宫灯●大圣遗音琴●大明通行宝钞●定窑孩儿枕●景泰蓝龙纹大盖罐●周乐元内画鼻烟壶

20 重器

螺钿紫檀五弦琵琶

唐·现藏于日本奈良正仓院

世界上唯一一把五弦琵琶

辑丨米宗子

它是唐朝宫廷送给日本圣武天皇的礼物，学者孙机称之为“唐代螺钿器之至精者”，也是目前世界上仅存的一把五弦琵琶。

这把琵琶长99.6cm，最宽处为41.5cm，通体为紫檀木，直项，琴轸分列琴头两侧，左三右二；其背面满镶花朵，正面拨杆处用玳瑁薄片拼成一幅骑驼人弹琵琶的图景。孙机在《中国古代物质文化》中特别提及这个画面，并强调其文史价值：“段安节《乐府杂录》说西域来的安国乐所用琵琶，‘其捍拨以象牙为之，画其国王骑象’；与上述正仓院藏品相近。”

螺钿是一种传统装饰工艺，用螺壳与海贝磨制成人物、花鸟、几何图形或文字等薄片，并根据画面需要，镶嵌在器物表面。该工艺视觉效果繁复瑰丽，历久弥新。这把螺钿紫檀五弦琵琶有“稀世珍宝”“神品”等美誉，不仅因为其表面极尽华丽的螺钿镶嵌装饰，更在于其造型结构的特殊性，即“五弦”。敦煌壁画上经常可以看到飞天弹奏此种五弦乐器，但实际上历史上留存的胡琵琶几乎都是四弦的，现在的琵琶一般也是四弦。

琵琶起源于西亚的美索不达米亚，东汉末年传入我国。早期的琵琶，腹小，颈长而直，“无相无品”。到了南北朝，由于胡乐流行，加上琵琶本身的音域宽广，能弹“八十四调中的八十一调”，琵琶的地位日渐重要。到了唐代，琵琶的外形与演奏方法极大丰富。唐代常见的琵琶为梨形腹、曲项，横抱，多用拨子弹奏。

五弦琵琶盛行于隋唐时期。白居易写过一首《五弦弹》：“五弦弹，五弦弹，听者倾耳心寥寥。赵璧知君入骨爱，五弦一一为君调。”元稹把五弦喻为“五贤”，在诗中用蒙太奇手法描摹其音之妙：“辞雄皓鹤警露啼，失子哀猿绕林啸。风入春松正凌乱，莺含晓舌怜娇妙。呜呜暗溜咽冰泉，杀杀霜刀涩寒鞘。促节频催渐繁拨，珠幢斗绝金铃掉。千靫鸣镝发胡弓，万片清球击虞庙。”

宋代时，五弦琵琶逐渐失传。后人尝试复制之，在一定意义上增加了这把瑰宝级五弦琵琶的神秘色彩。当代琵琶大师方锦龙参照史料，复制了五弦琵琶。在他手中，五弦琵琶不光可以当琵琶弹，还能当吉他、三弦琴甚至冬不拉来演奏，一些听过现场演奏的人惊叹这种乐器是“人间奇迹”。

集聚了唐朝华丽工艺与审美的螺钿紫檀五弦琵琶，不愧是世界上现存的最能表现大唐盛世繁华的乐器类文物。

●螺钿紫檀五弦琵琶●珍珠母嵌花青铜镜●汝窑青瓷无纹水仙盆●大维德花瓶●黄花梨木圆后背交椅
●河姆渡文化木胎朱漆碗●青铜人面龙身盉●虎食人卣●鎏金银香熏●磁州窑虎形瓷枕●越王勾践剑●白釉瓷围棋盘
●青铜刀币●玉角杯●长信宫灯●大圣遗音琴●大明通行宝钞●定窑孩儿枕●景泰蓝龙纹大盖罐●周乐元内画鼻烟壶

20 重器

珍珠母嵌花青铜镜

唐·现藏于大英博物馆

送给新娘子的礼物

辑 | 米宗子

这面珍珠母嵌花青铜镜制作于唐朝中后期，即八九世纪之时。从造型与工艺来看，它代表了唐镜的制作水平。

其正面光亮可照人，背面雕有精美纹饰，同时加入了不同于前代的风格与材质——嵌入了珍珠母和琥珀。图案简洁而精致：一对在池中嬉戏的鸭子，荷叶、莲花环绕在它们身边，象征着婚姻幸福。有专家因此推测，这面铜镜有可能是一份结婚礼物。

自商周时代起，古人就将青铜磨光做镜子。《战国策·齐策》之《邹忌讽齐王纳谏》开篇便说邹忌身形修长，“朝服衣冠窥镜”。早先的青铜镜通常体形偏小，且没有装饰。目前发现最早的青铜镜，是距今4000年左右齐家文化墓葬中出土的，直径6厘米，厚0.3厘米，镜面有光泽，镜背中央有一个桥形钮，未施纹饰。汉朝时期，青铜镜上开始增加与宗教信仰有关的铭文和装饰，对于使用者而言，这关系着今生获得好运，死后能够永生。

唐代的铜镜品类丰富，纹饰秀美，古朴典雅，呈现了当时卓越的制造工艺及深厚的文化积淀。当时，制造者在铜质的合金中加大了锡的成分，使得铜镜的质地更为光亮，既美观又实用。

唐代铜镜，一方面在造型上沿用前代的圆形、方形，继承隋代传统，有瑞兽、鸟兽、画像、铭文等图案；另一方面，受外来影响，增加了表现西方题材的海兽葡萄纹、打马球纹等纹饰，又突破性地创造了葵花镜、菱花镜、方亚形镜等造型。唐代在我国铜镜发展史上十分重要，背景是当时瓷器已取代铜器，铜器衰落，千百年来传承的青铜技术都集中体现在铜镜上。此外，唐代流行将铜镜作为礼品，广泛用于社会交往，于是，一系列反映人民生活、体现人们对理想的追求的吉庆画面被应用到镜上，如月宫、仙人、山水等。

其中，盛唐与中唐时代是唐镜的最盛期。镜上构图不再像传统汉式镜那样讲究严格对称，而是采用绘画风格，但求均衡，不求对称。装饰手法也增多，有浮雕、彩绘、镶嵌、鎏金等，还出现了金银平脱、螺钿镶嵌、涂釉、涂漆等新工艺。

●螺钿紫檀五弦琵琶●珍珠母嵌花青铜镜●汝窑青瓷无纹水仙盆●大维德花瓶●黄花梨木圆后背交椅
●河姆渡文化木胎朱漆碗●青铜人面龙身盉●虎食人卣●鎏金银香熏●磁州窑虎形瓷枕●越王勾践剑●白釉瓷围棋盘
●青铜刀币●玉角杯●长信宫灯●大圣遗音琴●大明通行宝钞●定窑孩儿枕●景泰蓝龙纹大盖罐●周乐元内画鼻烟壶

20重器

汝窑青瓷无纹水仙盆

北宋·现藏于台北故宫博物院

汝窑器难得，无纹者尤佳

辑丨米宗子

人们常以“通透如玉”形容瓷器之美，但真正有玉石般釉质的瓷器并不多见，北宋汝窑青瓷无纹水仙盆算得上其中的罕见佳品。它制作于公元960～1127年间，又名“天青无纹椭圆水仙盆”，是北宋的御用瓷器。

顾名思义，水仙盆是一种种植水仙用的器具，也可用作装饰品。

其外形为椭圆形盆，侈口、深壁，平底凸出窄边棱，四云头形足；周壁胎薄，底足略厚。通体满布天青釉，极匀润；底边釉积处略含淡碧色；口缘与棱角釉薄处呈浅粉色。裹足支烧，底部有六个细支钉痕，略见米黄胎色；整体造型轻巧秀丽，高6.9厘米，横23厘米，纵16.4厘米，重670克。

这个汝窑青瓷水仙盆的最大亮点在于全器釉面纯洁无纹片，质感温润，犹如青玉，呈现出宋人追求的“雨过天青”般宁静开朗的美感。盆底题有乾隆皇帝御制诗：“官窑莫辨宋还唐，火气都无有葆光。便是讹传猧食器，蹴枰却识豢恩偿。龙脑香熏蜀锦裾，华清无事饲康居。乱碁解释三郎急，谁识黄碁正不如。”

汝窑一向被人们列为宋代五大名窑之首，其釉色高雅淡青，胎质细腻，灰中泛黄，造型讲究，不以纹饰为重，是中国历代青瓷的典范。因其烧造年代短，自南宋以来就是收藏界的珍宝。有记录的传世汝窑瓷器全世界不足70件，是官窑系统中传世最少的一个品种。

据《中国古代物质文化》介绍，汝窑采用石灰碱釉，釉内所含钾、钠比例增大，成为一种黏度高且不透明的乳浊釉，这种釉可以上得非常厚，且其三氧化铁的含量控制在1%左右，从而烧出了淡雅如玉的天青色瓷器。

不过，这种薄胎厚釉、多层釉结构容易在生产过程中发生难以控制的细微开裂现象，也就是所谓“开片”，因此明代鉴赏家曹昭在《格古要论》中有言：“汝窑有蟹爪纹者真，无纹者尤好。”

20 重器

大维德花瓶

元·现藏于大英博物馆

只有上帝之手才能创造的元代青花瓷

辑 | 米宗子

大维德花瓶，是英语David Vases的直译，由其捐赠者英国大维德爵士（Sir Percival David）以个人名字命名。

花瓶全名为“元至正十一年款景德镇窑青花云龙纹象耳大瓶”，共两件，来自江西景德镇，于元代至正十一年（1351）烧造。这对花瓶是现存最重要的青花瓷样品之一，也是世界上已知最早的有确切纪年的青花瓷器物，被视为元代青花研究的标准器。同时，它也是BBC和大英博物馆联合评选的代表世界历史的100件物品之一。

它们最显著的价值，在于龙纹上方、瓶颈部的楷书题记。其中一件所记原文为：“信州路玉山县顺城乡德教里荆塘社奉圣弟子张文进喜舍香炉、花瓶一付，祈保合家清吉，子女平安。至正十一年四月良辰吉日，舍星源祖殿胡净一元帅打供。”至正十一年四月的一个黄道吉日，一位来自信州路玉山县、名叫张文进的男子将这一对花瓶和一个香炉（目前下落不明）赠送给位于星源（今婺源县）的一间祖师道观，以祈求合家平安。铭文记录的花瓶产地玉山县位于江西省东北部，距景德镇120千米。

此段铭文证明，至少在公元1351年，青花瓷就已在景德镇生产。

大维德花瓶为盘口、长颈，两瓶肩部有衔环附于象耳，但衔环都已缺失。两瓶高度分别为63.6厘米、63.8厘米，直径分别为22厘米、19.6厘米，瓶身自上至下装饰了缠枝菊、蕉叶、飞凤、缠枝莲花、海水云龙、波涛、缠枝牡丹、杂宝变形莲瓣等多层象征吉祥的纹饰。

美国佛利尔艺术馆的中国古陶瓷学者约翰·波普博士（Dr. J. A.Pope）曾在世界各地考察中国古代陶瓷，他被大维德花瓶的体形、造型、发色、画工震撼，认为“只有万能的上帝之手才能创造出如此气势恢宏、美妙绝伦的陶瓷作品”。

他以大维德花瓶为标准器，对照土耳其和伊朗两个博物馆收藏的几十件与之风格相近的中国瓷器，将所有具有象耳瓶风格的青花瓷定为14世纪青花瓷。从此，元青花的价值受到全世界古陶瓷学者的重视和公认。

20 重器

黄花梨木圆后背交椅

明·现藏于上海博物馆

材美工良，不静不喧

辑 | 米宗子

明黄花梨木圆后背交椅，座面长 70 厘米、宽 46.5 厘米、高 58 厘米，通高 112 厘米，是两件成对的交椅中的一件。这件交椅原为王世襄旧藏，曾收入《明式家具珍赏》《明式家具研究》《庄氏家族捐赠上海博物馆——明清家具集萃》等著述，1993 年由香港庄氏家族捐赠给上海博物馆，现于上海博物馆明清家具馆长期陈列。

这件交椅是明式家具的代表性作品。其比例匀称、造型流畅。中国传统家具研究的泰斗王世襄在其著作《明式家具研究》中明确指出：明式家具的精髓就是“材美工良，造型优美”。明黄花梨木圆后背交椅取材黄花梨木，色泽不静不喧，恰到好处；纹理或隐或现，灵动变幻。

圆后背交椅被推崇为中国古典家具最经典的椅型。这把交椅的椅圈分五段接成，连接处使用“楔钉榫”，两端出头回转收尾成圆钮形，上方拍平。搭脑与扶手一顺而下，圆婉柔和。靠背板以攒框镶板的方式制成，上为透雕螭纹，中为透雕麒麟纹，下为壶门亮脚。壶门，即在须弥座及床座上的雕刻，或椅子靠背板底部、围屏底部的透空装置。构件的交接部位则镶有白铜饰件，兼有加固和装饰作用。

交椅是一种可以折叠的交足椅子，其基本结构早在宋代已经定型。宋金时期，人们从席地而坐转变为垂足而坐，高座具已经普及。从西方传至中国的交杌，亦演化成带后背的交椅。

从传世的明清宫廷绘画和文人绘画可以看出，圆后背交椅在明清时期已是高贵的坐具，它们通常设于厅堂中的显著位置，有凌驾四座之势，是身份和地位的象征。明代开国皇帝朱元璋及开国功臣徐达、汤和、常遇春等人的肖像画，几乎都是坐在圆后背交椅上；清代乾隆皇帝则坐在圆后背交椅上，接受哈萨克人进献马匹，颇有威严。

圆后背交椅需折叠、便携，又要兼顾舒适与华丽及威严，种种考虑，使之成为最难完成的设计，足见明朝硬木家具确实是我国工艺史上的明珠。这与当时的木工工具改进密不可分，《天工开物》就曾记载“刮木使极光者”“一木之上衔十余小刀，如蜈蚣之足”的蜈蚣刨。

中国文化书院易学研究中心主任、学者米鸿宾曾著书强调“道在器中”，说每一件传统家具都内含文化的善意提醒。这把圆后背交椅的靠背装饰与扶手结构也常被解读为含有“华堂高座”“凿枘方圆”“刚柔自禀”等寓意。

20 重器

河姆渡文化木胎朱漆碗

新石器时代·现藏于浙江省博物馆

这只1977年在浙江余姚河姆渡遗址第三文化层出土的朱漆碗，是目前已知中国最早的漆器之一，也是追溯中国漆器起源最重要的实物资料。

20 重器

青铜人面龙身盉

商·现藏于华盛顿弗利尔与赛克勒美术馆

这件在河南安阳殷墟出土的青铜盉，以其独特的器形、谲奇怪异的装饰风格，在文物界一直备受关注。它也是弗利尔与赛克勒美术馆的镇馆之宝之一。

● 螺钿紫檀五弦琵琶 ● 珍珠母嵌花青铜镜 ● 汝窑青瓷无纹水仙盆 ● 大维德花瓶 ● 黄花梨木圆后背交椅
● 河姆渡文化木胎朱漆碗 ● 青铜人面龙身盉 ● 虎食人卣 ● 鎏金银香熏 ● 磁州窑虎形瓷枕 ● 越王勾践剑 ● 白釉瓷围棋盘
● 青铜刀币 ● 玉角杯 ● 长信宫灯 ● 大圣遗音琴 ● 大明通行宝钞 ● 定窑孩儿枕 ● 景泰蓝龙纹大盖罐 ● 周乐元内画鼻烟壶

20 重器

虎食人卣

商 · 现藏于法国赛努奇博物馆

卣（yǒu）是一种盛行于商周时期的酒器。这件虎卣是赛努奇博物馆最著名的藏品，其稀有之处在于“虎食人”造型（日本学者则认为是“虎乳人”），有学者认为虎口中的人即伏羲。

20 重器

鎏金银香熏

唐·现藏于中国国家博物馆

这款金属香囊设计精巧，无论如何滚动，内置的香盂都保持水平状态，所盛放的香料也就不会倾洒。在唐代，只有上流社会的贵族才能拥有它。

20 重器

磁州窑虎形瓷枕

金·现藏于上海博物馆

风格独特的磁州窑瓷器，在中国瓷器发展史中占有相当重要的地位。和同时期的五大名窑相比，磁州窑的出品更具有浓厚的民间情趣。

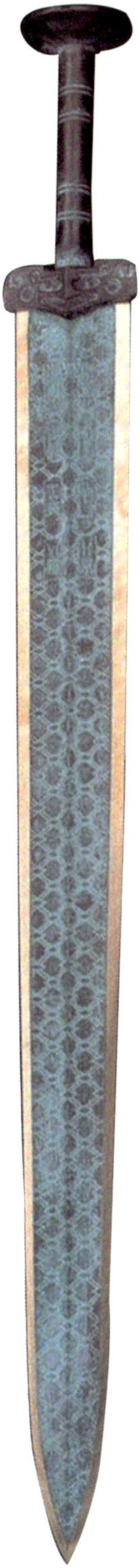

20 重器

越王勾践剑

春秋晚期 · 现藏于湖北省博物馆

据传这柄青铜剑为铸剑能手欧冶子铸造，出土时寒光耀目，毫无锈蚀，代表了中国古代青铜器兵器铸造的巅峰。它也是中国古代最著名的十大兵器之一。

20重器

白釉瓷围棋盘

隋 · 现藏于河南博物院

据测定这件围棋盘造于隋代开皇年间，其上纵横各刻19道直线，共计361个交叉点，是目前所见最早的19道围棋盘。

20 重器

青铜刀币

汉 · 现藏于纽约大都会博物馆

中国是世界上最早使用货币的国家之一，青铜刀币则是最早的金属货币之一。秦始皇统一币制后，青铜币退出历史舞台，成为收藏品。此类青铜币在不少博物馆都有藏品。

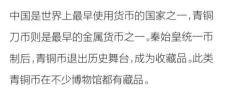

20 重器

玉角杯

西汉·现藏于西汉南越王博物馆

这只玉角杯，是西汉南越王赵眜墓出土的最重要的玉器之一，也是2000多年前汉代玉雕的精品。犀角造型的玉杯，在汉以前的玉器中还未曾出现。

20 重器 长信宫灯

西汉·河北省博物馆

这件1968年于河北中山靖王刘胜妻窦绾墓出土的宫灯，被誉为“中华第一灯”，是收入历史教材的国宝级文物。

●螺钿紫檀五弦琵琶●珍珠母嵌花青铜镜●汝窑青瓷无纹水仙盆●大维德花瓶●黄花梨木圆后背交椅
●河姆渡文化木胎朱漆碗●青铜人面龙身盉●虎食人卣●鎏金银香熏●磁州窑虎形瓷枕●越王勾践剑●白釉瓷围棋盘
●青铜刀币●玉角杯●长信宫灯●**大圣遗音琴**●**大明通行宝钞**●定窑孩儿枕●景泰蓝龙纹大盖罐●周乐元内画鼻烟壶

20 重器

大圣遗音琴

唐·现藏于北京故宫博物院

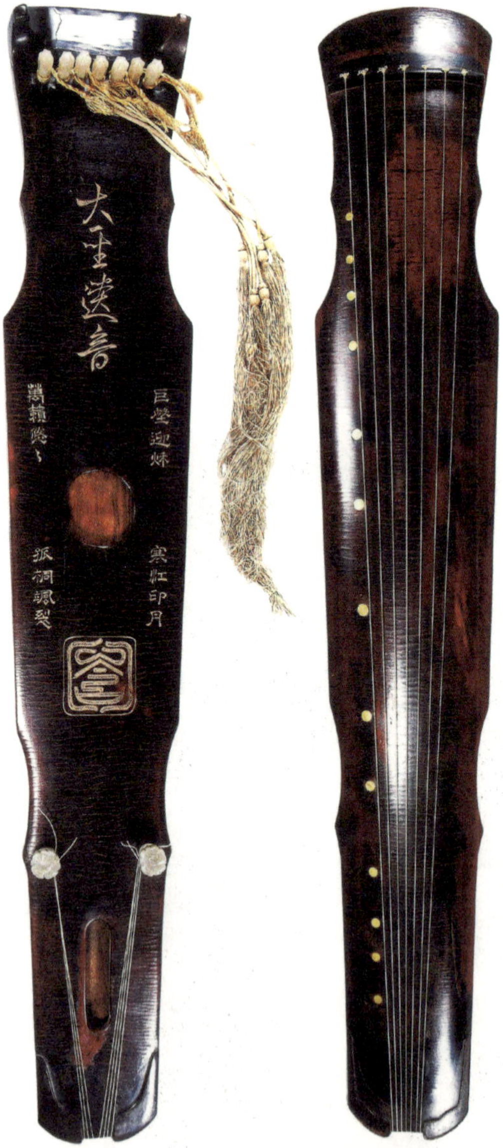

大圣遗音琴现仅存两床，一床为王世襄所藏，曾拍出1.15亿元天价；另一床藏于北京故宫博物院，古琴家管平湖认为它九德（奇、古、透、润、静、圆、匀、清、芳）兼备，在古琴中最为难得。

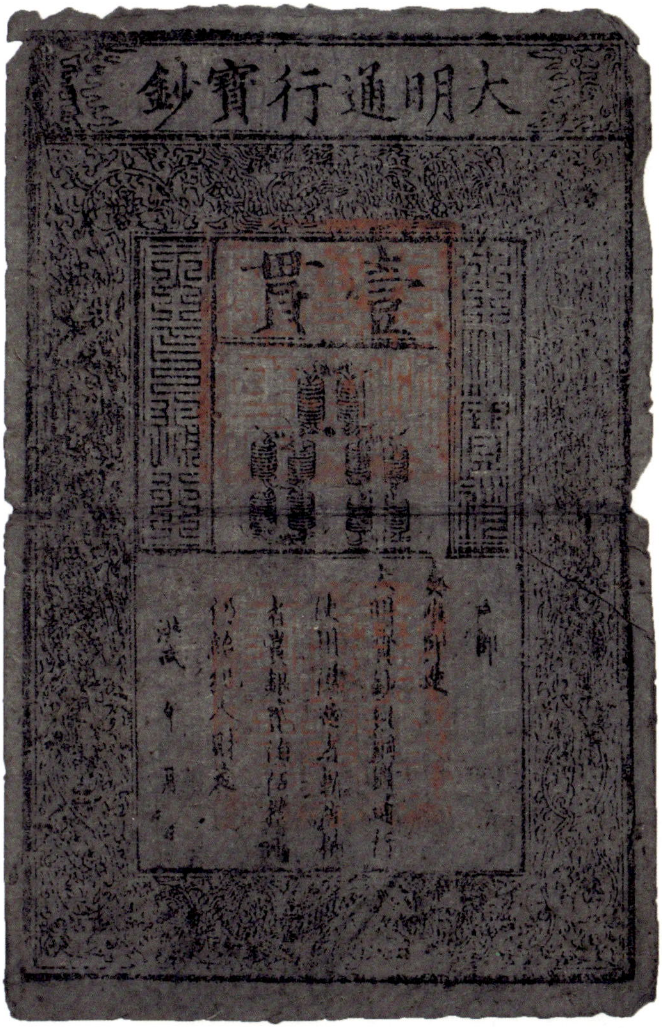

20 重器

大明通行宝钞

明·现藏于大英博物馆

大英博物馆从馆藏中选出100件人类发展史上最具代表性的文物，这枚面值1贯的“大明通行宝钞”就位列其中。

●螺钿紫檀五弦琵琶●珍珠母嵌花青铜镜●汝窑青瓷无纹水仙盆●大维德花瓶●黄花梨木圆后背交椅
●河姆渡文化木胎朱漆碗●青铜人面龙身盉●虎食人卣●鎏金银香熏●磁州窑虎形瓷枕●越王勾践剑●白釉瓷围棋盘
●青铜刀币●玉角杯●长信宫灯●大圣遗音琴●大明通行宝钞●**定窑孩儿枕**●**景泰蓝龙纹大盖罐**●周乐元内画鼻烟壶

20 重器

定窑孩儿枕

北宋·现藏于台北故宫博物院

“孩儿枕”是瓷枕的一种样式，以定窑、景德镇窑烧制的最为精美。这件定窑孩儿枕是宋瓷的代表作，因此成为台北故宫博物院的镇馆之宝。

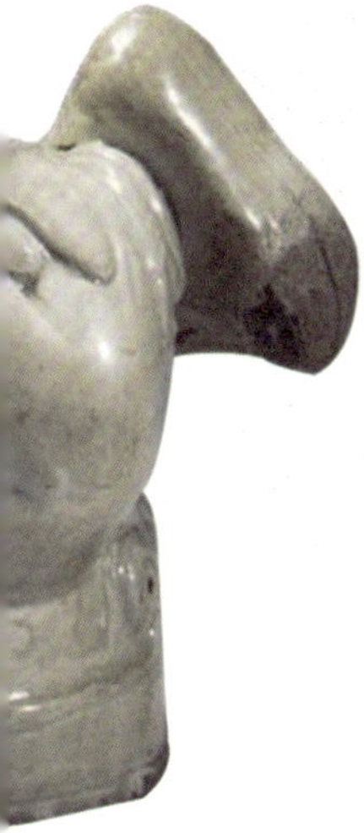

20 重器

景泰蓝龙纹大盖罐

明 · 现藏于大英博物馆

明代以前的景泰蓝器，少有体积能与此罐抗衡的。原因在于，铜在明代仍是制币的用材，用如此之多的铜制作体积如此之大的景泰蓝罐，不仅气势夺人，造价也不菲。

●螺钿紫檀五弦琵琶●珍珠母嵌花青铜镜●汝窑青瓷无纹水仙盆●大维德花瓶●黄花梨木圆后背交椅
●河姆渡文化木胎朱漆碗●青铜人面龙身盉●虎食人卣●鎏金银香熏●磁州窑虎形瓷枕●越王勾践剑●白釉瓷围棋盘
●青铜刀币●玉角杯●长信宫灯●大圣遗音琴●大明通行宝钞●定窑孩儿枕●景泰蓝龙纹大盖罐●**周乐元内画鼻烟壶**

20 重器

周乐元内画鼻烟壶

清·现藏于纽约大都会博物馆

鼻烟壶被誉为“集各国多种工艺之大成的袖珍艺术品”，是外国人收藏中国古董的热点之一。这款内画鼻烟壶出自清朝同光时代的大师周乐元，其作品一直是众多博物馆的宠儿。

历史学者伊永文
中国人的市民生活始于宋代

口述｜伊永文　采访｜邝新华

当有人说，唐代是盛世，宋代已经走下坡路时，我不赞同。宋代没有走下坡路，宋代走的是上坡路。

宋代市民的生活方式，可以从宋代的话本小说《闹樊楼多情周胜仙》里得知。

北宋徽宗年间，东京（今河南开封）最大的酒楼叫樊楼，位于金明池边。樊楼老板之弟范二郎去金明池游玩，走到茶坊时看到一个女子，“生得花容月貌”。女子进了茶坊，两人“四目相视，俱各有情”。这时，女子“眉头一纵，计上心来”，对茶坊外卖糖水的说：“卖水的，倾一盏甜蜜蜜的糖水来。”女子上口一呷，就跟卖糖水的吵起来：“好好！你却来暗算我！你道我是兀谁？……我是曹门里周大郎的女儿，我的小名叫作胜仙小娘子，年一十八岁，不曾吃人暗算。你今却来算我！我是不曾嫁的女孩儿。”范二郎听这话，心想：“分明是说与我听。”卖糖水的喊冤，女子说：“如何不是暗算我？盏子里有条草。”这时，范二郎也叫了“一盏糖水”，刚吃一口，也大叫起来：“好好！你这个人真个要暗算人！你道我是兀谁？我哥哥是樊楼开酒店的，唤作范大郎，我便唤作范二郎，年登一十九岁……不曾娶浑家……我的盂儿里，也有一根草叶。”

茶楼和酒楼是宋代市民最重要的信息集散地

这个故事里的重要道具——糖水，还有汤、茶和酒，都是宋代人喜欢的

《明人十八学士图》（局部），现藏于台北故宫博物院。李世民为秦王时，即设立文学馆，征聘博学儒士；登基后，命皇室画家阎立本绘十八学士图像。后世画家也喜好援引此典故，并创作衍生图式。

饮料。东京城内茶楼和酒楼遍布，也是很多故事发生的地方。《水浒传》第七回里讲到，高衙内与陆谦定计，骗林冲去喝酒，定的地方便是樊楼。陆谦说："兄长我们休去家，只就樊楼内吃几杯。"当时两人上到樊楼，占了个阁儿，唤得酒保吩咐，叫两瓶上色的好酒，稀奇果子按酒……

樊楼是当时东京最有名的酒楼，由东、西、南、北、中五座楼宇组成，每座楼皆高三层。当年有个富人为给自己树名声，就去了樊楼，把当天所有人的酒钱都包了下来。他的大方、豪爽也瞬间传遍了东京城。

当时的酒楼已经是一个公共空间、媒体平台，是传播新闻的渠道，各式各样的信息都在这里交流、散布。除了开封，在其他小城市、城镇，茶馆、酒店也遍地都是。

可以说，这是一种市民生活方式的发端。在宋代以前的唐代，就没有出现这种情况。唐代的长安城，卖东西只能在东市与西市，酒楼、茶楼不能盖在居民坊内。唐代两市的开放时间也是有限制的，正午开放，黄昏就要关市。但到了宋代，茶楼、酒楼可以开到深夜，早市也开得很早。

蒸馏酒——也就是白酒（亦称烧酒）最晚在宋代已经流行，"蒸酒"的字样多次出现在宋代文献里。我们可以推测，武松在景阳冈喝的"三碗不过冈"，就是烧酒，他喝完以后迎风一吹，酒力就发作了。烧酒这个名词最早出现在唐代，这是一种酒精度数很高、口感辛辣的酒。在偏僻的景阳冈，这样一大碗烧酒大概需要10文钱。在宋代的城市里，一份精致的菜，用讲究的器皿端上来，也就是10文钱。那时的菜，量大，食材质量好。

武松喝了18碗，180文钱也够了。北宋后期，一个劳动力在城市一天的工钱，也就是200文钱。武松作为步兵都头，相当于现在的排长，工资不会太高，大概一个月五两多。武松在景阳冈一顿就吃了一天的工资，那是因为宋江送了他十两银子。十两银子就很多了。天津人有一句话，"借钱吃海货，不算不会过"，在武松的年代，人们对吃就已经十分讲究了。

宋代的快餐，只要你说得出菜名来，马上就给你做

宋代是中华美食奠基的时期。现在的大部分烹调用语，都出自宋代，比如炒、炸等。宋代在烹饪技术上的进步，归功于加热方法的革新——宋代城

市大量使用燃煤。火旺了以后可以炸，可以爆炒。以前只能把菜煮熟，现在可以炒出味道、炸出颜色来。

在宋代，市民对食物的审美情趣扩大到视觉上，雕花蜜饯应运而生。各大城市都推出自己的杰作，当时出名的浦城冬瓜，就把三尺长的冬瓜，刻上假山、龟、鹤、寿星、仙女，放在寿架台上。

人们对食物的追求，也体现在宋代的文学作品里。食货苏东坡在黄冈时，曾作过一首《食猪肉》："净洗铛，少着水，柴头罨烟焰不起。待他自熟莫催他，火候足时他自美。黄州好猪肉，价贱如泥土。贵者不肯吃，贫者不解煮。早晨起来打一碗，饱得自家君莫管。"

我统计过，宋代的快餐品种，南宋加北宋，市面上流行的大概有500多种，光小孩儿吃的糖就有很多种，可见当时对"食"的重视。

宋代的餐馆相当繁荣。美国《生活》杂志1998年评选了过去1000年来影响人类生活最深远的100件大事，其中的第56件大事，就是出现在中国宋代的城市饭馆小吃，连带快餐服务。宋代城市的快餐不得了，你只要能说出来菜名，马上就给你做出来。

这几年外卖很普及，其实宋代就已经有了。在小说《郑节使立功神臂弓》里有对外卖的描述：一个闲汉，一个筐子，一把刀，几块牛肉，送到顾客面前，当面切。这种现象在宋代非常普遍。在东京，凡是卖熟食者，都用诡异言语叫卖，这样食品售出才快。

燃煤的使用，还推动了炉灶的创新。炉灶可以移动，走到哪都可以卖，火始终是旺的。宋代冬天很冷，晚上冷到零下，照样卖茶。没有保温的方法，外卖是做不起来的。黑龙江省博物馆现藏有一幅南宋佚名画作，画面中，六位宋代商贩转成一圈，摆弄着炉灶、茶盏、烫瓶。有专家认为这是在卖浆，故定名《斗浆图》，我认为不妥，浆乃水也，宋代城市里煎点汤茶药成风，这图应称为《煎点汤茶药图》。

宋代的货币流通量，元、明、清都比不上

对饮食的重视，贯穿整个宋代的城市生活，重要的背景是：宋代保持了很长的和平。秦统一六国以后，中国维系时间最长的朝代是两汉，达426年，

《斗浆图》（南宋），佚名，现藏于黑龙江省博物馆。
该图描绘了街头小贩休息时进行斗茶的场景。

但很乱。宋代其次，达320年，很和平。在这三百多年的和平时期，宋代生产力和科技水平都达到了中华文明的高峰。

北宋时期，中国人口第一次过亿，达到1.2亿。汉唐盛世，人口也才五六千万。人口剧增，是因为生产力提高，可以养活这么多人。宋代垦田的数量达750万顷，是唐代的两倍；亩产达700斤，也是唐代的两倍。

唐代最盛时，各地每年往首都长安运送粮食，定的是300万石；而宋代的两浙和两淮，每年送往东京的粮食多达600万石，多了一倍。有学者统计，宋代一个农民生产的粮食大致为4000斤。而1984年，中国每个劳动力生产的粮食为4379斤。

《宋史・食货志》记载，1021年（宋真宗时期）全国总收入是1.5亿钱，约1500万到1800万两。按400美元值黄金1两来换算，当年的收入折合70亿美元。当时世界上没有一个国家有如此大数量的财富流通。宋神宗时期两年的铸币量，即超过唐代三百年的总量。宋代铜钱的流通量，后来没有一个朝代能打破其纪录。有专家认为，宋代的财力，占当时整个世界的50%。

当有人说，唐代是盛世，宋代已经走下坡路时，我不赞同。宋代没有走下坡路，宋代走的是上坡路。

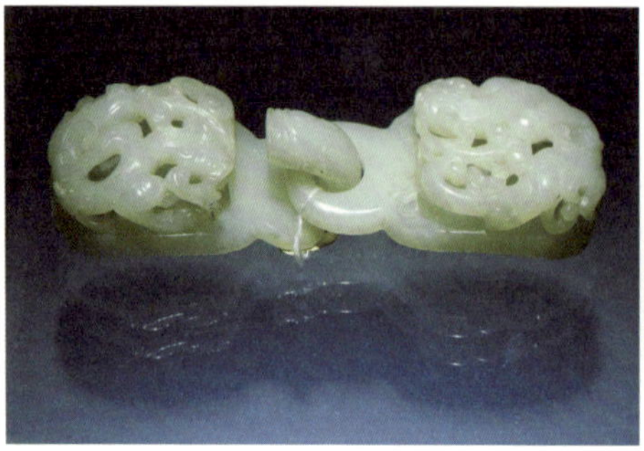

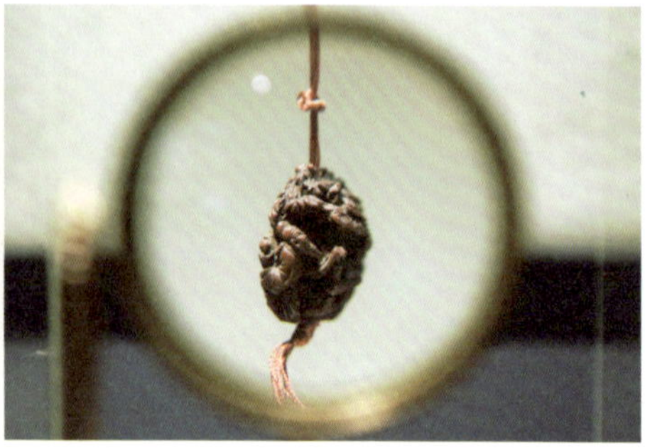

2017年8月1日，杭州，“扬州慢——风物中的雕刻之美”文物展在南宋官窑博物馆开幕。该展展出十几种古代流行的雕刻文物，图为清代螭龙纹白玉带扣（左图）和核雕秋山隐居挂饰（右图）。

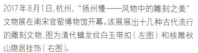

我们今天的生活，有些还不如宋代

垂足高坐这种生活方式是从宋代开始的。和唐代人相比，至少宋代人坐的时候会舒服些。椅子、条凳、案桌这些生活用品都是从宋代开始才有的。唐代人坐在席子上，称为坐席，现在的日本人就是这样，盘着腿跪坐。跪着坐不利于行动，坐久了也很难受。座椅的发明，对市民生活来说是划时代的。座椅、条凳，我们一直用到今天。

市民生活方式千年不变的，除了座椅，还有文字和出版。现在我们打字，用的是宋体字；有一种书籍装订方式叫蝴蝶装，像两只蝴蝶一样，对折起来再装订，这也是宋代人发明的——这是阅读方式的革命性变化。

城市绿化在宋代也很受重视，“汴京八景”里就有“隋堤烟柳”，开封绿化成林，种了杨树、柳树、榆树、槐树、梧桐树……我们看《清明上河图》，里边柳树、榆树都画得很生动。宋代人对环境的重视，体现在当时高官隐退后的去处——洛阳。北宋时期，“天下名园重洛阳”，显宦名流在洛阳都会有一套园林别墅，有点像今天的青岛、厦门、珠海。

司马光被王安石逼退后，就去了洛阳，挂了闲职，专心编写《资治通鉴》。初到洛阳，宅子简陋，夏天太热，司马光还在家里挖了地下室避暑。之后，他在洛阳城东南买了一块地，建成“独乐园”。司马光形容它“质朴而严洁，去市不远，如在山林中”。这处园林，山水、建筑融为一体，在中国建筑史上有一定地位。后来的苏州园林，就是在洛阳园林的基础上发展起来的。

宋代上流社会生活安适，平民百姓也有保障。中国古代真正意义上的社会保障事业是从宋代开始的。宋代每个州府都有供穷人免费居住的保障房，称为福田院。福田院里提供免费食宿、医疗。到了南宋，福田院演化为安济房（免费医院）、漏泽园（殡仪馆）和居养院（保障安置房）。安济房三年当中收了上千人。漏泽园专门安葬无主的尸骨，有人死了，没有人收尸，国家负责安葬。至于妇女儿童，则雇了专门的人服侍，甚至有专门的乳母。

没有钱、没有精力、没有慈善心，是做不了这些善事的。宋代的社会保障机构，延续到元、明、清等朝代，对倡导善举、缓和社会矛盾发挥了积极的作用。人类的精神世界和物质生活是紧密相连的。宋代雄厚的物质基础，使大部分中国人在那个年代实现了安居乐业。

唐代人教给我们的好生活

文丨桃子酱

唐朝就像汉文化一个短暂的度假期，是一次露营。人不会永远露营，最后还是要回来安分地遵循农业理论。为什么我们特别喜欢唐朝？因为会觉得这一年回想起来，最美的那几天是去露营和度假的日子。唐朝就是一次短暂的出走。——蒋勋

像唐朝人那样有美感 唐诗给我们提供了一个诗意的世界，也让我们学会了审美。所以马未都在儿子出国留学时，明确要求儿子要把唐诗宋词当成枕边书，希望培养其对汉语的语感以及审美能力。我们小时候背诵唐诗往往不知其所以然，要到多年之后，才发现这些诗句所描绘的画面已经深深印刻在脑海里："孤舟蓑笠翁，独钓寒江雪"（柳宗元《江雪》）；"野旷天低树，江清月近人"（孟浩然《宿建德江》）；"星垂平野阔，月涌大江流"（杜甫《旅夜书怀》）……

像唐朝人那样有气场 唐朝人尚武，气场也就非凡。"十步杀一人，千里不留行。事了拂衣去，深藏身与名。"（《侠客行》）这是李白笔下的游侠，也是唐朝人尚武精神的象征。"功名只向马上取，真是英雄一丈夫"（岑参《送李副使赴碛西官军》），是很多唐朝人的生活理想。而唐朝的女子，也不是弱质纤纤的闺阁中人，虽然也会"悔教夫婿觅封侯"，但"封侯"的梦想可是她们和男人共有的。武则天则是唐朝女子所能达到的巅峰：和男人一样执掌整个国家。

像唐朝人那样有海纳百川的气量 唐朝欢迎外国人。外国人无论是留学、游历还是居住、迁徙、经商，都有相当高的自由度。玄宗年间，仅长安城便有四千户"归化人"。外国人一旦入籍，即免除十年税赋，且"所在州镇给衣食"。这些政策，使得外国人纷纷前来，娶妻生子（唯一的限制是，外国人可娶唐朝女性，但不得携妻回故土）、入籍，甚至做官：日本人晁衡（阿倍仲麻吕）官至节度使；波斯人阿罗汉在武朝时为官，封金城郡开国公、上柱国，等等。这就是泱泱大国的气度。

像唐朝人那样热爱壮游 就像李白所说，"大丈夫必有四方之志"，唐朝人是最有资格说"我的心略大于整个宇宙"的。李白曾"南穷苍梧，东涉溟海"，杜甫也曾"放荡齐赵间，裘马颇清狂"，在那个时代，每个诗人都是壮游家。策划一场"唐诗之旅"，就选西北吧：这里有王之涣的"黄河远上白云间，一片孤城万仞山"（《凉州词》）；有王昌龄的"青海长云暗雪山，孤城遥望玉门关"（《从军行》）；有李白的"明月出天山，苍茫云海间"（《关山月》），等等。

像唐朝人那样珍视友情 杜甫曾为李白写过15首诗，最出色的是这首："李白斗酒诗百篇，长安市上酒家眠，天子呼来不上船，自称臣是酒中仙。"最深情的则是《梦李白》："故人入我梦，明我长相忆。"（唐朝诗人中另一对著名的CP——白居易和元稹，也有过心灵相通梦到对方的经历。）"孤帆远影碧空尽，唯见长江天际流"；"洛阳亲友如相问，一片冰心在玉壶"……友人的离别，催生了许多关于友情的佳句。

像唐朝人那样尊重女性 唐朝女性地位不低，学者孟宪实提出的佐证之一是：为了让女性享有家庭之外的空间，敦煌有全女班的社团。这个社团需交会费，成员们一起吃饭、喝酒、念佛、游戏，相当于女子沙龙。佐证之二是莫高窟发现的"放妻书"，饱含深情："愿娘子相离之后，重梳婵鬓，美扫蛾眉，巧呈窈窕之姿，选聘高官之主。解怨释结，更莫相憎。一别两宽，各生欢喜。"不是"去妻"而是"放妻"，这是对女性的尊重，也说明在唐朝男女关系是趋于平等的。

像唐朝人那样甘当吃货 姑且不论白居易晚年的隐逸林泉是否有堕落之嫌，但他确实称得上生活家。他那首《问刘十九》，就深得闲适之趣：“绿蚁新醅酒，红泥小火炉。晚来天欲雪，能饮一杯无？”他喝酒的花样也多，据说有时乘兴郊游，车中有一琴一枕，两旁的竹竿悬两只酒壶，他则抱琴引酌。此外，唐朝人酷爱吃鱼鲙，也就是生鱼片，史书里有大量神乎其技的切鲙高手的记载，市面上还有《砍鲙书》这类手册，介绍“小晃白”“大晃白”“舞梨花”等刀法。

像唐朝人那样逢宴必尬舞 唐朝人爱跳舞，逢宴必尬舞。初唐时流行参演者达百余人的群舞《秦王破阵乐》，刚健遒劲；剑舞也很流行，公孙大娘就是这样走红的。除了看表演，从贵族、高官乃至皇帝，兴之所至也会亲自下场尬舞。李靖平东突厥的时候，宫中开庆功宴，李世民就在席上乱舞，太上皇李渊则弹琵琶伴奏。主人带头起舞，循例得邀请客人共舞，在唐朝叫“打令”。如果主人够热情，非得把到场所有客人都邀请一遍才罢休。

像唐朝人那样及时行乐《孟宪实说唐史》里说，顺应季节，唐朝人有不同的玩法：春天，大家去游曲江，还赛花。就是各家都种花，比谁家种出来的花是花魁。夏天，大户人家会拣最热的天请客，在大厅里摆一座冰山，座位围着冰山摆，宴请宾朋。这些冰是从渭河取出来，再藏在地下的木箱子里保存的。秋天，去大雁塔吟诗赏花。冬天，有势力的人该出城打猎了。其他如上元节、清明节、端午节，也必有节目，唐朝的小娘子们最爱穿上男装出门逛了。

像唐朝人那样怒放生命 学者蒋勋特别喜欢“不知江月待何人”（张若虚《春江花月夜》）里的“待”字，在他看来，这是一个暗示：“在这个时刻，在这个春天，在这个夜晚，在花开放的时刻，在江水的旁边，他好像被等到了。”张若虚、陈子昂、李白……他们都得到了那个让生命闪闪发亮、被后人记住的机会。这一切只有在唐朝才能发生，因为这个时代不要求人们安分守己、平淡度日，而是鼓舞人们及时行乐、怒放生命。在唐朝，如果花不盛放，会被认为是不道德的。

唐诗中的十大名物

驿楼 既在遥远的旅途，也在悲切的谪途。诗人登高远望，抒发着旅途中的感怀，“三更犹凭阑干月，泪满关山孤驿楼”。同一个驿楼可能承载了许多代人的故事，韩愈在遭贬南下途中，看到前宰相常衮在驿楼写下的“风候已应同岭北，云山仍喜似终南”，顿生历史重合、际遇相映的慨叹。

纱窗 常出现在描写妇女怨情的唐诗中。刘方平的《春怨》叹道：“纱窗日落渐黄昏，金屋无人见泪痕。”李商隐的《日射》中，“日射纱窗风撼扉，香罗拭手春事违”则写尽寥落少妇细微动作里的百无聊赖，以及“除他之外，诸事与我无关”的心淡。

箜篌 中国传统弹弦乐器，形似竖琴。箜篌传为西域流入，盛唐时达到演奏水平的鼎盛，是盛唐宫廷乐音的代表。其声音柔美时，直教“昆山玉碎凤凰叫，芙蓉泣露香兰笑”；高亢时，现出“女娲炼石补天处，石破天惊逗秋雨”。李贺笔下，鸟兽草木、天地鬼神都与箜篌之声遥相感应。

琵琶《全唐诗》中涉及琵琶的共61首，可畅叙悲欢、幽怨、激昂、慨叹、神秘，可谓全能的情绪放大器。既有“琵琶弦中苦调多”的幽怨，又有“欲饮琵琶马上催”的快意，还有白居易《琵琶行》中“琵琶声停欲语迟”的迟疑矛盾。《琵琶行》除了写出“大珠小珠落玉盘”的轻灵，又讲述了琵琶女命运与时局的沉重多艰。

金缕衣 金缕衣极尽奢华，象征着地位，却作为“美好年华”的对立面出现。同名诗作《金缕衣》是唐朝七言乐府，作者已不可考，诗句无一句明说时光流逝的悔恨，又每一句都反复慨叹青春难留。在时光与财富间，作者给出了非常明确的取向。

剑器 酒、月、剑，是唐诗展示繁盛多元气象的三个重要载体。剑可抒豪情、建功业、锄奸佞、驱邪恶。唐代诗人多有戎马经历，舞剑著诗并重。侠气和想象力并重的李白“十五好剑术”，文武不殊途，是剑的极佳代言人。《侠客行》里“十步杀一人，千里不留行”，满是恣意与道义。

夜光杯 美酒置于杯中，月光下剔透莹亮，夜光杯因此得名。酒是写诗著文的绝佳作陪，可浇块垒，可抒志，可纵情，作为器具的酒杯同样具备这种气质。王翰《凉州词》中说“葡萄美酒夜光杯，欲饮琵琶马上催”，在沙场之中豪饮，随时准备杀敌，极尽豪情快意。

羌笛 是羌与中原文化融合的产物，多出现在边塞诗中，常与戍边将士的形象和心情勾连，与出塞、关山、陇头水等意象相映，带出出征、厮杀、牺牲、血泪的画面，笛声一起，就铺满苍凉的思乡怀人和厌战之心。“羌笛何须怨杨柳，春风不度玉门关。”

玉搔头 诗人常以玉搔头（玉簪）的明艳，写人之黯淡。在白居易《长恨歌》中，玉搔头是一个绝望而悲怆的意象。逃亡途中的杨玉环在马嵬坡被缢杀，人一倒，珍贵头饰也散落一地，其中便包括玉搔头。刘禹锡《春词》里的待幸宫女，明艳到“行到中庭数花朵，蜻蜓飞上玉搔头”，却依然落得百无聊赖无人赏的境地。

灯烛 代表了唐诗中细腻沉潜的理性思考。灯下的情绪，常以“红烛自怜无好计，夜寒空替人垂泪”这种消极悲愁的意象出现。在“孤灯寒照雨，深竹暗浮烟”之间，闪烁着游子、士子、书生、怨妇的命运沉浮，生出“今夕复何夕，共此灯烛光”的共情。

（文/詹腾宇）

唐永泰公主墓壁画描绘的唐代侍女。从她们的衣着打扮到手中所持的各种生活用品，后人得以一窥唐代生活的一些细节。

唐代人的海淘生活

辑丨谭山山

一只西里伯斯的白鹦，一条撒马尔罕的小狗，一本摩揭陀的奇书，一剂占城的烈性药，等等——每一种东西都可能以不同的方式引发唐朝人的想象力，从而改变唐朝的生活模式。

普鲁斯特在《斯旺的道路》的“序幕”中写道：“历史隐藏在智力所能企及的范围以外的地方，隐藏在我们无所猜度的物质客体之中。”一只西里伯斯（印度尼西亚苏拉威西岛的旧称）的白鹦，一条撒马尔罕（中亚古城，汉唐时期被称为“康居”“康国”）的小狗，一本摩揭陀（中印度的古国）的奇书，一剂占城（占族人于今越南中部地区建立的古国，旧称林邑）的烈性药，等等——每一种东西都可能以不同的方式引发唐朝人的想象力，从而改变唐朝的生活模式。

7世纪是唐朝征服和移民的世纪。最初，李渊父子推翻了隋朝政权，摧毁了那些与他们情况差不多的、野心勃勃逐鹿中原的对手；此后，又使位于现在蒙古草原的东突厥政权和位于现在东北地区与朝鲜境内的高丽、百济王国屈膝称臣，并且最终征服了西突厥政权和西域地区，即相当于现在新疆维吾尔自治区的古代城邦诸国的君主，使唐朝成了一个强大的政权。唐朝在以上边疆地区设立的军旗，使得唐朝本土以外的人和物品源源不断地流入唐朝这片乐土成为可能。7世纪也是一个崇尚外来物品的时代，当时追求各种各样的外国奢侈品和奇珍异宝的风气开始从宫廷中传播开来，从而广泛地流行于一般的城市居民阶层之中。

在唐代，长安和洛阳这两座城市是胡风极为盛行的地方

唐朝人追求外来物品的风气渗透了唐朝社会的各个阶层和日常生活的各个方面：在各式各样的家庭用具上，都出现了伊朗、印度以及突厥人的画像和装饰式样。虽然说只有8世纪才是胡服、胡食、胡乐特别流行的时期，但实际上整个唐代都没有从崇尚外来物品的社会风气中解脱出来。当时有些人物对这种新的观念感到痛心疾首。诗人元稹就是其中之一，他在8世纪末年写道："自从胡骑起烟尘，毛毳腥膻满咸洛。女为胡妇学胡妆，伎进胡音务胡乐。"

咸、洛是指长安和洛阳两座都城。在唐代，这两座城市是胡风极为盛行的地方。

唐朝两京的风尚尤其注重效仿突厥人和东伊朗人的服饰。在唐代，当男人及女人出行时，特别是在骑马的时候，都戴着"胡帽"。7世纪上半叶，贵族妇女喜欢一种带着包头巾的外衣，这种将帽子与面纱连接在一起的衣饰当时称作"羃"。其实这是一种类似披风的衣服，它将面部和身体的大部分遮盖了起来，这样既有助于傲慢的贵妇隐匿身份，又能够避免粗人闲汉好奇的窥视。但是到了7世纪中叶之后，端庄淑静的风气日渐衰退，而长面纱也在这时被"帷帽"取代了。帷帽是一种带有垂布的宽边帽，这种帽子的垂布只是下垂到肩部，甚至可以将脸露出来。帷帽最初是用来在灰尘扑面的长途旅程中保护头部的，它是一种男女都可以戴的帽子。

帷帽的流行，尤其是妇女戴帷帽，当时在社会上曾经引起了强烈的物议。咸亨二年（671），唐朝发布了一道诏令，试图禁断那些"深失礼容"的女骑手，要她们在出行时体面地坐进带顶的马车。但是，对于这种诏令根本就无人理会。到了8世纪上半叶，妇女们头戴胡帽，甚至靓妆露面，穿着男人们骑马时用的衣服靴衫在街市上到处策马驰骋。在服饰方面，中唐时期流行的还有另外一些外来风尚。如丈夫戴豹皮帽、妇女穿伊朗风格的窄袖紧身服，并配以百褶裙和一种绕着颈部披下来的长披巾，甚至连妇女的头发式样和化妆也流行"非汉族"的样式。而8世纪的宫女则时兴"回鹘髻"。9世纪时，正当凉州（这里以易于向外来风尚妥协而知名）这样的城镇中的居民随意地选择外来服装和生活方式时，处在吐蕃统治下的敦煌人民却在保持祖国纯正风俗的精神鼓励下保留了汉装。

追求突厥人生活习俗的热情，竟然使一些贵族能够忍受那种很不舒服的帐篷生活，他们甚至在城市里也搭起了帐篷。诗人白居易就曾经在自己的庭院里搭了两顶天蓝色的帐篷，他在毡帐中款待宾客，并且还不无得意地向他们解释帐篷如何能够对人提供保护，免受冬季寒风之苦。

杨贵妃是怎么吃到新鲜荔枝的？

正如大家所熟知的那样，唐朝要利用驿马将荔枝运送到长安，就不得不从岭南驰越唐朝的全境。玄宗朝杨贵妃喜欢吃荔枝，而且她也如愿以偿地得到了新鲜的荔枝。虽然这种水果“一日而色变，二日而香变”，可是杨贵妃得到的竟然是“色味不变”的新鲜荔枝。这怎么可能呢？

首先我们知道，鲜美的“马奶葡萄”当时可以新鲜完整地穿越戈壁沙漠边缘，从高昌（今新疆吐鲁番）转输到长安。如果要问当时为何就具有了如此高超的保鲜技艺，我们在唐朝的文献中是找不到现成答案的。但是在其他的记载中可以发现一些有益的线索。例如在9世纪时，花剌子模（中亚古国，旧译火寻）出口的西瓜是用雪包裹起来，放进铅制的容器之中来保鲜的。由此我们可以推测，西域的葡萄必定也是放置在从天山采集的冰雪之中，然后再运送到长安来的。

14世纪的诗人洪希文曾经见过一幅画，这幅作品表现了唐玄宗与杨贵妃在暑日里安憩的情形。他写了一首诗描述画中的场面，这首诗题为《明皇太真避暑按乐图》：已剖冰盆金粟瓜，旋调雪水试冰茶。宫娃未解君恩暖，尚引青罂汲井花。

有大量证据表明，唐朝在夏天时真的是使用冰来冷却食物的，而且这种做法还可以追溯到周朝。在唐代，瓜的确是被存放在冰里来保鲜的，当时主要是将瓜保存在冰室或者冰窖之中（这种做法古已有之），其次是保存在冰壶或冰瓮里。在夏季，瓜是长安城里很常见的一种消暑解渴的水果，盛冰的壶有时甚至是玉做成的。唐朝诗人经常提到瓜和玉壶。甚至在唐代以前，“清如玉壶冰”（鲍照诗）的比喻，就已经成了表示真正的士人坦荡、纯真的气质的一种套语。

至于冰室和冰窖，皇宫里的冰室是无与伦比的。皇宫的冰室由上林署令负责主管——上林署令是管理朝廷苑囿、庭园和果园的一个官职。每年冬天，唐朝政府都要在冰室里贮藏上千块三尺见方、一尺半厚的冰块，这些冰块是在寒冷的山谷里切凿而成，然后由地方官送到京城里来。

既然有了如此切实有效的方法来保证宫廷里在夏天享用清凉可口的新鲜美味，我们就可以断定，也有同样合适的方法来保证那些来自唐朝边远地区的水果、花卉和树苗的安全运输。隋炀帝曾经使用蜡将四川运来的柑橘的茎干密封起来；11世纪时，为了将洛阳最名贵的牡丹一路安全运送到宋朝的都城开封，也使用了同样的方法。正如欧阳修记载的运送牡丹的方法：先将牡丹放进小竹篮里，竹篮上面盖上几层绿色的蔬菜叶，这样就能避免颠簸和摇晃，然后再将花的茎部用蜡封起来，几天之内花都不会枯萎。唐朝人必定也使用了同样的方法。而且据我们所知，在9世纪初期，唐朝人就已经利用纸来包裹柑橘进行运输了。

外来植物也正是通过与上述办法类似的方式运送到长安来的，管理这些植物也属于上林署令的职责范围，“凡植果树、蔬菜以供朝会、祭祀，其尚食进御及诸司常料亦有差”（见《唐六典》）。来自康国（中亚古国，658年建立）的金桃和银桃也都如此，史书中明确记载，“康国献金桃、银桃，诏令植之于苑囿”（见《册府元龟》）。

唐朝权贵的家里，都散发着一种热带木材的芳香气味

8世纪初期，在建筑和装饰皇室成员以及豪门权贵的宅第、宫殿和一些重要的佛教寺院方面，追求奢华的风气达到了前所未闻的程度。当时对于优质木材的需求量必定非常巨大，其数量之巨，竟然到了将长有这些树木的山林全部砍伐殆尽的地步。这种过分的需求不仅加剧了唐朝本土森林资源的消耗，而且也将外来木材尤其是彩色和芳香木材的输入推向了新的高峰。

在当时的贵族阶层中，拥有各种外来木材制作的家具，已经成了一种时尚，所以唐朝权贵的家里都散发着一种热带木材的芳香气味。李贺对一位唐朝皇室公主出行的描述，为我们提供了很好的例证：“奚骑黄铜连锁甲，罗旗香干金画叶。”为了维持这种挥霍奢侈的场面，同时也为了满足国家庄重的礼仪大典的需求，宫廷工匠需要大量的印度群岛的稀有木材，结果这种木材通过唐朝安南羁縻地区和广州的大海港源源不断地进入了唐朝境内。在外来木材中，主要有在唐朝被称作“紫檀”的sanderswood，被称作“榈木”的flowered rosewood以及被称为“白檀”或“香檀”的sandalwood。

安达曼群岛的紫檀木是一种精良的木材，而印度的檀香木不仅可以用于建筑的用途，它的无味的木材还可以提供一种有色的粉末，以作为种姓的标记。实际上，印度檀香木作为颜料与它作为木料的用途相比，几乎是同样出名的。印度檀香木产出的染料在中世纪欧洲被用来给酱油着色，而马来亚檀香木产出的染料末，在唐朝则被用来浆染衣物。

紫檀还是制作弦乐器尤其是制作琵琶的最优质的材料。紫檀琵琶在唐朝的诗歌中随处可见，例如孟浩然就描写过一把用金粉装饰的紫檀琵琶。在日本奈良正仓院，至今仍然可以见到各种装饰精美的紫檀琵琶，例如这里的收藏品中有一把用紫檀制作，由珍珠母嵌花、利用龟甲以及琥珀装饰成的唐朝的五弦琵琶（这是仅存的一把）。还可以见到一把“阮咸”（日文“genka”），或称“秦琵琶”。这种乐器是以古代“竹林七贤”之一的名字命名的。这把阮咸也是用紫檀制作而成的，而且在装饰工艺上同样使用了与以上五弦琵琶相同的三种珍贵材料，镶嵌了鹦鹉和其他图案。

美观的紫檀木在当时也被用来制作大量其他小型器具，幸运的是现在留存下来不少类似的实物样品。唐太宗极度推崇王羲之的书法，据说他收集了三千纸“二王”父子的书迹，以一丈二尺为卷，连缀成为卷轴，“装背率多以紫檀轴首，白檀身，紫罗褾织成带”（见《法书要录》）。

北京大学教授、文化学者张颐武

生活方式研究是对人类科学文明的整合

采访丨赵赳

为什么要进行生活方式研究，是因为现代化的凶猛之处在于把全社会都卷入进去了，使人丧失了反思空间，也失去了自我反思、观照的机会，最终无法从现代生活中超脱出来。

人文社科和自然科学研究都包含了对生活方式的研究。从人的行为、举止、言行到对交往方式、生活方式的理解，最后到生活方式的选择，都包含了生活方式的学问。生活方式研究是对人类科学文明的整合。不能说生活方式无学，而是分散在大量学科里。第一，缺少学科间交叉整合。比如文学研究人的感情方式、表达方式、语言方式、想象和虚构方式；心理学研究人的行为表现出的心理依据；历史研究人的生活方式的演绎变化；哲学研究人类及人类社会价值观和方法论总和。几乎所有人文社科与部分与人相关的自然科学都与生活方式联系密切。第二，生活方式研究是整合学科间的交叉互联，重新把握生活方式的路径、方法，并从学科间独立出来，以新的眼界来研究。最终通过研究向全社会推广学问，提高社会文明化程度。

为什么要进行生活方式研究，是因为现代化或现代性的凶猛之处在于把全社会都卷入进去了，使人丧失了反思空间，也失去了自我反思、观照的机会，最终无法从现代生活中超脱出来，第三，现代化使人丧失了生活方式的自觉，完全卷入了被限定的生活方式中。比如，买什么样的房子标示什么社会阶层，买什么样的车标示什么样的性格。所有消费品提供了一整套生活模式，简直是标配。比如，身为前卫艺术家就按照前卫方式生活。无论是波西米亚还是布尔乔亚，都准备了相应的生活模式。

现代社会讲究高效率来达到目标。张爱玲“出名要趁早”完美标定了现代生活特点。《小团圆》里出名趁早后果非常痛苦，对年轻人无疑是致命一击。总之现代社会以消费为导向标定生活方式，使人丧失反思能力与自觉，也使现代生活变得单调乏味。

中国历史上曾有根植于农耕社会的传统生活方式，你看张岱、李煜和《闲情偶寄》可以品味传统生活方式的浪漫悠长。张岱关于苏杭的游历感受，可谓诗意盎然。不可否认这是一种植根于传统农业社会的文化品味。

但现在传统生活方式与现代生活方式之间落差太大，以至断层。两种生活方式像平行线，毫不相关。传统农业社会生活方式道法自然，依据时令节气来调整生活节奏，与自然一体，同步运作。比如士大夫不直接从事农业生产，但生活节奏完全依据农业生产时令来安排。日出而作，日落而息。《清明上河图》里城市生活与农业生活紧密联系，且直接依靠农村文化，并以此为基础衍生发展。比如北宋临安很庞大，但是由农村直接供应。现代农业包容在第一、第二产业中，且处于大生产微末环节。资本主义生活方式使人的时间完全被整合在大工业生产之中。即使现代农场生活方式也完全按照现代工业生产方式与效率组织整合，与传统农业生产方式背离。毫无疑问，现代生活完全脱离了自然，也疏离了传统文化精神。

过去我们曾经对现代大工业存在幻想，一直幻想在现代工厂工作，但持续生活在农业社会，生活物质匮乏，处于集约化管理的大规模生活也完全不现实，最后失望了。资本主义市场经济确立了8小时内的工作为8小时外的生活服务原则。8小时内工作可能单调乏味，但8小时外轻松娱乐。工作为休闲服务，同时宗教为生活提供更高价值或意义。计划经济恰好与资本主义经济相反，8小时外为8小时内服务，使人完全丧失了自由。人的所有时间被粗暴占有了，太痛苦了。

工作狂是自我实现的想象。资本主义清教伦理认为工作是为了实现个人价值或梦想。通过许诺梦想方式刺激人为将来勤奋工作，实际是物质过后兑现，与期权投资类似。比如，现在工作将来可以住大别墅，将来有比尔·盖茨500多亿身家，或者获得了认同和成就感。

红陶兽形壶，新石器时代，1959年山东泰安大汶口遗址出土。现藏于山东博物馆。

过去价值观规范现实生活行为，塑造基本人伦。古人也有欲望，但传统超越性的价值观渗透到生活中，控制了欲望过度膨胀。传统价值观与现代中西方价值观混杂。这是最痛苦的。人性几千年来差不多，生活方式差别却很大，但构成生活方式的元素基本相同，比如孔夫子言“食色，性也”，是饮食男女之大欲，千古不变。只是有些时代调节得当，有些时代爆发了。时紧时松。

西方社会腐败是耗费，比如买游艇、私人飞机、开豪华宴会。中国则是积累，看护放在家里的巨额现金，偷着乐。过去8小时内外全管起来了，导致了改革开放三十年的总释放。美国中西部地区中产阶级生活其实是很乏味的，邻里之间交往谨慎，休闲最多的是咖啡馆里喝喝咖啡，酒吧里喝两杯，完全没有中国时下疯狂的娱乐方式。在美国唱KTV被视为不得体，根本没有遍布中国大小城市的洗浴城。即使是纽约、洛杉矶大都会，中产阶级生活也很老实。《绝望主妇》其实比《欲望都市》更真实。有些国人误以为西方人的生活就是花天酒地、骄奢淫逸，是非常片面的。这种对西方生活不切实际的幻想蒙蔽了好些人的眼睛。

西方人看好莱坞也是做梦的，以缓解现实生活的单调乏味。中国以前连温饱都没解决，使得吃吃喝喝的欲望变得纯粹、强烈。改革开放四十年来物资匮乏得到了极大的缓解，因此部分国人急于占有和消费的心理也急速膨胀。欲望必须要有调节器，要有控制，不能让它像洪水般泛滥。

北京师范大学教授于丹

中国人的当代生活方式病

采访丨王丹

现代人最大的生活方式病，就是过分地看重方式，而忽略生活本身。

我多年的朋友王先生，一个台湾人。他父亲是圆山饭店创办时的财务总监。王先生是家里独子，他们的家业非常大，但是生活非常低调。一次我无意中和他提起，我特别喜欢台湾的牛肉面，他微笑着说："下次有机会去我家吃吧。"时隔多年后，我去奥克兰，他和太太在奥克兰的家中接待我。那天呈现在我面前的，是桌上摆一大碗面，还有两碟配菜，一碟是水焯的青菜，上面淋了酱汁，另一碟是炒出来半透明的酸菜，这酸菜是洒在牛肉面上吃的，就这么简单的三样东西：一碗面，两碟配菜，却是我吃过的最最好吃的牛肉面！

我请教他们做法，王太太给我娓娓道来：三天前的半夜里，她突然找不到她先生了，后来发现他在楼下厨房里炒酸菜。他把酸菜一条条一丝丝仔细地切好，用滚油来开化冰糖，冰糖刚化就把酸菜浸进去，用滚油和冰糖焖酸菜，这要焖3天时间，酸菜才会变成半透明状，才会不那么酸，既有甜味但又不腻，这个酸菜是用来给牛肉面调味的，是三天前做的。两天前，王先生开始熬牛骨汤，里面要放上牛杂碎，慢慢把牛骨髓熬出来，这个汤要熬两天。一天前，他开始炖牛筋，因为他要给我做半筋半肉的牛肉面，假如牛肉和牛筋同时炖的话，牛筋还没炖烂，牛肉便炖老了，所以要先炖牛筋，炖出来后小火焖着。到他家当天，他现炖牛肉，最后再用牛骨汤来下面。我吃到的这碗牛肉面，是他们两口子忙活了三天，为我做的一碗牛肉面。我相信做这碗牛肉面他们花的心思，是做满汉全席的心思。你说，这碗面能不好吃吗？王先生说："我做的面，不放一颗味精，因为不需要。"

吃完面，他给我现磨咖啡，在咖啡上他用焦糖一朵一朵地画上小花。他儿子说他爸爸做的咖啡不需要再放糖，因为那上面的焦糖是他亲手熬出来的。后来我想一杯咖啡、一碗牛肉面，平常百姓家里也能做，但我们现在更愿意请客人下馆子，我们连碗都懒得洗。

从他家离开时，他送我两样东西，一样是他家的音乐CD，他说你随便挑两张最喜欢的，你拿走，我再重新买。另外一样是维生素C泡腾片，他说一个人老在外面跑容易生病，吃点维生素可以增强抵抗力。我每到一个地方，经常有朋友送我精美的礼品，但在王先生家吃的牛肉面和他送我的CD，让我感觉到这也是一种生活方式。我在他们家看日落的时候，他问我："三十天前你在干什么？"我想了半天想不起来，他又问："那十天前，此刻你在哪儿，在干什么？"我想了半天还是想不起来。他说："那好吧，我希望今天此刻，你会记住你在这里看日落。"他说生活的智慧来自无私的心。我觉得他也给了我一种生活的方式和态度。现在很多人希望在有限的生命里挣更多的钱，有的人希望能拥有更多的朋友和人脉，住大房子、吃美食、穿名牌，但我觉得如果像王先生那样用做满汉全席的心去做一碗牛肉面，每一个瞬间都把它留住，是不是就意味着拥有的东西会更多一些呢？

现在的生活方式病，就是我们追求效率，但是忽略了生活本身的原味。很多快餐无非就是各种煎炒烹炸后哗地撒一把辣椒，味蕾都被刺激得很粗糙。我们现在做东西没时间，尝东西、享受东西也没时间。现在大家都追求奢侈品，但凡能用钱衡量出来的东西都不是真正的奢侈品。真正的奢侈品，就是花时光，你自己能够做得出来的东西。从2011年下半年的各种新闻，就不停地在扩散一种恐慌：2012要来了，世界末日要来了，可2012平凡地过去了。其实，现在最大的恐慌是，我们乱了自己的心。所以佛家有一句话叫一心不乱，就是一颗心不乱，别人是乱不了你的。所以生活方式病就是越来越在乎外在方式，而越来越忽略生活本身。

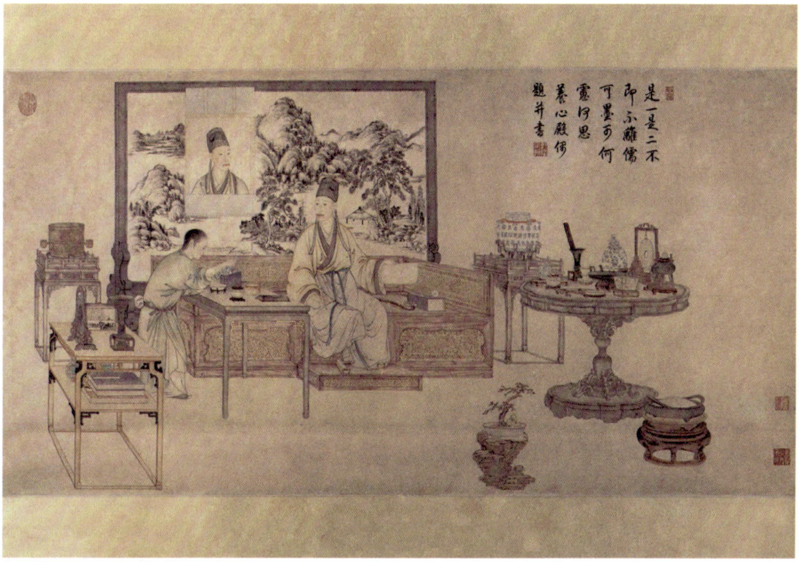

清人绘《乾隆皇帝是一是二图》，现藏于北京故宫博物院。画卷上乾隆皇帝御题：“是一是二，不即不离。儒可墨可，何虑何思。”图中所绘商代青铜器、元代瓷器等器皿，映衬出乾隆皇帝儒雅的生活情趣，以及他对传统器物的赏识与重视。

我还想说说喝酒、喝茶这两件事。

先说喝酒，中国人的聚会肯定有酒。但你想想，人家那时候除了酒还有什么？李白说的：唯愿当歌对酒时，月光长照金樽里。那时候酒中都是有明月的呀，为什么明月几时有，要把酒问青天，什么浮生只合尊前老？也就是说古人喝酒，酒里有月光，酒里有年华，酒里还有那么多深刻的交情。李白想起当年贺知章去迎接他时，把皇上御赐的三品金龟拿来换酒，所以他想起来：昔好杯中物，今为松下尘。金龟换酒处，却忆泪沾巾。那就是故人已逝，大家想起来酒里有多深的交情。但你看看现在呢，喝红酒，得比是不是拉菲拉图。喝白酒，得说这是25年的茅台，还是30年的五粮液原浆。现在大家比的酒，越比越贵，越比越老。其实喝来喝去，酒桌上推杯换盏，大家敬的是什么？有时候无非敬几张名片。不是求人办事的，就是表忠心的，我们现在这酒喝得都不纯粹。酒里性情少了，诗意少了，月光少了，但是酒里的功利多了，金钱价值多了。

什么是生活方式？你说陶渊明那时候家里穷成那样，但达官显贵，东晋的开国元勋王皋的亲孙子王弘，想要给陶渊明送酒，送得那叫一个胆怯啊，老觉得我给人送酒，那不是折杀人的尊严吗？所以他找了自己的朋友庞同之，说："听说你认识陶渊明，你看看他哪天出门你在路上设一局，路过时招呼他在亭子里喝酒。然后我藏在旁边，装作不经意路过，你就招呼我，这样我才能见着陶渊明。见着了待大家都聊熟了，然后假装不经意地说'我那酒喝不完，要不你帮帮忙，我哪天给你送点儿过去？'"这就是著名的白衣送酒，那时候一个著名的达官显贵，想要给一个贫寒名士送点酒，送得那叫一个忐忑。想想现在我们多少好品红酒的人，有多少酒桌上很昂贵的局，但这些都是为方式而方式。

许慎的《说文解字》，是一本一千九百多年前出来的书，里边解这个"酒"字——"酒者，就也。"迁就的就，所以就人性之善恶也，说得真好！酒这个东西本身无所谓好坏，关键看什么人喝。好人喝酒，喝得意气风发，酣畅淋漓；坏人喝酒喝得勾心斗角，阿谀奉承；最坏的酒可以是鸩酒，可以杀人，所以酒本身无所谓好坏，它是就人之性情的。喝酒也是一种生活方式，但是方式本身其实是靠生活的价值观去决定的。

再说喝茶。茶字，是人在草木间，喝茶本身就是如会山林，如坐草木，这是中国人四季流转的一个生活的依托。过去有对联说——琴棋书画诗酒花，酒还在雅这部分里。但下联呢——柴米油盐酱醋茶，茶本来就是老百姓的事，开门七件事之一。但你看看现在茶馆的门槛，一斗普洱，不是同昌号的，就是五指红印五指绿印的。说起来都是多少多少一饼的，好像才有面子出来斗个普洱茶。一说喝武夷岩茶，如果不是那三棵树上的大红袍，都不好意思请客。喝点红茶吧，不是金骏眉你还不好意思拿出手。

我想，这喝茶的门槛怎么越来越高了呢？其实，春天喝点绿茶降燥去火，到了秋天喝喝半发酵茶，平衡阴阳，到了冬天不管熟普洱还是红茶，暖心暖胃，都是人在四季草木之中跟自然、跟大地的一个默契的符码。中国人现在的生活方式，有时候把方式给夸张了，方式只跟金钱挂钩，跟事物本身的性情没有挂上钩，所以我们舍不得花星云大师所说的时光。什么是参禅呢？也不是说非要遁入空门，我们就在生活光阴里，拿出点时间，用点心去做事，改掉那些毛病，你就进步了。

香港生活方式评论家欧阳应霁

我是永远站在鸡蛋那一头的

采访 | 金雯

每个时代都应该有那个时代的某种态度。目前的立场来说，很多食材要被保护，我们有这个自觉，不吃鱼翅，不吃那些濒临灭绝的生物。

马铃薯曾经是毒药，巧克力曾经是春药，经典曾经伴随着误解和争议一路走过来，它是需要漫长的时间累积、沉淀的。但是，最近一百年，人类社会、媒体发展迅速，经典的产生逐渐丧失了这个过程。所以，当下什么才是经典的问题，其实让我想了很久。那些被权威选定的就是经典吗？还是媒体不断重复报道的就能算？

这几年大家都在说有机、乐活的概念。我在意大利做慢食运动的那些朋友，在重新整理民间保留的食材、食谱或者食物。不是因为慢食和乐活是潮流而被认定成为经典，主要是这些食物、食材跟土地、原住民有亲密的关系。它们不是由某个跨国集团来经营，而是真正的当地培育，往往只是很少的产量，只有有限的经济收入，用以维持生活。

如果说对经典判断也是有个人取向的话，我是比较倾向这类老老实实的“经典”。跨国公司基本以纯粹的经济利益为目的，在其扩展中，不会考虑到独立个体存活的需要和可能，势单力薄的个体往往会被牺牲掉。但是就像村上春树说的，我是永远站在鸡蛋那一头的。

经典或许有大众接受的过程，但是大众怎么定义？现在通常倾向于用统计数据。但是，有些族群生活在偏远地区，数量上相对是小的，如果用现在

蹴鞠纹青铜镜，宋，现藏于中国国家博物馆。蹴鞠是中国古代的一项运动——踢球，“蹴”是“用脚踢”的意思，“鞠”是皮制的球。蹴鞠运动早在战国开始流行，兴盛于汉、唐。这面铜镜背面刻画了男女四人踢球的场景：左侧一个高髻女子正在踢球，球被颠在她的脚尖之上，右侧一个男子仿佛正在防守，另有两人在旁观看，十分生动。

的大众或小众标准区别，就会把他们归入小众，但他们其实也是一个重要的群体。

所以，我们要摆脱习惯定义，才能有一个比较准确的解释。有些食谱能够存活几百年上千年，得到几代人的认同，它的生命力证明了经典性。

另外，经典总是牵涉到感情、传统等很人文、感性的因素。在意大利的慢食节上，我见到一种lard的肥猪肉，大概的做法跟做风干火腿类似，如果用现在“大众的标准”，这种整块的肥猪肉是不能吃的。但是我看到有意大利老师带着一群五六岁的小朋友，让他们大口大口吃lard，这是意大利的传统食物。在这个状态中他们就把它当成国宝，让小孩来学习这个东西在他们饮食文化中的重要角色。

其实lard吃起来很难不喜欢，有肥肉的特别香味。我们不能用现在的健康的标准来限制传统食材的传承。当然，我们要知道进食的比例、分量。

现在媒体很急于要扮演角色，引领大家的取向，但是媒体的背后是商业大佬，他们急于通过媒体来评定一些所谓经典，成为社会流行，变成赚钱的工具。我们进入这种状态已经很久了，现在要做的就是保持清醒，民众自己清楚究竟需要什么，对媒体相信多少。媒体的话，该说多少实话。当然，信或不信，坚持和妥协的拉扯一直发生着，没有绝对一面倒的负面结果，让现在的情况显得挺有趣。

其实什么都会过去，现在的经典说不定在某天就没了。现在大家说要保护物种，不吃这个，不吃那个。但是在另一个角度，因为某种原因，历史也好，上帝也罢，某些物种就是会消失。

每个时代都应该有那个时代的某种态度。目前的立场来说，很多食材要被保护，我们有这个自觉，不吃鱼翅，不吃那些濒临灭绝的生物。我自己也做过这种承诺。如果有一群人觉得不对，也OK。一个社会能够容忍各种不同的观点也是好的。

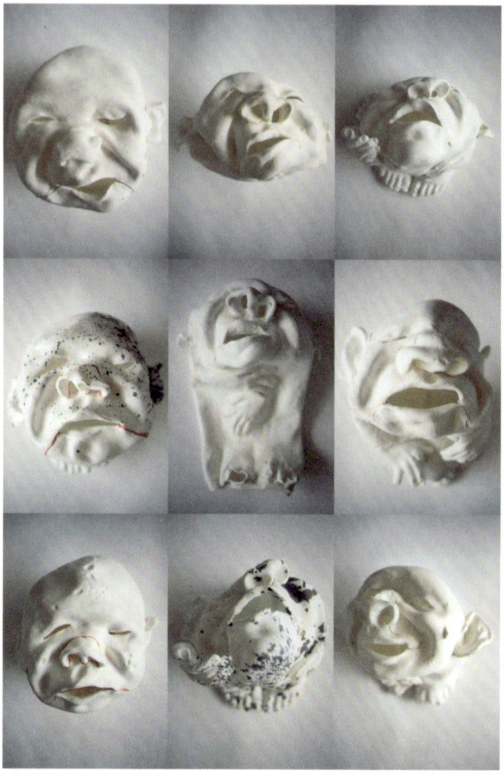

艺术家方力钧
去景德镇烧一堆让人心疼的陶瓷

文 | 孙琳琳 图 | 阿灿

“这是一件消耗品，它对应的完全是一个生命的过程。它的变化可能比你的生命快一点、明显一点，因为它是物。每次看到这件作品损坏一点，你就心疼，但是你从来没有这样对待自己的生命。”

2017年9月，景德镇，方力钧的陶瓷新作刚刚出窑。他说："知道这个世界有很多缺陷和不足，知道自己有很多缺陷和阴暗面，你还特别坚定地认为美好，这个美好才比较落地、比较可靠。"

它就像一个生命体，在呼吸，在走向毁灭。出窑的那一瞬间是它最好的时光。只要一打开窑门，它就在崩坏，在塌陷，在往坡下滚。

它是一件瓷器，一个比喻，一种命运。方力钧创造了它。

景德镇是中国为数不多的还为身为手艺人和匠人而自豪的地方之一。这里有悠久的制瓷传统，产出细腻的产品，追求既实用又好看的效果。景德镇瓷中的上等货，各道工序都很严格，到市场的时候近于百分百无瑕疵。

在新开发的陶溪川陶瓷文化创意园坐着，你完全不知道这是在景德镇，比欧洲漂亮多了。但景德镇再往下走，只有优美和完美是不够的。

常住人口165万（2016年的数据）的景德镇有10万陶瓷从业者、2万多“景漂”。2012年开始频繁出入景德镇的方力钧是其中的一员，也是特殊的一员。因为他的出现，景德镇瓷有了新的可能性。

方力钧是被好山、好水、好朋友吸引来的。“我一开始是不想做陶瓷的，就是一帮朋友喝酒、玩儿，再买一点老瓷器、破瓷片什么的。看他们每天修修补补，陶瓷有个裂缝就赶紧修好，我觉得这样掩盖物理性、追求优美，是特别大的浪费和禁锢。”

方力钧说，地球上所有陶艺家都拼命在陶瓷万分之一的可能性里打转，希望在这万分之一里找到新天地。如果不只使用这万分之一的可能性，而是把一万种可能性都发挥到极致，那种状态想着就很舒服。

“我老说你们应该用那些瑕疵和失败的地方去做作品，而不是去掩盖它。说的时候大家都能理解，一扭身他们就把那些都修好了。”

方力钧在景德镇的第一件陶瓷作品，是翻了一个大树根。“这个作品本来有很多瑕疵，我觉得特别好，也不用修。结果我不在的时候，好朋友李玉端就帮我把它修了。”

既然大家都转不过这个弯来，方力钧决定自己做，做朋友们想修也修不了的作品。

1980年到1983年，方力钧在河北轻工业学校读陶瓷美术专业；但他创作陶瓷作品却是从2013年才开始的。那个时候他被当作技工来培养，各个陶瓷工序都学过。如果没有这个基础，他的想象力、他对材料的认识和选择都会不一样。

武汉合美术馆馆长黄立平说："从陶瓷开始，方力钧通过物来表达人，通过挑战技术极限来表达观念。"

对他而言，陶瓷不是工艺品，艺术不是化妆术，是对人的直观感知能力的研究和探索，甚至有可能是排除化妆术的。"最激动人心的艺术品，是跟痛感、跟人的神经的感受紧密相关的。"

方力钧2017年的陶瓷新作，用的是十多年前的模具，但呈现出的颜色、形状、观感都不一样。当初是铸铜，如今是烧瓷；当初做出来的是一个个完整的大脑袋，现在做出来的则是一个个破碎的大脑袋。它们堆在钢笼子里，经过1300度高温烧制，瓷和钢粘在一起，瓷成型了，钢变形了。

放在一起烧，难度更高。"立体作品如果没有工艺难度的话，我觉得没什么意思。运输、展览、销售、储存，从构想一直到彻底粉碎，我希望作品一直处在让人特别揪心的状态。"

赶到景德镇和方力钧开10月底的个展筹备会的批评家鲁虹看了方力钧新作后说："这个比那个好一些，厚多了。"

那个，指的是方力钧2013年的陶瓷作品。他把纸盒子放进泥浆里一蘸，组合在一起推进窑里烧，窑门打开时纸盒早已灰飞烟灭，只留下陶瓷小方块构成的矩阵，空、薄、透、露，无比脆弱，无比精美。

"因为大家都不这样做，所以我一下就成功了。"方力钧尽量让陶瓷作品的质感漂亮一点，因为外观要是一点都不好看的话，别人就彻底不看了。这是一个妥协，但他作品的核心绝不是好看或者吸引人。

方力钧揭示了陶瓷的另一种特性：有些东西看起来形成了一个结构，但这个结构是很脆弱的，是经不起碰撞的。"到现在这个作品它是什么情况，我就不动它。它也是不断毁坏的，因为空气温度的变化，它会收缩，自然会裂，裂的地方多了之后就会塌陷。我也不知道它什么时候能达成平衡。"

好多收藏家买了作品之后，承受不了寂静夜里雕塑咔吱崩裂的脆响，根本不敢拿回家，干脆寄放在经纪人或美术馆那里，偶尔去看一看。美术馆曾想做一个玻璃罩子把方力钧赠送的作品保护起来，免得被观众戳破。但他不允许，并说实在坏了就再送一件。

"这是一件消耗品，它对应的完全是一个生命的过程。它的变化可能比

组图：2017年9月，景德镇，方力钧工作室。

2012年刚开始出入景德镇时，方力钧只是来玩耍的，喝喝酒、买买破瓷片。没想到一年后，他就看不下去了，开始了陶瓷作品创作，创作出一种完全不于传统景德镇瓷的当代作品。如今他的工作室可能是景德镇最忙碌的工坊之一。他不定期地出现在这里，带来新的想法，尝试新的可能性，做出新的品。这次他想试试把钢板和玻璃板放在一起烧会有什么结果。

2017 年
景德镇,
钧工作
窑,他的
基地。

你的生命快一点、明显一点，因为它是物。每次看到这件作品损坏一点，你就心疼，但是你从来没有这样对待自己的生命。”

收藏家心疼，方力钧自己也很心疼，也很别扭。但他坚持：对生命来讲，最好的状态是保持敏感——它老是有点别扭，别扭里有点喜悦，喜悦里有点担心。保持这种敏感，才能说明你的生命是健康的。

“直接把你提溜起来塞到蜜罐里，然后把盖关上，这是最糟糕的状态。但是我们平时这种状态好像挺多的。”

2013年开始的“方块”系列推进到今天，已经薄得像单层卫生纸。从技术上来说，方力钧已经没有办法让它更薄、更危险了，所以他才转向具象，开始做人像。“我必须换一个还有往极端里推进余地的事来做。”

新做的人像也很薄，出窑时已经碎得乱七八糟，有的半个脸没了，有的甚至整个头都没了，只剩一些碎渣。方力钧加入一个新的因素，就是让它们跟钢铁在一起，将极端的脆弱和极端的野蛮坚强并置。

在这个方向上，他在慢慢地寻找新的可能性。

比如将钢板和玻璃板夹在一起烧制，钢板烧完之后变得不规则又冷冰冰，但是玻璃烧完之后是流动的，有可能像水一样全都没了，但是一点痕迹都没有的可能性也很小。“我也加了一些高温的透明釉，就是怕玻璃完全流失，这样它多少还会有一点痕迹。现在是试验阶段，它是成功的。”方力钧在景德镇的所作所为，基本上可以归纳为——用很大的精力、花很多的钱去寻找未见之事的确据。

“以前中国传统工艺讲师承，但现在不一样了，尤其在当代艺术领域。只要是出现过的，它就不是艺术而是工艺品，只有想象不到的才叫艺术。”

方力钧很赞成西方人对艺术的极端要求。“如果厨师和司机都能想得到，那要艺术家干什么呢？艺术家只能去做其他行业的人完全不可想象的事，才能使得你的行业有存在的价值。”

2013年，方力钧在景德镇陶瓷学院办展，请来了巴塞尔艺术博览会前主席皮埃尔·于伯（Pierre Huber）。皮埃尔和一位中国收藏家闲聊，问他收藏了什么。浏览过他的藏品后，皮埃尔不客气地说：“我不觉得这是艺术。所有往回看的都不是艺术，只有向未来看的才是艺术。”

潮流风尚

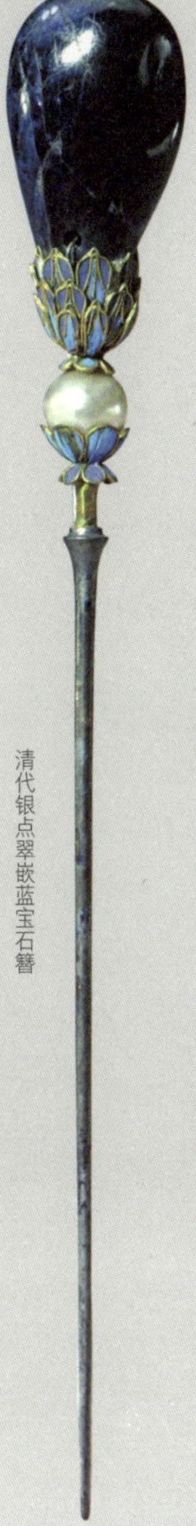

清代银点翠嵌蓝宝石簪

《十二美人
立持如意。
美人图》
宫廷画家
的工笔重
画，共12幅
于北京故
院。此套图
研究女子
饰文化最
而真实的

美人在骨不在皮
中国人的审美变迁

文丨郑依妮

中国的审美受到社会、经济、政治、文化的影响。作家侯虹斌在《活在汉朝不容易》中说："其实美人在骨不在皮，美的标准是社会文化的产物，是社会参与了对女性审美的重塑。对女性来说，对抗这样的审美文化，无疑需要一颗强大的内心。"

春秋战国时期，男人提倡女人"柔弱顺从"，士大夫盛行"精致细腻"的审美意识。脸部好看比身材好看要重要，"柔弱细腻"的女人被奉为美女。两汉时期，"妇容"是女性必备的四项德行之一。那时女人的服装设计也以功能性为主，奢华的服饰一般在宫廷中才能见到。

在那个含蓄的年代，人们多靠眉语表达爱意，所以画眉撩汉是古代女子必不可少的技能。闺阁女子日日对镜梳妆，还要把脸搽得雪白，嘴唇用红色的颜料，并且轮廓画得很小。"八岁偷照镜，长眉已能画"，这是她们自幼学习的必修课。"面如凝脂""樱桃小口"逐渐成为古代女性美的基本格调，最好能天生有一双小脚，走起路来更加优雅。

从看脸到看身材，从以胖为美到瘦成一道闪电

随着两汉经学的瓦解，佛教开始盛行，人的个性得到解放，自然飘逸的美盛行一时。对女性美的评判标准也逐渐趋于外在的个性和精致。在这样的社会大环境下，女性开始主动追求美。汉代女人大多穿着广袖短襦、曳地长裙，腰部束以"抱腰"，并用衣带来装饰。当时还流行在头上插戴花钗和"步摇"，这样走起路来衣袂飘飘、环佩叮当，进一步强调了女性的温婉妩媚、婀娜多姿。因此，崇尚个性美、自然美成为汉代的审美标准。

唐代丰满的女性被视为性感的象征，这与欧洲文艺复兴时期的审美有相似之处。中国最早描绘女性的图像据说是唐代的《簪花仕女图》，从中看出唐代喜欢身材丰腴、面如满月的女性。现代人讲求“A4腰”、八块腹肌加上“人鱼线”，这样的身材在中国古代很难有市场。

由于政治、经济、文化等诸多方面的影响，宋人开始崇尚纯朴淡雅之美。女性美从华丽开放走向清雅内敛。人们对美女的要求渐渐倾向于文弱清秀：削肩、平胸、柳腰、纤足。宋代缠足之风遍及民间，“三寸金莲”成了对女性美的基本要求。中国女性以瘦为美的审美趋势在此定下了基调。

随着资本主义的萌芽，审美情趣也随潮流转变，但对女性美的标准仍然和前朝没有太大区别。清朝文人张潮在其著作《幽梦影》中提到，所谓美人者，以花为貌，以鸟为声，以月为神，以柳为态，以玉为骨，以冰雪为肤，以秋水为姿，以诗词为心。透过这个生动的比喻，可以看到一个文人心中要求内外兼备的审美标准。这种审美意识一直保持到民国。

如今审美趋同化，许多人通过医疗美容整出近乎一样的网红脸。蛇精脸、双眼皮、水滴鼻、M型唇和小耳朵被部分人视为精美的五官。一套网红脸整下来，隆鼻、削骨、光子嫩肤、修发际线、做卧蚕、垫下巴，一步不少。心理学家任丽认为，网红脸成风其实是社会审美能力低下的一种表现。网红脸的风气归根结底还是对自己不自信，追求夸张，自恋，缺乏对自身发现美、审视美的能力。

阴柔的美男子，帅气的女汉子，“中性审美”自古就有了。

性别模糊的趋势在近年越来越明显。李宇春以帅气征服了不少粉丝，而李玉刚一曲《新贵妃醉酒》让人难辨雌雄。其实，中性风在中国古代已经流行。

汉代乐府诗《陌上桑》就写了当时流行的美男子范儿：“为人洁白晰，鬑鬑颇有须。盈盈公府步，冉冉府中趋。”大意是男人皮肤又白又嫩，留着浓密的山羊胡子，走路迈着四方步，气场十足。在古人审美观里，美男子应天生有白皙的皮肤，除此以外，还要勤于打扮。古代男人擦粉是很常见的事情。三国有个何晏，官拜侍中尚书，娶了曹操的女儿，贵为驸马。史书上记载他非常自恋，终日粉饼不离手，"性自喜，动静粉白不去手，行步顾影"。

在南北朝时期，中国人对中性美的喜好达到了极致。文有潘安、卫玠，武有韩子高、高长恭。"靠脸吃饭"自古便有，只要颜值够高，高官厚禄如探囊取物。《世说新语》里还专门辟了一章来评说士大夫们的风姿仪容。根据那时的审美，男人"面如凝脂，眼如点漆"就是帅。晋朝流行的美男子普遍女性化，容貌秀丽，按照现在的说法都比较奶油。晋代美男子的重要特征就是美貌、白皙和谈吐优雅。

美男子屈原堪称古代最会穿的男人，他对自己形象的重视程度绝对和那个1500多年之后出生在西方的王尔德不分伯仲。屈原钟爱花草，更爱奇装异服。他用荷叶裁成上衣，荷花做成下裳，"余幼好此奇服，年既老而不衰"。不仅如此，他还头戴极高的冠，身挂很长的佩饰，香气四散。"惟兹佩之可贵兮，委厥美而历兹。芳菲菲而难亏兮，芬至今犹未沫。"屈原认为，一个人的品位代表了他的品格。

无论服装多裸露，中国人其实骨子里都是含蓄的

民俗学家钟敬文在其著作《民俗学概论》中指出："服装在中国社会里不仅仅是生活文化的一部分，它往往同时还是一种政治符号，其中蕴含着很多象征性和意识形态的理念或其背景。"唐朝的名士们大多身穿大袖宽衣，有的也会裸袒胸前肌肤。

范冰冰主演的《武媚娘传奇》曾经因为服装问题引发人们对唐代服饰的热议：历史上唐代的女子穿衣到底露不露胸？唐代是中国历代经济、文化的鼎盛时期，织造技术强，人们富裕之后，身上穿的服饰自然是越来越华丽，也更加开放。唐代女性不只露胸，而且地位越高露得越多。唐代的"袒胸装"领口非常低且大，可以看到乳沟，穿袒领襦裙时通常不着内衣，将胸部袒露以展示丰满。唐代服饰在美学风貌上有一个从窄小到宽松肥大的演变过程，《文献通考》载，唐初衣裙"尚危侧""笑宽缓"。

唐代女性的打扮是中国历代女性中最为大胆和性感的。她们的着装之暴露，可谓空前绝后。即便是现在，除了女明星走红毯的特殊场合以外，普通人在公共场合穿着过于暴露，在中国人看来依然是不得体的行为。

2017年5月27日，湖北省武汉市，模特在T台展示武汉本土高校大学生设计的时尚服饰，袖口宽而长，设计元素源自汉服。（图/IC）

19世纪初，妇女解放运动逐渐深入人心。从自由恋爱、自由婚姻开始，新式婚姻在都市里流行开来。“新文化运动”对这个时期的女性影响很大，她们多穿窄而修长的高领衫，下穿黑色长裙，手镯、耳环、戒指等饰品很少用。这种装束被称作“文明新装”。民国有四大美人——林徽因、周璇、阮玲玉和陆小曼，她们是年轻人穿着打扮的模仿对象。旗袍渐渐变成了女性的日常服饰。女人开始美而不露地展示身材，也更加向西方服饰审美靠拢。

20世纪90年代开始，人们的衣食住行、婚丧嫁娶，无不渗透着文化的演进和文明的融合。中国人的形象早已天翻地覆，再鲜亮的颜色也有人敢穿，再大胆的式样也有人敢试。西装领带、喇叭牛仔裤、健美裤、带垫肩的套装，都成了当时“时髦”年轻人的标配。中国人的服装已经完全和西方接轨，人们穿起了西装，然而在西服的掩盖下，藏着的却是一颗有些自卑而脆弱的内心。

“汉服运动”却在近几年兴起。一个叫王乐天的电力工人身穿汉服走在郑州的街头，这是见诸报道的中国现代第一位穿“汉服”示众的人。之后，北京、上海、深圳、广州、长沙、成都等地都出现不同程度的响应者。这些行动者认为，“华夏复兴，衣冠先行”，复兴汉服，是为了“重建民族自尊、寻回民族自豪、复兴华夏文化、重塑中华文明”。复旦大学历史系教授顾晓鸣把“汉服热”解读为“新中国成立至今的现代服装发展过程，正是国人放弃传统最彻底的时期。汉服运动是在全球化的状态下，中国人身份认同焦虑的反映”。

如今，成龙、李连杰、张艺谋、谭盾、陈凯歌等明星在国际场合也不约而同地选择以中式服装示人。成龙说：“在国外一些大场合，我从来都是穿唐装、中山装，我就想告诉所有人，我很骄傲，我是中国人。我很传统，不希望忘记自己的文化。”这样的行动与其说是一种个性表达，不如看作是对自己的最起码的文化自信。

●长沙马王堆素纱禅衣●孝靖皇后凤冠●玛瑙绿松石玉串项链●百子游龙旗袍●马头鹿角形金步摇●错金铜带钩●金丝翼善冠
●金柄玉梳●玉鱼莲坠●双鹤衔草玉饰●孔雀形玉钗●嵌宝石桃凤银镀金钗●玛瑙扳指●玉叶组佩●嵌绿松石摩羯鱼金耳坠
●绿地织五彩缠枝牡丹漳缎●明黄缎绣金龙皮朝袍●银鎏金累丝嵌珠石指甲套●白玉镂雕荷包式香囊●点翠海棠花纹头花

20重器

长沙马王堆素纱禅衣

西汉·现藏于湖南省博物馆

世界上最轻薄的衣服

辑丨阿饼

1972年，长沙马王堆一号汉墓出土了一箱轪侯夫人辛追生前所喜爱的时装，其中有两件薄如蝉翼、轻若烟雾的“素纱禅衣”特别引人注目。一件为曲裾素纱禅衣（衣长160厘米、通袖长195厘米、重48克），一件为直裾素纱禅衣（衣长132厘米、通袖长181.5厘米、重49克），折叠后不盈一握，是世界上现存年代最早、保存最完整、制作工艺最精、最轻薄的衣服，在我国古代丝织史、服饰史和科技发展史上有着极为重要的地位。

“禅衣”就是今天所说的单衣。相传唐代的时候，有个阿拉伯商人在广州拜见一位官员。他突然发现这位官员身上有一颗黑痣居然透过薄薄的衣服显露了出来。正当他目瞪口呆的时候，官员问他：“您为何盯着我的胸口呢？”阿拉伯商人忙回答：“哦，我在惊奇为什么透过双层衣服还能看见您胸口的一颗黑痣。”官员听后大笑了起来，拉开衣服让商人看个仔细。原来他穿的衣服不止两层，而是五层！

上乘的纱料，以蚕丝纤度匀细见长。素纱禅衣每平方米纱料仅重15.4克，并非因其织物的孔眼大，空隙多，而是纱料的旦数小，丝纤度细。丝织学上对织物的蚕丝纤度有一个专用计量单位，叫旦（全称旦尼儿），每九千米长的单丝重一克，就是一旦。旦数越小，丝纤度越细。经测定，素纱禅衣的蚕丝纤度只有10.5至11.3旦，而现在生产的高级丝织物是14旦。古人形容“轻纱薄如空”“举之若无”，一点都不夸张，足见汉代缫纺蚕丝技术的高度发展。

由于这两件素纱禅衣曾经被盗，目前湖南省博物馆所展示的是高仿真样品。但这一仿制研究竟耗费专家们13年的心血！1978年，湖南省博物馆曾委托一研究所复制这件总重49克的素纱禅衣。但该研究所复制出来的第一件素纱禅衣的重量超过80克。后来，专家共同研究才找到答案，原来现在的蚕宝宝比几千年前的要肥胖许多，吐出来的丝明显要粗、重，所以织成的衣物重量也就重多了。紧接着专家们着手研究一种特殊的食料喂养蚕，控制蚕宝宝的个头，再采用这些小巧苗条的蚕宝宝吐出的丝复制素纱禅衣，终于织成了一件49.5克的仿真素纱禅衣。

人们对素纱禅衣价值的理解一般只在于它的轻薄。湖南省博物馆专家认为，素纱禅衣更重要的价值在于印证了古籍上所记载的汉朝发达的丝绸制作工艺。这件素纱禅衣与一同出土的100多件精致的丝绸制品，是2000多年前我国丝绸制作水平高度发达，由此兴盛了丝绸之路的最好见证。

●长沙马王堆素纱禅衣 ●孝靖皇后凤冠 ●玛瑙绿松石玉串项链 ●百子游龙旗袍 ●马头鹿角形金步摇 ●错金铜带钩 ●金丝翼善冠
●金柄玉梳 ●玉鱼莲坠 ●双鹤衔草玉饰 ●孔雀形玉钗 ●嵌宝石桃凤银镀金钗 ●玛瑙扳指 ●玉叶组佩 ●嵌绿松石摩羯鱼金耳坠
●绿地织五彩缠枝牡丹漳缎 ●明黄缎绣金龙皮朝袍 ●银鎏金累丝嵌珠石指甲套 ●白玉镂雕荷包式香囊 ●点翠海棠花纹头花

20重器

孝靖皇后凤冠

明·现藏于中国国家博物馆

最冷艳最凄美的点翠工艺

辑 | 阿饼

明孝靖皇后凤冠，专属于孝靖皇后王氏，1957年出土于北京市昌平县（现为昌平区）定陵，现收藏于中国国家博物馆。

明代的厚葬之风盛行，由此凤冠即可看出端倪。明孝靖皇后凤冠用漆竹扎成帽胎，以丝帛为面料，前部饰有九条金龙，口衔珠滴，下有八只点翠金凤，后部也有一只金凤，共九龙九凤。此冠共嵌未经加工的天然红宝石100余粒、珍珠5000余颗，缀以蓝色流云和凤凰，保存完好，堪称世界皇冠奢侈、豪华之最。

有典故传说记载："洪武三年定制，皇后在受册、谒庙、朝会时穿礼服，其冠，圆框饰以翡翠，上饰九龙四凤，大小花树各十二，两博鬓，十二钿。"明孝靖皇后凤冠乃定陵出土2780件文物中3件凤冠之一。据考古人员介绍，打开孝靖皇后的棺木时，里面装满了织锦、金、银、玉等殉葬品，各种精美的艺术品和价值连城的宝器，构成了一个色彩纷呈的世界，可见明末奢侈之风更盛。这也许是后人对这个悲惨女人的一种补偿和慰藉——王氏一生凄惨，属于她的凤冠，其实她生前没有见过，也没使用过，应该是明熹宗即位，追封祖母为皇后时根据她的身份而补葬的。

除了镶嵌贵重的珠宝，明孝靖皇后凤冠的珍贵还在于其采用了"点翠"的工艺，即凤冠上的一抹蓝色。点翠是中国汉族传统的金属工艺和羽毛工艺的完美结合。翠，即翠鸟之羽。其制作工艺极为繁杂，制作时先将金、银片按花形制作成一个底托，再用金丝沿着图案花形的边缘焊个槽，在中间部分涂上适量的胶水，将翠鸟的羽毛巧妙地粘贴在金银制成的金属底托上，形成吉祥精美的图案。这些图案上一般还会镶嵌珍珠、翡翠、红珊瑚、玛瑙等珠宝玉石，越发显得典雅而高贵。自古的帝王服装、皇后的凤冠，都采用翠鸟羽毛作为装饰，经历漫长岁月仍鲜艳闪亮。

与西方宝石的炫亮华丽相比，点翠制成的饰物，自有一种艳丽拙朴之美，体现了东方饰品注重细节，讲求工艺的精细、含蓄之美。点翠工艺的发展在清代康熙、雍正及乾隆时期达到了顶峰，后来，也由于保护鸟类及制作工艺的残忍而在清末民初由烧蓝工艺取代。

20 重器

玛瑙绿松石玉串项链

西周·现藏于首都博物馆

中国最美的古代珠子

辑｜阿饼

西周时期，由于礼乐制度的兴起，佩戴有珠玉的组佩成为一种时尚，也是表明身份尊卑的标志。用玉多少及佩饰的复杂程度、长短则成为区别身份地位的重要标志。身份越高，用玉越多，佩饰越复杂，长度越长。这种由两件或两件以上的玉器组合而成的玉佩又被称为“组佩”。

西周组佩是中国古代珠子当中最为精彩的一部分。《周礼》中有对组佩的详细记载：“佩玉上有葱衡，下有双璜、冲牙，蚌珠以纳其间。”周人发挥想象，使珠玉的组合达到登峰造极的地步，极尽奢华，千变万化，没有一定形式的约束。

串饰主要分项饰、腰饰、腕饰；多由玉璜、盾形佩、凤鸟纹梯形牌以及各种圆雕小动物如蝉、鸟、龟等精致小雕件组串而成。其中红色玛瑙珠和蓝色费昂斯珠是常见搭配，其穿缀方式复杂而活泼。

西周还有“步行则有环骊之声”的说法，振玉之声和色彩的组合，使得身份标志与感官愉悦相映成趣。所以，西周贵族们在佩戴玉组佩时一定是迈着优雅的步伐从容而行的。步子越小，走得越慢，越显得气派，风度俨然。

西周的组佩中，与身份等级的联系最紧密的是项饰。首都博物馆五楼的玉器展厅中，展出了179件于1974年北京房山县（现为房山区）琉璃河西周燕国墓地出土的玛瑙绿松石玉串项链，其中包括：以玛瑙为主的串项饰，计110件；其次是以绿松石为主的饰件，计48件；再次是以玉为主的饰件，形状除管珠外，主要为形象的牛头、人面、璧形、兽面、兔形、鱼形、蚕形、扁平形、长条刀形、扁圆形等，计21件。

这些红玛瑙珠和动物塑像带有异域风格，表明周代中国与西亚和南亚有了文化交流。考古学已经证明，西周玛瑙珠来自南亚或西亚。古人亦有记载，曹丕《马脑勒赋》序云玛瑙西来：“马脑，玉属也，出西域，文理交错，有似马脑，故其方人固以名之。”

●长沙马王堆素纱禅衣●孝靖皇后凤冠●玛瑙绿松石玉串项链●百子游龙旗袍●马头鹿角形金步摇●错金铜带钩●金丝翼善冠
●金柄玉梳●玉鱼莲坠●双鹤衔草玉饰●孔雀形玉钗●嵌宝石桃凤银镀金钗●玛瑙扳指●玉叶组佩●嵌绿松石摩羯鱼金耳坠
●绿地织五彩缠枝牡丹漳缎●明黄缎绣金龙皮朝袍●银鎏金累丝嵌珠石指甲套●白玉镂雕荷包式香囊●点翠海棠花纹头花

20 重器

百子游龙旗袍

民国·现藏于纽约大都会博物馆

世上最美的百子游龙旗袍

辑 | 阿饼

在西方艺术家眼中，旗袍代表了东方的神秘和审美。东方的审美趣味，中国文化的内敛，在旗袍上体现得淋漓尽致。与西方袒胸露背的开放式礼服不同，旗袍不暴露，却尽显女性的曲线美。

2015年5月4日，作为2015美国大都会博物馆慈善舞会的重头戏，“中国：镜花水月”大展特设专馆来展示中国旗袍。而大都会博物馆的两件镇馆之宝，其中一件就是黄慧兰女士于1976年所捐赠的旗袍——百子游龙旗袍。它用寓意深远的东方图案，登峰造极的缝制细节，混合多种手法的刺绣工艺，体现出了东方女性之魅。

一百年前，脱胎于满族旗装的旗袍从宫廷走向民间，逐渐成为中国女性的“国服”。20世纪30年代的上海，伴着东方巴黎的莺歌燕舞，旗袍的魅力达到巅峰。新中国成立后，经历了一段时间的沉寂，20世纪90年代以来旗袍开始复兴，以高级定制的身份重新进入人们的视野。终于，在一百年后，旗袍再次骄傲地站上国际舞台，让全球为之瞩目。

旗袍的英文是cheongsam，这其实是长衫的音译，现在有很多地方称呼旗袍为“长衫”或“长衣”。甚至在民国官方颁布的服制条例里虽然出现了旗袍的形象，却从未称呼过它为“旗袍”，而是称呼为“衣”。

周锡保和张爱玲均以为旗袍的流行在1921年以后，周氏还根据1923年的画报等资料推断，所谓旗袍在其时的上海数十人中不过一二。实际上民国旗袍首倡群体并不承认“旗袍”这个称呼，而是“只叫它做长衫、长衣或长袍，与男性服装混为一词”。

张爱玲曾在《更衣记》里写道：“五族共和之后，全国妇女突然一致采用旗袍，倒不是为了效忠于清朝提倡复辟运动，而是因为女子蓄意要模仿男子。她们初受西方文化的熏陶，醉心于男女平权之说。”王宇清也持有这种观点：“旗袍，这后来流行大半个世纪的女装，却原来竟是新潮女子们争女权争平等的副产品呢。”

●长沙马王堆素纱禅衣●孝靖皇后凤冠●玛瑙绿松石玉串项链●百子游龙旗袍●马头鹿角形金步摇●错金铜带钩●金丝翼善冠
●金柄玉梳●玉鱼莲坠●双鹤衔草玉饰●孔雀形玉钗●嵌宝石桃凤银镀金钗●玛瑙扳指●玉叶组佩●嵌绿松石摩羯鱼金耳坠
●绿地织五彩缠枝牡丹漳缎●明黄缎绣金龙皮朝袍●银鎏金累丝嵌珠石指甲套●白玉镂雕荷包式香囊●点翠海棠花纹头花

20 重器

马头鹿角形金步摇

南北朝 · 现藏于中国国家博物馆

游牧民族头上盛开的金色花朵

辑 | 阿饼

《长恨歌》有云："云鬓花颜金步摇，芙蓉帐暖度春宵。"为令一代君王"从此不早朝"的杨贵妃美貌加持的"金步摇"，指的是金做的步摇，即用金银丝盘成花之形状，上面缀着垂珠之类，插于发鬓，走路时摇曳生姿，一步一摇，甚至相互撞击，给人以视听的美感，故名"步摇"。

"步摇"一词最早出现在战国时期，出自楚国宋玉的《讽赋》："垂珠步摇，来排臣户。"大意是讲宋玉出行时，到一处人家投宿，这家主人的女儿走路时首饰摇动的样子。《后汉书·舆服志》里亦有记载："皇后谒庙服……假结，步摇，簪珥。"

考古学家徐秉琨认为，在汉代，女性佩戴步摇与女性的地位有关。《续汉书·舆服志》叙述了当时贵族的服制，只有皇后和长公主有戴步摇的记述，其他人如贵人、公主等都没有佩戴步摇的记述。可见步摇在当时是一种高级饰品，是身份地位的象征。

步摇不仅流行于中原地区，北方少数民族也十分喜爱。他们多以草原上常见的羊、马、鹿等动物形象作为主题纹饰。1981年，内蒙古达尔罕茂明安联合旗出土的两件"马头鹿角金步摇"，就是北方游牧民族典型的装饰品。其制作十分精致，可见当时锼钉、铆钉、镶嵌、掐丝、金珠焊缀的技法都已十分成熟。

据学者考证，这两件具有浓烈草原特色的金步摇应为4世纪慕容鲜卑的遗物。鲜卑是起源于大兴安岭地区的游牧民族，逐水草而居，迁徙无常，与人形影不离的首饰、服饰以及马具就显得更加重要，金银也多用在这些方面。相对于汉族而言，金步摇在草原民族更被珍视，它不仅是草原人头上盛开的金色花朵，也是身份与地位的象征，其主人不限于贵族女子，还包括男性的国王和高级贵族。

到了隋唐王朝，金步摇依然流行于贵族妇女之间，只是形制稍有变化，草原特色开始减弱。六朝以后，步摇的形式更加多变，制成鸟兽花草等状，取金、银、玉、玛瑙作为原材料，一步一摇中更显闪耀迷人。

●长沙马王堆素纱禅衣●孝靖皇后凤冠●玛瑙绿松石玉串项链●百子游龙旗袍●马头鹿角形金步摇●错金铜带钩●金丝翼善冠
●金柄玉梳●玉鱼莲坠●双鹤衔草玉饰●孔雀形玉钗●嵌宝石桃凤银镀金钗●玛瑙扳指●玉叶组佩●嵌绿松石摩羯鱼金耳坠
●绿地织五彩缠枝牡丹漳缎●明黄缎绣金龙皮朝袍●银鎏金累丝嵌珠石指甲套●白玉镂雕荷包式香囊●点翠海棠花纹头花

20 重器

错金铜带钩

战国 · 现藏于郑州博物馆

这是如今保存最完整的战国时期金属器，是研究战国时期青铜镶嵌工艺和衣饰配件的最重要实物。

20 重器

金丝翼善冠

明 · 现藏于明十三陵定陵博物馆

此冠是万历皇帝朱翊钧陪葬之冠，是明十三陵定陵博物馆的镇馆之宝。冠上仅龙鳞就用了8400片，标志着中国古代镂织工艺已达到登峰造极的境地。目前金冠在我国仅此一顶，堪称国宝。

●长沙马王堆素纱禅衣●孝靖皇后凤冠●玛瑙绿松石玉串项链●百子游花旗袍●马头鹿角形金步摇●错金铜带钩●金丝翼善冠
●金柄玉梳●玉鱼莲坠●双鹤衔草玉饰●孔雀形玉钗●镶宝石桃凤银镀金钗●玛瑙扳指●玉叶组佩●嵌绿松石摩羯鱼金耳坠
●绿地织五彩缠枝牡丹漳缎●明黄缎绣金龙皮朝袍●银鎏金累丝嵌珠石指甲套●白玉镂雕荷包式香囊●点翠海棠花纹头花

20重器 金柄玉梳

唐 · 现藏于纽约大都会博物馆

这件金柄玉梳由金、玉两种材质通过镶嵌工艺制成，是流失海外的中国无价之宝。唐代人通常将玉梳作为装饰用的插梳，插于发上，露出梳背。

20 重器 玉鱼莲坠

宋 · 现藏于北京故宫博物院

此坠呈玉色白，鳍短而厚，活灵活现，鱼荷相伴，寓意连年有余。西周后鱼类玉器数量锐减，唐代复兴，宋代佩鱼之风又盛，延续至元、明、清。它的出现有助考古学家了解宋代人日常的玉饰佩戴风格。

20 重器

双鹤衔草玉饰

宋·现藏于首都博物馆

1974年北京房山长沟峪石椁墓出土的陪葬品，呈扁平菱形，两只高足长颈仙鹤作展翅状，是宋代玉佩饰中的珍品。

20 重器

孔雀形玉钗

金·现藏于首都博物馆

这件精美绝伦的玉器首饰，不仅展示着中国古代女子的绝代风华，更体现着一个时代的文化背景和美学取向。

伍

潮流风尚

20 重器

● 长沙马王堆素纱襌衣
● 孝靖皇后凤冠
● 玛瑙绿松石玉串项链
● 百子游龙旗袍
● 马头鹿角形金步摇
● 错金铜带钩
● 玉叶组佩
● 嵌绿松石鎏鎬鱼金耳坠
● 金丝翼善冠

● 金柄玉梳
● 玉鱼莲坠
● 双鹤衔草玉饰
● 孔雀形玉钗
● 嵌宝石桃风银镀金钗
● 玛瑙扳指

● 绿地织五彩缠枝牡丹漳缎
● 明黄缎绣金龙皮朝袍
● 银鎏金累丝嵌珠石指甲套
● 白玉镂雕荷包式香囊
● 点翠海棠花纹头花

20 重器 嵌宝石桃凤银镀金钗

明 · 现藏于中国国家博物馆

金钗的宝石镶嵌在金凤鸟之中，做工极为精湛，体现了明代工匠宝石镶嵌技艺的一流水平。

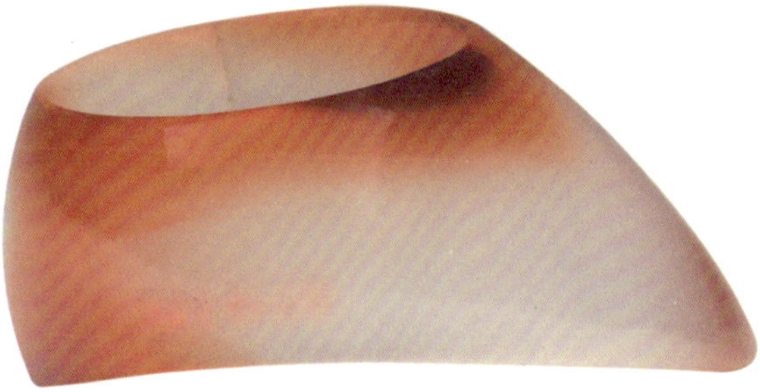

20 重器 玛瑙扳指

清 · 现藏于纽约大都会博物馆

这个扳指包浆莹润，纹饰为天然形成，犹若远山含黛，是最具鉴赏价值的玛瑙扳指。

20 重器

玉叶组佩

明·现藏于湖北省博物馆

这是明宣宗赐给梁庄王妃子继妃魏氏的皇家御用饰品，也是玉禁步中极为罕见的上品。

20 重器

嵌绿松石摩羯鱼金耳坠

辽·现藏于上海博物馆

摩羯鱼纹饰以唐、辽金银器及宋时耀州窑瓷器最多，而以玉雕琢的摩羯鱼相当少见，为文物研究提供了重要参考。

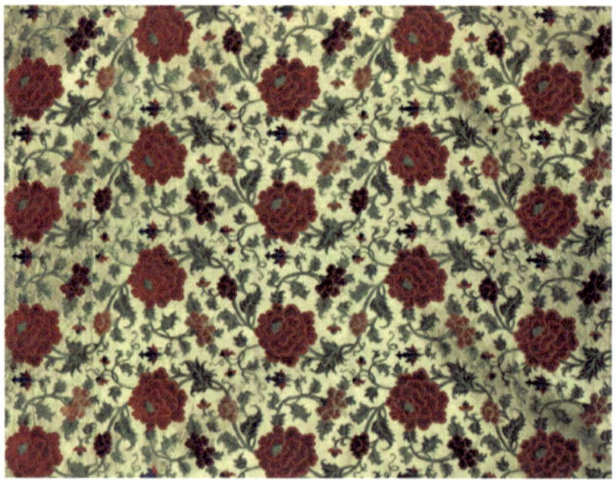

20重器 绿地织五彩缠枝牡丹漳缎

清·现藏于北京故宫博物院

花纹形成较强的明暗反差，加之花纹高出缎地，具有很强的立体感，代表了清代漳缎技术的最高水平。

20重器 明黄缎绣金龙皮朝袍

清·现藏于北京故宫博物院

此袍距今已有二百五十多年历史，是故宫博物院目前仅存的一件缀金板嵌珠石皇后朝袍。

20 重器

银鎏金累丝嵌珠石指甲套

清 · 现藏于北京故宫博物院

通体采用累丝工艺，并以点翠装饰蝙蝠图案和“寿”字图案。为清代后妃所用，据说是慈禧的最爱。

20 重器 白玉镂雕荷包式香囊

清 · 现藏于北京故宫博物院

香囊通常为古代女子送给男子的爱情信物，该件用白玉镂雕而成的香囊，向考古学家展现了中国镂雕技法的成熟，是镂雕技艺历史重要文物参考。

20 重器

点翠海棠花纹头花

清·现藏于北京故宫博物院

此点翠饰品历数百年仍明艳如初，从侧面反映出清代花丝镶嵌工艺的发展最高水平。

作家孟晖

中国人要香起来

文丨郑依妮

在中国古代，稍有一官半职的士大夫都无法想象自己的身上和宅邸没有香气。在他们看来，香气和生活品质有着紧密的联系，穿着再华丽，首饰再珍贵，也比不过用香气去体现一个人的体面与地位。

古人重视香花、香草的采集，本意是为了让人和生活的环境洁净、清香。人们随身佩戴香料，让自己终日萦绕在香气之中，这是古代生活中最常见的一种生活方式。古人对香气有着非一般的执着，尤其是唐宋时期，人人都是“香气控”：平日穿戴有香囊、香裹肚、香履，涂抹在身上的有妆粉、画眉墨、口脂，洗漱沐浴的有澡豆、香粉、香皂，用的有香炉、香串、香扇……

从《楚辞》中的许多诗句可以看出，楚人是从野地里采来新鲜的香花、香草，编成花环、花链佩戴在身上，有点像今日夏威夷、泰国等热带地区的风俗。为了让香花、香草保存更久，人们把香草等阴干后再装入精美的丝袋里，制作成香囊。

让身体散发诱人的香气，不仅仅依靠佩戴香囊，还有各类沐浴香料。古人把香草投入洗澡水中，煮成香气四溢的“香汤”，用来清洗身体。在古代这是一种奢侈的美容方式，有点像现在的SPA。后来有了澡豆，这是一种特制的带有香气的清洁品，作用相当于肥皂。《千金方》中记载了一种高级澡豆的配方：丁香、沉香、青木香、麝香等贵重香料，连同桃花、李花、樱桃花等十几种香花一同捣碎，加入珍珠、大豆末等。据传用这样的澡豆来洗澡，皮肤会变得光洁。据说慈禧太后在洗浴后，不仅要由宫女用香花蒸馏出来的花露水轻拍

2015年7月1日，西安，姚佳点燃做好的香篆后，闭目养神。随着古代的品香在坊间悄然兴起，焚香静修渐成人们领悟人生禅意的方式。（图/视觉中国）

全身，且所用的花露水还会随着季节变化而变换，十分讲究。这种沐浴用香的习惯延续至今。如今人们用的沐浴露、洗发水等都带有不同类型的香气。

香气意味着性暗示

浓郁型香气在中国并不受欢迎，因为中国人喜欢若有若无的香气。《画堂香事》一书作者孟晖说："西方人喜欢浓郁的香水，粗暴直接地扑面袭来。中国人用香的方式是含蓄的。古人会把香囊系在肘臂下，让它藏身于袖子中，举手投足之间，香气悄悄地从袖筒中发散出来。这种袖底生香的方式，在中国人看来既含蓄又性感。"

从东汉开始，香料渐渐在中国贵族中普及开来。相传在汉代宫廷，尚书郎必须"怀香袖兰"，一身香气才能侍奉天子。香料在当时是稀缺资源，因此香气是贵族阶级的象征。稍微有点经济条件的家庭，对用香之道都颇为讲究，光是熏衣就有多种方式。一种是将由香料合成的香粉包裹起来，夹放在箱柜里的衣服中间。这些香粉除了能够熏香衣服，还能防虫和防霉，清代以后渐渐被樟脑丸代替。还有一种是点燃特制的熏衣香丸进行熏衣。这些香丸不能太干燥，也不能太湿。熏衣时的火也不能太旺，否则香气散发过快。

香气往往带着迷人的性暗示。孟晖称，古时人们相信沐浴后坚持用香粉擦身，能让香气渗入肌肤，使身体自然地蕴涵香气。因此当时许多闺中女子临睡前都要在自己的胸前、手臂等处擦上香粉以保养皮肤。唐宋时期的香粉中还会添加胭脂，使之呈现接近人体自然肤色的粉红。淡粉色的肌肤从轻纱袖衫中隐约映出来，格外诱人。《开元天宝遗事》记载，杨贵妃每到夏季总是穿着轻纱，一出汗，汗水"红腻而多香"。

古人不只用香料涂抹身体，还研制出了"口香"。古典美人经常口中含着香料制品，令唇齿生香，这就是"口香"。最讲究的"口香"是一种香茶饼子，它由嫩茶叶连同麝香、檀香、龙脑等多种贵重香料，搭配香花、甘草等做成。当时的时尚男女身上都会带着专门的香茶盒子，用来装香茶饼子。

中国人不只身上香，还把香料用在了生活空间和建筑材料上。古人无法想象卧室里、帐子里没有香气。香气在中国传统文化中，与生活品质紧密相关。南朝陈后主为美人张丽华建造了奢华的香阁，大小几十个房间，从窗扇、壁带、悬楣、栏杆，都用沉香木和檀香木制作。稍有清风吹过，整个香阁就会散发出香气，在数里之外都能闻到。后宫中、大殿上，总有香炉在静静焚香。

马王堆出土的一件彩绘陶熏炉里，仍然盛放着高良姜、辛夷等香草。兰草更是被视为"国香"，孔子称其为"王者香"。一直到唐代，皇宫和贵族的府邸中普遍种植着各种香草，既装点庭院，又可随时采摘使用。平民百姓也紧跟潮流，芳香更加馥郁的香花、香草流行起来，比如桂花、茉莉、蔷薇、薄荷叶、佛手瓜等。到了明清时期，这些植物已经成为闺阁不可缺少的生活单品。

香还是社会阶级地位的体现

为何人们自古便对香气如此执着？孟晖说："香味是生理反应引发的社会价值判断标准。从生理上而言，人天生不喜欢臭味。香气和臭味相对，香气就是高贵的，让人生理愉快。香料最早用在祭祀上，说明在人们心中，香气意味着圣洁、干净。香气更深层的意味是人摆脱了原始环境和低级劳动。香和物质享受有紧密的关系，当社会的财富急剧减少，人们连生活温饱都难以维持的时候，也就来不及顾及自己是否闻起来是香的。一个陌生人身上带有令人感到舒服的香气，首先就能让旁人感到心情愉悦，同时也能够让旁人对他的身份有一个较好的价值判断，认为他是一个体面的人。遗憾的是，现在中国人已经没有制香、用香的习惯，有时在天热人多的公共场合，杂乱的气味闻起来特别糟糕。”

东汉时期香料比较珍贵，只有宫廷里的人才能享受到。汉代以后，随着陆上丝绸之路和海上丝绸之路航线的开辟，非洲、东罗马和西域地区的各种香料开始进入中国。这些香料多数是经过加工提炼的复合制品，芳香浓郁且持久，远非中国的香草能比。于是，这些浓郁的异国香料成了汉代以后上流社会的身份象征。魏晋时期，随着进口香料越来越多，香料的价格越来越亲民，有些家庭甚至会用泡过沉香的水来洗手，用香的普及程度可见一斑。

香料最鼎盛的时期是宋代。当时社会人们生活比较富裕，家家户户都在消费香料，可以说全民都是“香水控”，区别只是香料档次的高低之分。香料被人们过度使用，甚至到了铺张浪费的程度。人们连喝的茶和蜜饯都要添加香料。

西方复合式香水从宋代开始进入中国。人们把香水作为制香材料之一，用来调制有前调、中调、后调的复合香。如今流行的小众香水祖马龙、芦丹氏，早在中国宋代就有了。富贵人家都讲究自行蒸制，做成花露水。如今只有专业人士才知道如何调配香水。早在宋代，许多大户人家的日常爱好之一就是调配香料，用香水来和香。人们会写下自己调配的香料配方赠予友人，以表情谊。而如今市场上抢手的限量版小众香水，那都是宋朝人玩剩下的。

到了明代，香料在过度消费后变得极度匮乏。香料价格上涨，民间的香料消费急剧萎缩。用不起进口香料，人们的用香审美开始转向花果味，甚至认为不熏香才是一种新时尚。《红楼梦》里就提及林黛玉的房间从来不熏香，顶多摆一些花果。

自晚清以来，中国丧失了许多宝贵的传统文化，香的消失是其中一个。孟晖说：“中国人如果要重新香起来，还得从恢复传统做起。”在孟晖看来，一些伊斯兰国家和印度的制香传统至今没有丢失，制香的方式也更接近中国宋代的制香方式。比如伊斯兰国家几乎每种香料都会用到蔷薇露，也就是宋代最常用的玫瑰水。所幸的是，随着物质文明的复兴，中国香料消费如今又开始兴旺起来。孟晖说：“香气是当人们生活达到一定水平之上，自然而然会追求的东西。香气是一定会回到中国人的生活中的。”

作家止庵
和时间里不灭的东西击掌相笑

文丨苏马

喜欢现代生活方式与向往古典志趣，在止庵身上并不矛盾。他相信，一代代人死去而古典精神不死，它或多或少地存在于人们心里，并在某一时刻共鸣着。

作家止庵的作品似乎总和当下有时差，他研究庄子、老子、义和团，为周作人写传，编周作人、张爱玲的书，点评西方印象派之后的油画；他今年新出版的首部小说《喜剧作家》创作于30年前；连他的笔名也是来自《庄子》“人莫鉴于流水而鉴于止水，唯止能止众止”，并与一位清朝文人同名。

但他从不觉得自己脱离时代，他习惯并喜欢现代的交通、居住、饮食、服饰等生活方式。“根本不用买什么旅游书，上网查一下轮船公司的班次时间，哪天该住哪，一清二楚。”曾有出版社请他沿孔子一生的足迹走一遍，写本书，他告诉对方完全没走的必要，找辆小汽车或吉普车，用不了多少时间就走完了，“山东西边、河南东边、安徽北边，孔子一辈子周游列国，主要就在这么大个地方转”。

若说物见其人或道在器中，止庵骨子里无疑是个向往古典志趣的人。北京望京一高层住宅，他的住所里，最醒目的家具是数面依墙而立的大书柜，书柜是原木制，与地板颜色相和谐，满满当当上万本书，除此之外，家中其他地方皆空旷，茶几上仅有待客的茶器和一个半截木头做的日式手工台历。止庵口中嫌这台历用起来麻烦，但边介绍边演示时，轻巧熟练的动作却透露着对这小玩意的喜欢。台历每次调整要倒出里面的小木块重装，方块上印着的

"月火水木金土日"依次对应周一至周日，"可不能随便乱来"。

不用多少时间可以走完孔子一生的路，花费时间郑重对待一个早有先进替代品的传统台历，在止庵眼中，这两者并不矛盾。他说真正的生活就在它们中间，真正的古典精神也在其中。"我们每个人都在往前走，如果回头一看，后面还有孔子、庄子，等等，若干人由远及近一直到我们，然后我们继续往前走，我们也会变成别人背后的一个人。"止庵觉得，一代代人死去，但确实有种东西不死，或多或少地存在于人们心里，并在某一个时刻共鸣着。

"宋代的诗人说'有约不来过夜半，闲敲棋子落灯花'，这个情感跟我们在家里等爽约的人有什么区别呢？只不过你不是敲棋子而是玩手机罢了。"坐在装满古今典籍的屋子里，止庵开始讲他接近古典精神的往事。

故事是他的，观点是他的，但他总在强调，每一个观点都是重复前人。"你看，那边有一个声音，他举着手，你给他拍一下吧。"

我问他，这感觉是不是像钱锺书写过的：一个幽默的人对沉闷的人生冷然微笑，可能要几百几万年后，才有另一个人与之莫逆于心相视而笑？

止庵笑笑，说正解应是早了钱锺书不知道多久的庄子。《庄子·齐物论》有云："万世之后，而一遇大圣知其解者，是旦暮遇之也。"意思是，万年之后遇见一个理解你的人，彼此所隔的"万世"就跟短暂的"旦暮"一样。

听止庵聊起这一桩桩故事，在他这间小小的现代居室内，仿若与古今中外无数名人逸事邂逅，与他们隔着时间空间，击掌相笑。

庄子说的"万世"能成"旦暮"，其实是我们和过去的一种相通。"知其解者"就是你理解他，他也理解你，哪怕你们相隔万年。所谓真正的古典正是如此。

我觉得古典精神不在于一种标榜，而是一种心心相通，像是在我们血肉里边有一种天然会共鸣的东西，而不是说今天朗诵唐诗、明天穿个长衫布鞋，如果有人愿意这样，我会尊重他们的选择，但要说这就是古典范儿，也太皮毛了。

回头看到遥远的同类，他跟我们是同一个人

有个例子我在《惜别》里举过。《礼记》有个《檀弓》篇，里面讲孔子生病了，一大早起来，拖着手杖，在门口唱歌："泰山其颓乎！梁木其坏乎！哲人其萎乎！”唱完他就回到自己的房子，当户而坐。孔子的学生子贡一听这歌，着急坏了，“趋而入”，赶紧跑去看老师。孔子见他，直言“尔来何迟也”，怪他来得晚。这个地方特别有意思，一个人知道自己要死了，特别想见到他的这个最亲近的人，于是唱了个歌，而他最亲近的人一听到歌立刻明白是怎么回事，马上就想到去看老师。老师见到了想见的人，但感觉到自己时日无多，相聚恨短，终于见面却怪人来得晚。这个场景现代人很容易就能想象到，因为我们现在失去或即将失去一个亲人，与子贡的心情完完全全一样。

古今之人情感相通，是我所理解的最深的一种古典精神。

《论语》里边记载，曾子要死了，跟他的学生说“你们摸摸我手，摸摸我脚”，然后说自己这一生过得非常艰难。一个人要离开世界的时候跟身边人说这些，也跟我们现在的情感完全一样。为什么我们回过头去能看到那个遥远的人？因为那个人跟我们是同一个人。司马迁在《史记·孔子世家》中记载，孔子死后弟子们都守孝三年，“三年心丧毕，相诀而去”。只有子贡“庐于冢上”，一共守了六年才走，因为他跟老师这个情感是三年不够的。我们平时给一个朋友送行也一样，有时候送人送到小区门口，依依不舍于是再走两步，最后走得远了送到机场、火车站。现在没有守孝的规定了，但这个送别的情感还继续存在。

以往许多人流传到现在，他们有的是通过一些行为，有的是通过一些文字，有的可能是通过其他没有形式的东西，不管怎样，我们无意中会跟他有一种共鸣，这种共鸣可以是远远地相视一笑，也可能是一哭，或者一个感慨，甚至是一种相对无言。

唐诗里有这种呼应。比方读“君问归期未有期，巴山夜雨涨秋池”，你会被那种孤寂、飘零、想念所打动。你读“夕阳无限好，只是近黄昏”，所处的环境早就和作者不在同一个环境之内，但他描述的他的情感，与某时某刻的你有一种心心相通的地方。

我喜欢古典，喜欢的不是某种范儿，而是承认我们在情感、智慧、知识、思想上，对人生的认识上，对世界的感受上，和古代的人在某些地方一致。我们可以呼应古人说过的话，呼应他们有过的情绪，有时甚至相当于重新把他们想过的东西想了一遍。

这种呼应不仅限于同族古人，也不仅限于说话、想事情。一个18世纪的西方音乐家作了一首曲子，现在的人一听，眼泪哗地流下来。为什么这样呢？还是因为我们跟他们之间有一种相通的东西。在人类进程中，表面上科技、物质、生活方式变得非常快，实际上人心进化得很慢很慢。也就是说，一代一代人都死了，但确实有一种不死的东西，它永远存在，只是可能被我们忽略了。

稍微留心一点，它就会冒出。你去美术馆看一个高更的作品，或者其他内心情感很丰富的人的画，你会有一种触动。高更画的塔希提岛上的生活，塔希提那地儿我也没去过，塔希提人什么样我不知道，他当时待的塔希提是什么样我更不清楚，可是，你从他画的塔希提妇女表情所感受的情感因素，跟他当时表达的可能一模一样。

人类就是有某种精神上可传承的东西，这个东西如果概括为古典，我想有两个句子可以来形容，一个是时间意义上的，我们可以称为“历久而弥新”，另一个是空间意义上的，可以称为“放之四海而皆准”。因为，整个人类是一个人类，大家的文明是一个东西，贝多芬的音乐、米开朗基罗的雕塑、古希腊悲剧或柏拉图的著作，等等，这些也是我们的古典，也一样会有某种契合。

不读《论语》，你意识不到这句话别人早就说过

这种契合正是真的古典，与我们的生活形式没有关系。即便你每天吃汉堡包，坐地铁，用iPhone，发微信，身上仍然或多或少存在着一些古典的东西，每个人有每个人的方式去接触和觉知它，只是觉察与对话的程度不同。

我们现在说某人不讲信誉，不能跟他来往，以免被他坑。这话不就跟孔子说过的“人而无信，不知其可也”一回事吗？同样的道理，人们会觉得“逝者如斯夫，不舍昼夜”讲得太好，其实你站在一条河边，望着眼前景致，同样会感受到过去的事情像这流水一样离去了，只是你的语言可能没孔子那么深刻凝练。《论语》里的好多话都是谈论日常生活，现在的人也还那么想，不过咱们的语言习惯和当时不太一样。当然，如果不读《论语》，你意识不到这句话别人早就说过，好似一个邮递员不知道信往哪儿送，但实际上这个信是确实存在的。

这也是我那么爱读书，了解很多“无用”知识的原因。我们生活在现代，但我们身上好多东西跟古代有千丝万缕的联系，当你了解得比较多时，你就有更多与世界，尤其是那些美好的古典精神发生对话的可能，你会意识到在很多方面你都不是一个原创者，都是人家的一个响应。

我们与古代人的惆怅、孤独、快乐、伤感几乎一样，连躁动与无知也是一样。我写《神拳考》时的一个感受是，义和团运动时期的人们急于对未知事件做出的反应，和一百多年后的网络时代几乎一模一样。举一个好玩的小例子，当年的医院附属于教堂，人们传说教堂里边拿活人做标本，又说教堂里面堆着一筐筐的小孩眼珠，大家非常愤怒，结果一看呢，都是广东那边送来的荔枝，当时普通北京人不知道荔枝是什么东西，都以为是小孩眼珠。

《圣经》讲日光底下无新事，确实是这么回事。汉朝有个故事叫“向隅而泣”，说一屋子的人吃吃喝喝特别开心，但有一个人对着墙角哭，弄得大家都不快乐，我们现在不经常有这种情绪吗？现在聚会的环境跟古代人的房子可能不一样，但是这种情感没有多大隔阂。

所以如果要什么建议的话，我会希望大家多读读书、写写文章，古今中外都涉猎一些，知道多了就能推开你和过去和远处的那扇窗，和很多你本身生命之外的东西打通。

最近我出了本写于三十年前的小说《喜剧作家》，有人感兴趣，其实我也不是为了写出什么，就想努力多做点事情。那时，我有自己的医学专业课，特别忙，分配上班之后更忙，但这不影响我看书，身上时不时带本罗兰·巴特或谁的书。有次去长春出差，冬天坐飞机，飞机迟迟飞不了，我身上带着本《哈维尔自传》，看完了飞机还没来，于是看第二遍，看完第二遍它依然不飞，就开始看第三遍，哪怕这书已经连着看了几遍，也不愿意浪费时间干等着。我好多书都是在上学放学的路上看的，公交上挤得没缝隙，我就把书举起来搁在头顶上仰着看。

这种时间焦虑症估计跟我小时候看了格拉宁的书有关。他是苏联作家，写了一本像纪实文学的传记，书名《奇特的一生》，讲的是一位叫柳比歇夫的科学家。论科学成就，柳比歇夫并不是很有名，但他的生活方式很奇怪：他是个昆虫学家，活了80多岁，做的事情却非常多，生物、科学、哲学、历史、数学、文学，什么都做，研究成果也很丰富，一般人会觉得一个人怎么能在一个生命之内做这么多事呢？柳比歇夫死了以后，人们发现，他每年的日记是一个账本，他每天把时间做一个结算，他把浪费的时间称为“负时间”，有效时间称为“正时间”，他用“正时间”补“负时间”，比方坐火车时看小说，开会时演练数学，所以他能做这么多事。

读了这书后，我就知道，一个人应该努力使自己的时间增多，不是靠延年益寿来完成，而是平常尽量抓紧时间多了解东西，变成一个知识面相对广泛的人，脑子里重要的东西多，活着就有意思。我当年最喜欢的作家加缪在《西西弗的神话》里也说过，“重要的并不是活得最好，而是活得最多”，生命是有限的，有些人比他实际的生命活得多得多。

我不太愿意说当下，时间会淘汰掉不值一提的东西

周有光还没去世之前，我就讲，他已经活了“两个鲁迅”“三个徐志摩”“四个李贺”的岁数了。可是，你看鲁迅这一生做的事可不是周有光的1/2，那李贺的成就也不是他的1/4，我这么说不是贬低周有光，是想说人活得短，同样可以干好多事，了解好多东西。

古典很美好，我们要抓紧时间去和它对话，这并没有什么捷径，至少在学知识这个环节上是如此。最近我一直在想，现代人的一个毛病就是太急功近利，太想很快地做成一件事，于是心急火燎地把知识分得清清楚楚，好专挑有用的来学。我的生活经验是，世界上根本没有什么彻底无用的东西。

我学医出身，本专业口腔科是我真正需要了解的，按理说这以外都是和专业无关，但我从小就希望知道点不相干的事，想知道一条江河，也会好奇它蔓延出的小溪流，历史、文学、艺术都想了解一些。后来我研究庄子、义和团、周作人都是这么好奇出来的。我写《周作人传》的时候，市面已经有好多版本，我都看了，其中有一本的参考资料列写着“周作人的全部著作”。这句话很奇怪，因为当时周作人的著作还有些从来没出版过，后来经我手首次整理出版的就有好几十万字，从来没人见过，怎么会参考了“全部著作”

呢,所以我确定这事我还是可以再做一次。

学医这件事也给了我很大的好处。以前不懂,总觉得学医对我的人生是“入不敷出”——学了五年多只做了两年多的医生。过了好多年以后,我才发现这段看似无用的经历给我的好处,是别人得需要别的方法去补的。医生这个职业,不能妄言妄断,妄断后会出事。一个病人来了之后,他说什么你都得好好听,听之后还得做好多检查,检查之后跟他的症状加在一起分析,得出一个结论,然后你对症下药进行治疗,这个过程前边是实证的方式,后边是逻辑的方式,这两个东西让我终身受益。

所有无用终将变成有用,这话也是古人讲过的。《庄子》里有段对话,惠子跟庄子说：你说那话没有用。庄子说：什么叫有用,什么叫没用?你看你一个人站在这地上,这大地对人来说,有用的就是容足这么一小块地方,周围都没有用,但假如你从这往下挖,挖到黄泉,只给你留这个容足之地,你的这块地还有用吗?（“知无用而始可与言用矣。夫地非不广且大耶?人之所用容足耳。然则厕足而垫之致黄泉,人尚有用乎?”）惠子听完答：嗯,没有用。于是庄子说：这样你知道什么叫无用之用了吧。

说了半天,我们整个人生中那些目前看似无用的东西,正像大地一样支持着我们,使得有用真的成为有用。放眼看去,这世上并没有那么多需要我们去全新创造的,更大程度上,我们只需要去倾听、去响应。

当然,我们回过头看时,也不是谁都能看着,古典之所以深刻,是因为淘汰了中间的芸芸众生,只留下极少数的“极好”与“极坏”。比方刚才谈了好多古代的人,人们回过头看到孔子、庄子、杜甫、苏东坡,别忘了,在这些身影与我们之间,有太多太多人已经倒下消失。

大概十六七年前,我想写本关于唐诗的书,后来没写,但当时把《全唐诗》从头到尾读了好几遍,现在书页里还夹着纸条。我发现,《全唐诗》本就是经过筛选的,不知道有多少唐朝的诗已经失传,可作品录入这《全唐诗》里的一些作者,如今也是很少有人提到,不知道他们是谁。没有办法,历史就是这么无情,它就是把一个时代的人不断淘汰,最后剩一点。

淘汰之后留下的多是精华,但也不见得全是精华,一些特别坏的东西也留下了。历史上那些大奸大恶,秦始皇焚书坑儒什么的,咱们不都还记得这事嘛。特好特坏的留下来了，太多不重要的一般的事情就被忽略了。

为什么我不太愿意说当下呢？因为它们可能根本没有说的必要，时间会淘汰掉好多根本不值一提的东西。每年年底，大家都在评比，这个那个的奖，实际上等不到第二年你就全忘了。再举一个简单的例子，在我小时候，有好多作家非常有名，比如郭沫若、巴金、茅盾、曹禺、艾青，等等，现在的人都不大看他们的书了，这确实是现实，是特别残酷的一件事。

你得承认，古典精神里就是有这么种精英意识，也许正是这样，它本身才有能抗衡时间的魅力。当我们谈到古典，也许不能限于一己之所知，还得想方设法多知道点儿。人应该多去了解各种知识，接触历久弥新的古典，变成一个不无知的人。知道得越多，潜移默化与世界发生联系的可能性就越大。古典里面好的坏的联系都存在，但如果你什么都不知道，那你什么也联系不了，这跟人的眼睛一样，闭上就瞧不见，睁开就看见了。

至于怎么睁开眼，科技也许让方式不同了。比如现在的人用电脑写作，古人是在甲骨上刻字，然后用竹简、帛、纸，又从毛笔到钢笔，但工具不一样，做事的精神应该是一样的。又比如旅行，你要想从中国最南边到北京，过去的人花一辈子的功夫只能来一次，现在几个小时就飞来了，但不管怎样，你都得从南到北，不可能凭空穿越，现代生活方式只是把时间缩短。

所以，谈到古典精神，我最大的担心是现在的人实在太着急，知识上的古典精神比较容易懂，真能做起来的古典精神太少太少。

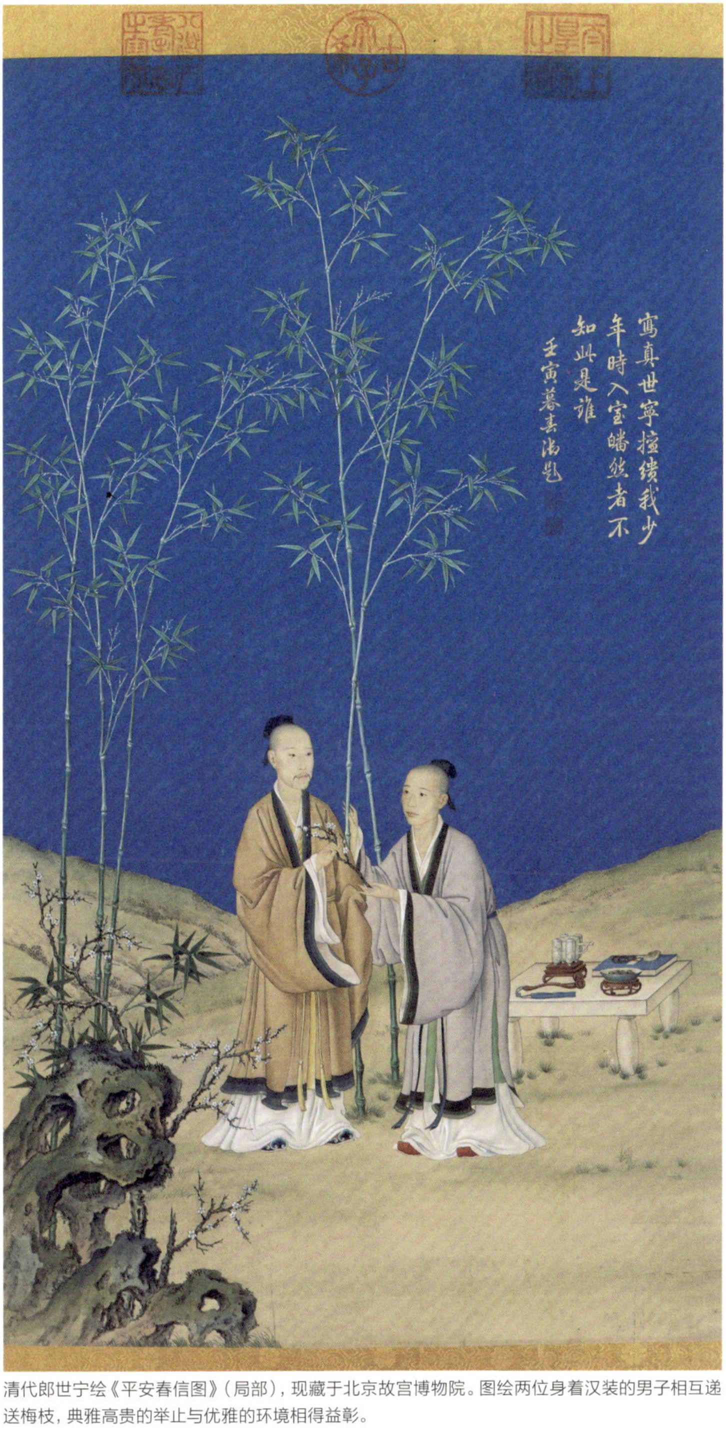

清代郎世宁绘《平安春信图》（局部），现藏于北京故宫博物院。图绘两位身着汉装的男子相互递送梅枝，典雅高贵的举止与优雅的环境相得益彰。

《中国诗词大会》亚军彭敏

诗歌会改变你对命运的看法

文 | 邝新华、黄素蓉

"古典把我变成一个不切实际的人，在现实中容易碰壁，却也给了我一个比别人丰富很多的精神空间，让我能够驰骋天地任逍遥。"

《中国诗词大会》有这么一幕：飞花令环节，董卿笑问守擂的彭敏——要不要试着单挑在座的各路高手？彭敏应允，随后，以行云流水般的节奏，撂倒场上26位种子选手。镇定自若、对答如流的表现，给这位北大才子赢得了"背诗机"的称号。

但古典诗词之于他，并不只是背诵而已。相比于中学生武亦姝，34岁的彭敏读到"少壮能几时，鬓发各已苍"时，已经有了"刻骨铭心的感触"。

他的成长之路带着80后乡村学子的印记。对于和古典文化的亲近，彭敏的心态其实有些矛盾，甚至透露着几分"情非得已"。如今，他明白：诗歌不一定能改变一个人的命运，但诗歌会改变一个人对命运的看法。

喜欢诗词、选择文学，是他"作为一个乡下孩子不得已的选择"

因为《中国成语大会》《中国诗词大会》小有名气以来，彭敏从不避讳谈论自己成长岁月的拮据。他甚至说，喜欢诗词、选择文学是"作为一个乡下孩子不得已的选择"。

他出生的村庄，无法提供如画画、练字和打乒乓球等课外兴趣培训班，当彭敏开始认识大千世界时，"文学，特别是没有太高门槛的诗词"成为理所当然的途径。他会辛苦攒上几个月的零花钱买一本盗版《唐诗三百首》，会从各处借五花八门的史籍。古文作品成为彭敏想象外部世界的依凭，也成为他最奢侈的娱乐。

对他童年影响最大的是《千古绝唱》，“一个大杂烩”，把唐诗、宋词、元曲、明清小说以及现代散文——不同时代的中国文学经典作品都汇集到一本书里，“给了我一个中国文学的千年全貌”。

在彭敏看来，这也框定了自己“未来几十年的人生走向”：“以我的成绩，如果不是因为小时候喜欢文学，我大学会读理工科，现在也会从事技术性工作。但因为小时候读了这些诗词歌赋，后来就学了中文，从事了文学行业。”

人生与爱情，就这样与诗词绑定。南朝女子为寄托相思，来西洲折下一枝梅，寄给远在江北的情郎，这是彭敏最喜欢的情诗《西洲曲》开头的一幕。“我最喜欢情诗里纯粹的儿女情长、缠绵悱恻的部分。”

他的第一首诗作也始于爱情。情窦初开的年纪，心头有思慕已久的女孩，却始终找不到合适的方式来表达爱意。有一天，彭敏看一部叫《日月神侠》的电视剧，男主人公将自己对女主人公的情意写成一首诗。彭敏记得，剧中那首“特别烂的打油诗”是这样写的：“天下美女多如云，我心独爱你一人。天长地久有时尽，爱你之情似海深。”

诗特别烂，但从反面启发了不得其法的少年。“古诗词在表达爱情上，比现代诗要给力一点。”彭敏把第一首情诗工整地抄写在日记本上，托一位要好的男同学递过去，始终未能等来女孩的回复。

“也许那位男同学也喜欢那个女生吧。”这是彭敏式自嘲，他的冷笑话，在节目上总能制造出欢乐的效果。去年成语大会，其他人叫他“敏叔”，当年纪更小的选手纷纷选择用古诗词宣誓时，“敏叔”大呼一声：“老娘拼了！”

古典文化把人变得不切实际，却也给了比别人丰富许多的精神空间

在北大读研期间，是彭敏古典范儿最快意之时，他能感受到北大里古典文学的传统氛围。当时他还是北大诗词古文社“北社”社长。“我们在一起就会玩酒令，会诗词接龙，就连写情书都用古文，相互之间经常诗词唱和。”

现代社会，喜欢古诗词的人少。“幸好在北大，我们还可以相拥取暖，能有一帮知己聚在一起不容易。”彭敏说，古代文人雅士可以像《兰亭集序》里的王羲之那样“曲水流觞”，但现代文人一般比较寒酸，“我们不可能像那样玩，那是王谢巨富之家，有身份的人才能玩的游戏，我们只能聚在一个小酒馆里你一句我一句，玩下飞花令罢了”。

他最好的几个朋友还是在中国人民大学读本科时因为写诗而认识的。“虽然现在已经没有一个人在写诗，但我们共同的精神纽带还在一起。除了打牌、唱歌、打排球，有时我们在吃饭时会玩诗词接龙。”

朋友圈里的文人雅士，彭敏把他们分为外在和内在两种。前者穿汉服、唐装，品茗，把房间装饰得古色古香；后者写诗词、写书法、画国画、弹古琴。“前者生活在古典范儿之中，后者则亲身参与到古典范儿的创造中去。”后一类在他身边有不少，尤其是一些古典文学博士和研究者，“因为有内在的古典范儿的支撑，他们的外表和言谈也往往给人一种古人的感觉”。

古典范儿有时会跟商业社会格格不入，“古代文人都有一种落落寡合的气质，不愿意做自己不喜欢的事，对世俗的规则会有抵触的心理”。彭敏有过出世与入世的纠结，但现在他看开了。“如果我学了一个热门专业，毕业后找一份赚钱而极度繁忙的工作，我肯定也会时常哀叹生活无趣，想要突围。古典文化于我，也是如此。它把我变成一个不切实际的人，在现实中容易碰壁，却也给了我一个比别人丰富很多的精神空间，让我能够驰骋天地任逍遥。”

人生的各种喜怒哀乐皆浮云，只有时光流逝才算得上大事

毕业后，彭敏成为中国作家协会《诗刊》杂志编辑。近几年兴起的古典文化综艺节目，让他的才华，得以从很小的专业圈子里“飞入寻常百姓家”。

为了准备成语大会，他花了五个月时间啃下《新华成语词典》；为了准备《中国诗词大会》，又花了三个月时间，重温过去学习的上下五千年的古诗词。他把《诗经》《楚辞》《唐诗三百首》《宋词三百首》《千家诗》《毛泽东诗词》，以及散落的名家名作，都整理到一个文档里，“一共有十一万字”。

名气带来很多争议，有人批评这些流行的古典文化综艺节目“没有创作，只是死记硬背”。彭敏经常听到别人转述这些言论，但他认为：“任何一个火起来的节目，都应该允许有人去批判和质疑。很多人觉得背诗词不算什么本事，写诗词才算本事，但比赛写诗词是《诗刊》《中华诗词》该做的项目，针对的受众也更加专业化、小圈子化。央视为诗词推广能做的最好的事情就是《中国诗词大会》了。”

彭敏说，背诗词的节目早已有之，河北卫视《中华好诗词》2013年至今已经举办五季，因为不火所以没人去质疑。“质疑者质疑的不是背诗词，而是《中国诗词大会》它凭什么火，这些背诗词的人凭什么火。这质疑里面有种英雄寂寞而竖子成名的不爽。”

“至于诗词教育，我觉得有当然很好，没有也不觉得可惜。因为世上没有一种东西非有不可，人人都有权利选择热爱一样东西，同样有权利忽略一样东西。相关声音不会影响我的生活，我又不是只活在诗词大会里。”

有很多人问彭敏，怎么进入古典诗词世界。他回答，第一要义是背诵。但并非死记硬背，虽然记忆力没有21岁的巅峰状态，彭敏准备《中国诗词大会》时，“借鉴了心理学研究里的艾宾浩斯遗忘曲线，在最容易忘记的时候反复巩固”。也并不是什么书都要看。“有时候我们在看名著，心里会想，这是一本名著，我一定要把它看完。但世界上名著千千万，我们永远看不完。诗也一样，世界上有很多名诗，如果你不喜欢，你也没有必要把它背下来。”

背诵之后才可能融会贯通。“诗确实会进入你的灵魂深处，当你在面对生活中一个情境时，一些诗句会油然而生，这种感觉令人陶醉。”彭敏说，“诗歌里有很多人对人生的领悟。有一个诗人说过，诗歌不一定能改变你的命运，但诗歌会改变你对命运的看法。”

工作多年，一帮诗友、好哥们还经常聚会。大学时候，只要兴头来了，一帮人玩到凌晨三四点是家常便饭，但这几年，彭敏感到熬夜心有余而力不足了。“不仅仅我一个人，当年的兄弟们都陷入了这样的体力衰退。”意识到这个念头的一刻，彭敏心头一震，心里浮现“少壮能几时，鬓发各已苍”。年少时他不止一次读过这句诗，但从来没有这样深刻的体会。

“我越来越体会到，人生的各种喜怒哀乐都只是浮云。相比而言，只有一件大事：时光流逝，我们终将老去并将死亡。年轻的时候，考试成绩不好、工作不顺心、失恋，都会让我们烦恼很久。但今天，当我翻开诗词篇章，里面最大的烦恼是伤春悲秋、时光流逝、岁月难再。”

香云纱染整技艺传承人梁珠

晒莨是门古老的手艺

文丨舒少环 图丨文建平

香云纱被称为大自然赋予珠三角地区的珍贵礼物，它独产于佛山市的几个区。“干这一行完全是靠天吃饭。”一年之中留给香云纱生产的时间只有4月到11月，而这期间的晴天不过百来天。

下雨天是晒莨厂工人的安歇日，大晴天则是该干活的日子。

香云纱的生产对天气的要求严苛，太阳光须等过了春分，才有足够的热力将浸染过的色素固着在坯绸上。而阳光过猛，会使丝绸变脆，经不起拉扯而产生裂缝。此外，必须是吹南风才能生产，干燥的北风同样会给娇嫩的丝绸造成不良后果。即便都是吹南风，广东三四月的“回南天”照样不适合晒莨。“干这一行完全是靠天吃饭。”成艺晒莨厂荣誉主席梁珠说。跟随现代化，这家工厂已更名为广东新天成香云纱生态文化开发有限公司，位于佛山市顺德区。它是世界上唯一一家仍完全保持古老手工艺加工香云纱的晒莨厂。

1935年生于广东佛山顺德的梁珠，与香云纱交情不浅。“那时候进入工厂，每天就是打杂，帮忙捣泥、做粗重活，当了三年的学徒之后，才可以开始学手艺。”他在16岁就掌握了香云纱制作的生产流程及全套染整技艺。梁珠还曾奔赴朝鲜前线，转业后又在公安局干过警察。古稀之年的他回到顺德，着手经营香云纱厂。

一年之中留给香云纱生产的时间只有4月到11月，而这期间的晴天不过百来天，工人们干活儿一直是跟太阳赛跑。碰上好天气，大清早起来就忙活的工人们，到下午两三点才有时间在木板上躺下休息。晒莨是个体力活

2017年9月15日，广东新天成香云纱生态文化开发有限公司(原顺德成艺晒莨厂)内，工人们在齐腰深的河涌里，将香云纱上的泥漂洗干净，这是香云纱生产的最后工序。

儿，工人们一天可能要吃五六餐才能保证体力。

早晨七点，工人们已在遮光棚内开工，他们要完成香云纱生产的最后一道主要工序——“过乌泥”。遮光棚内，四个师傅立在水泥槽旁，手握长柄木桶，要给染晒好的坯绸抹上一层泥。这些坯绸在“过乌泥”之前，都经过了浸、洒、封、煮等十几道主要工序，历时半个月之久。晒莨工艺是一门靠多年经验摸索出来的手艺活儿。薯莨是晒莨工艺的重要原料。有粉碎机之前，工人们需要用手工磨薯莨。粉碎后的薯莨加水制成薯莨水，之后洒、封、煮等工序中所用薯莨水的浓度（即两过水、三过水、四过水），完全由熟练工人的经验掌握，并视绸面色泽的深浅而调整。洒、封薯莨水的次数也不能做定论，凭借熟练工的经验因天而异、因地而异、因场而异、因人而异。

影响香云纱色泽的另一关键因素则是河泥的含铁量：含铁量不够，“过乌”后的香云纱缺少油亮乌黑的效果；而含铁量过多，则会导致料子出现明显的细折线。紧挨顺德旧晒莨厂的河涌产的灰黑色河泥因受保护，纯

2017年9月15日，工人们在厂里作业。晒莨业是传统手工业，没有标准化的流程，全靠人工操作。（左上）天刚亮，工人们将河泥从船上运到专门的晒场上。/（右上）工人们将河泥平涂于浸过薯莨的纱绸一面，让河泥和纱绸中的薯莨充分接触，发生化学反应变乌。/（左下）过完泥后，工人们将纱绸平放到晒场上晾晒，并随时注意天气，一旦变天要迅速将纱绸收回。/（右下）工人们将晾晒完成的纱绸抬到晒地附近的河涌码头水洗，洗涤时将纱绸从幅宽方向上下提动，务使绸面清洁滑爽而不留泥污。

净、未受污染，是制香云纱的上好原料。

给坯绸抹上泥后，七八个帮工接过上了泥的坯绸，快速将其送至遮光棚的另一头。以前没有搭建遮光棚时，工人们往往需要在半夜三四点至天亮前完成这道工序。这样做的目的是避免阳光照射，河泥的颜色也就不会渗透到丝绸的另一面，从而形成香云纱特有的一面黑、一面浅褐的“阴阳色”效果。

香云纱被称为大自然赋予珠三角地区的珍贵礼物，它独产于佛山市的几个区。“橘生淮南则为橘，生于淮北则为枳。”曾有丝绸公司想把香云纱制作技术带到辽宁丹东，甚至把技术关键所需的河泥也带过去，但无论如何也制不成香云纱。“过乌泥”之后，紧接着的就是水洗的工序，即将香云纱上的泥在河涌中漂洗干净。工人们在齐腰深的水中一泡就是几个小时。为驱除体内的“湿气”，工人们平时都要喝白酒暖身。

香云纱生产对晒地的要求是靠近河涌，草地要平整，以泥垫底，上铺细沙，再往上面密植1—2厘米的青草。香云纱近乎苛刻的生产要求，使得现代科技还不能取代人工晒莨。人工染色，也决定了晒出来的香云纱不可能每匹都一样，而这恰恰是香云纱的独特魅力之所在。

2008年，香云纱染整技艺入选国家第二批非物质文化遗产名录，梁珠也成为该项“非遗”的代表性传承人。七年后，梁珠与朋友合资建造广东新天成香云纱文化产业园。这是一个集保护、研发、生产、展示、观光游览于一体的香云纱传承与发展基地。如今，年过八旬的梁珠每天早上起来先去酒楼喝喝早茶，然后再去工厂转悠一圈，十年如一日。谈起目前工厂的现状，他形容自己现在是“骑虎难下”。香云纱博物馆目前还未动工，公司产业资金也运转不起来，香云纱这门工艺又完全是“靠天吃饭”。

香云纱市场部的负责人阿勤说：“以前老一辈人只会做香云纱，但不懂得包装营销。我们现在已经联系厂家开始生产服装了。这一两年市面上才慢慢开始关注香云纱，用香云纱制成的产品也越来越多，除服装外，还有丝巾、荷包、鞋子等。香云纱不仅环保、低碳，而且吸汗、耐脏、手感柔软、色泽正。”

梁老先生来到他的好友开的香云纱服装店，他挑选香云纱的眼光依旧老到：“架子上从左边数第五件，颜色正、不老气，还不会跟别人穿的重样儿。”

《新周刊》杂志社

知道分子图书工作室

《中华物典——献给物质文明的赞美诗》

监　　制：张　妍　周　可　何雄飞

主　　编：刘　瑛
版式设计：黄　东
封面设计：万德福
图片处理：谭福健

（图片/除署名外由《新周刊》图片库提供）